# 「赤字」の海と「利益」の小島

## 事業の4割は不採算なのに改善しないワケ

ジョナサン・L・S・バーンズ
高橋由紀子 訳



ands of
Profit in a Sea
of Red Ink

日本経済新聞出版社

Islands of Profit in a Sea of Red Ink
by
Jonathan L. S. Byrnes

This edition published by arrangement with Portfolio,
a member of Penguin Group (USA) Inc.
through Tuttle-Mori Agency, Inc., Tokyo.

ブックデザイン　モリサキデザイン
イラストレーション　平田利之
本文デザイン　アーティザンカンパニー

私の人生の幸福の源である家族に捧ぐ

# はじめに

「赤字の海のなかに利益の小島がいくつか頭を出している」

本書は、この驚くべき問題を基本的前提としている。ほぼすべての企業で、全事業の四〇%近くが完全に不採算である。わずか二〇~三〇%の事業が企業利益のすべてを稼ぎ出して、赤字事業の損失を埋めており、残りは採算の境界線上というのが実態だ。

この状況に最初に気づいたのは二〇年ほど前、ある大手研究資材販売会社のコンサルティングをしていたときだった。それ以来、医療用品メーカー、通信会社、製鉄会社などさまざまな業界の大企業にコンサルタントとして関わってきたが、どこでも状況は同じだった。しかもそれらの企業は、決して業績が悪いわけではない。どれも業界では優良企業とされている会社ばかりだ。

これらの会社のコンサルティングを行うなかで、私は企業の収益性を分析するための体系的なプロセスを作り上げた。またさらに、不採算の事業を健全な状態にし、より高収益があげられる事業に変える「収益レバー」を数多く開発した。

## 二つの疑問点

この仕事に取り組むうちに、二つの疑問がわいてきた。一つはなぜいま、さまざまな業界の多くの企業で同じ状況が起こっているのだろうということ、もう一つは、なぜ経営者たちは、これが大きなチャンスだということに気づいて行動できないのかということである。

私は、何人かのすぐれたマネジャーとこれらの疑問について話し合った。その結果明らかになったのは、ビジネスの世界はいま大きな歴史的変化をとげつつあるということと、これらの問題はそこから生じているということだった。「マス・マーケット」の時代はすでに終わり、「精密照準《プレシジョン》マーケット」の時代に突入したにもかかわらず、多くの企業の管理プロセスや経営情報は前時代に開発されたもので、いまの状況に合っていない。

それが、いろいろな業界の企業に大きな不採算性が根づいてしまっている根本的な原因である。新しい時代の経営者は、この埋もれた膨大な機会から利益を引き出さなければならない。また、変革への抵抗がなぜ起こるのかを理解し、建設的な「パラダイムシフト」を管理する能力も必要だ。

## 本書はハーバード・ビジネススクールのメルマガから生まれた

数年前、ハーバード・ビジネススクールのメールマガジン「ワーキング・ナレッジ」の編集長ショーン・シルバーソーンが、収益性をテーマにして月刊コラムを書いてはどうかと勧めてくれた。私はそれ以来四年にわたってコラムを連載した。

最初のコラムは、「だれが収益性を管理しているのか」というタイトルだった。本書の1章はそれをもとに書かれている。「ワーキング・ナレッジ」の読者は、世界中の数万人のマネジャーたちである。そのコラムに私は、「ほとんどの企業には、収益性を効率的に管理している人間がだれもいない」と書いた。

メルマガが配信される月曜の朝、私はいったいどんな反応が返ってくるだろうと息を詰めて待った。反響は素早く、しかも明快だった。私のメールの受信トレイは、数十人のマネジャーからの賛同のメールであふれた。

それ以来、収益性管理をテーマに五〇本近いコラムを執筆し、主要業務プロセスを体系的に改善する方法を具体的、実践的に説明してきた。このコラムは、マネジャーたちのガイドラインとなるように書いた。コラムは他の出版物に引用されたり、大学の授業や研修プログラムで使用されたりしているものも多い。何千人ものマネジャーが、これを読んでその内容を実際に試してくれている。これまでコラムの主張やアドバイスに異を唱える人は現れていない。

## 本書の概要

多くのマネジャーが「ワーキング・ナレッジ」のコラムと私の他の論文をまとめて、本にしてはどうかと勧めてくれた。本書はそのようにしてできたものである。コラムと同じく、本書は実践しやすい形になっており、全三六章を以下のテーマで四つの部に分けてある。

**第1部　「利益」とは何か**
**第2部　営業は「利益」のために**
**第3部　オペレーションは「利益」のために**
**第4部　リーダーシップは「利益」のために**

本書は「費用のかかる新しい取り組み」を扱うものではない。「既存事業からもっと利益を引き出す方法」について書かれたものだ。既存事業を体系的に改善し、最良顧客を獲得し、マネジャーの能力を高め、よく考えられた効果的なマネジメントによって将来の安定を図る方法を説明する。どの変革も経費はかからない。それどころか、実践すればすぐに利益とキャッシュを生むものがほとんどだ。

本書は、世界規模の複合企業であれ、従業員五人の商店であれ、どんなマネジャーにもハンドブックとして使ってもらえると思う。規模の大小を問わず、ビジネスの可能性を最大に伸ばすガイドとなるだろう。各章の終わりに「章のポイント」という欄を設けた。ここでは重要なポイントを実行に移す方法を示してある。私のMIT（マサチューセッツ工科大学）の講義でも、受講生が講義内容を確実に理解し、それを各自の仕事と関連づけられるようポイントをあげて締めくくっている。この最後のまとめが一番役に立つという受講生も多い。

本書は読者が、新たな機会が生じていることを理解し、最大の利益につながる行動を見出し、有能なマネジメントチームを作り出せるように、筋道立てて書かれている。またページをめくって関心のある部分を簡単に探し出せるような、またそれを同僚などと共有しやすいような構成にした。興味にしたがって読んでもいいが、章を追って全体を読めば、ビジネスの新時代に求められる効率的な経営の全体像が見えるだろう。

## ビジネスの新時代

なぜいま、多くの会社にこれほど大きな機会が生じているのだろうか。それは、ビジネスの世界に起こりつつある変化を考えるとわかる（詳しくは3章で説明する）。

いまビジネスの世界は、「マス・マーケットの時代」から、「プレシジョン・マーケットの時代」へと変わりつつある。これまで企業の目標は大量生産、大量流通だった。製品をできるかぎり広域に流通させれば、顧客とは一定の距離を置いていても、売上総額と費用という大まかな管理尺度さえあれば収益性を最大にすることができた。そしていまもほとんどの企業の管理システムや管理プロセスは、暗黙のうちに従来と同じ大量生産、大量流通を目標にしている。

しかし新しい時代を迎えたいま、これまでとはちがう顧客関係を築きはじめる企業が現れている。それまでの距離を置いた関係から、高度に統合された関係まで、いろいろなレベルの顧客関係がみられるようになった。

こんにちの成功企業は、革新的な顧客関係や新しいタイプの顧客価値を開発し、社内プロセスをそれに連動させて大きな競争力をつけ、高い収益性を保っている。ただし、この変革は両刃の剣でもある。顧客がそのような関係にふさわしく、企業が提供する新たな価値が魅力あるものであれば、売上も利益も伸びるだろう。しかしうまく適合しなかった場合には、収益性は急落する。

この新しい時代に、昔ながらの大まかな管理尺度やマネジメントの手法で収益性を最大にすることは難しい。これが、多くの会社で収益性が伸び悩んでいる根本的な原因だ。だが、新しい形のマネジメントに取り組む気概があるマネジャーたちにとって、いまの状況は、計り知れない大きなチャンスを提供している。

本書は章ごとに変革のプロセスを順番に説明し、これからのビジネスを成功に導くには、何をどのようにすべきか、どのような障害に出くわす可能性があり、それをどう乗り越えるかといったことを述べていく。マネジャーのみなさんがビジネス新時代に力を発揮する一助となるような、ロードマップと視点とツールを提供する。

## 自社のベストプラクティスを探せ

想像してほしい。社内のすべての出来事を一年間にわたって撮影し、ベストプラクティスだけをうまくつなぎ合わせたとする。世界一すぐれた会社の映像になるはずだ。

問題は、編集で捨てられた部分、つまりベストプラクティスに達しなかった仕事ぶりにある。実際の会社の業績――純利益、市場シェア、顧客関係、業務効率など――には、ベストプラクティスとそれ以下のものが入り混じっている。

この状態が会社の収益性を「赤字の海の利益の小島」にしてしまっている。

「ワーキング・ナレッジ」に最初のコラムが出たとき、経営幹部数人からメールが届いた。

そのうちの一人はCEO（最高経営責任者）で、彼は自分の会社にもコラムと同様のパターンが見出せると書いてきた。最大の懸念は、一番の高収益顧客を競合企業に狙い撃ちされたら、自社はひとたまりもないことだという。

また、ある営業担当の上級副社長はこう書いてきた。「利益を三〇％上げるには、二つの道があります。

一つは粗利の低い新事業をたくさん増やして売上を四〇％アップすること。もう一つは日常業務の管理に注力すること。どちらがいいかは明らかです」

既存事業を改善すれば、莫大な利益を生み出せるが、そんなことをするより派手な新事業に金を使うほうが簡単だという人もいるだろう。しかし既存事業を可能性いっぱいまでチューンアップしたら、それをフェラーリ並みに走らせることだってできるのだ。それをやるほうがはるかに面白いし満足感もある。それに見返りも大きい。

## だれがこの本を読むべきか

本書は、収益性管理のハンドブックとして書かれている。読者の立場によって関心ある箇所が異なるだろう。以下を参考にしてほしい。

**経営幹部（CEO、副社長、本部長など）**　これらトップマネジャーたちには、効果的な収益性管理のプログラムを開発して部下のマネジャーたちを指導するために、本書を初めから終わりまで読み通してほしい。だが、とくに第1部と第4部に関心があるだろう。1、2、3、4、9、10、16、17、19、25、26、31、32、33、36の各章がコラムに載ったときには、数多くの経営者から反響があった。そのなかでも31、32章はとりわけ重要だったようだ。

**CFO（最高財務責任者）**　本書はCFOと関連が深い。もし何章かを選んで読むのであれば、まず9章を読んでほしい。それから初めに戻って、1、2、3、6、7、8、10、12、14、19、20、21、24、25、27、32、34章と読むことをお勧めする。

**部門長**　部門長は、収益性管理プログラム成否のカギを握る人たちである。全体のコンセプトをじゅうぶん理解して、関連部署の責任者たちと連携しなければならない。第1部と第4部が重要だろう。それぞれの責任部署の仕事にしっかり取り組むのはもちろんだが、他部署に関する全般的な理解も広げる必要がある。まずは、28、31、32の各章に述べられている変革管理と組織の効率を、実際に即してはっきり理解してほしい。

**現場の管理職**　現場で指揮をするマネジャーたちは、それぞれの責任分野における「収益レバー」の開発と管理に集中することが求められる。これに関しては第2部と第3部に詳しく述べられている。くわえて、第1部で収益性管理全般を理解し、第4部でリーダーシップの概要を理解すれば、自身のキャリアアップにも役立つ。

**小企業のオーナー、マネジャー、起業家**　これらの人々にとって一番重要なのは、最低限のリソースで最大限の利益を上げることだ。第1部、なかでも2、5、6、9、10章を集中的に読むといいだろう。また、第2部と第3部に、生産性とキャッシュフローを最大にするための具体的な方法が述べられている。とくに、11、12、13、15、16、18、19、21、22、23章は関連が深い。第4部では、27、29、30、35章が重要だろう。

## 収益性と市場シェアを大幅に高める

本書の各章は、すぐれた企業や創造性豊かなマネジャーたちとの二〇年以上にわたるコンサルティング活動をベースにしている。多くの大企業のトップたちと一緒に、企業や業界を変革するような戦略的イニシアチブと新しいビジネス手法の開発に携わった。それらのプロジェクトで「現状すべてを疑い」、改善のための革新的方法を自由に探究させてもらえたことを、何よりありがたく思っている。本書はその経験から導き出されたものである。

コンサルティングの仕事にくわえ、私は二〇年近くもＭＩＴで大学院生や企業のエグゼクティブたちを教えてきた。数千人もの教え子たちが、授業で得たアイデアを日々の仕事に生かしていて、その成功例を報告してくれる。

この本が皆さんの会社の変革の一助となることを願っている。また本書を使った体験談を聞かせていただくのを楽しみにしている。

目次

## 第2部　営業は「利益」のために



## 第3部　オペレーションは「利益」のために

## 第4部　リーダーシップは「利益」のために

# 第1部
# 「利益」とは何か

ほとんどの企業では、だれも収益性管理をしていない。そして多くの経営者は、それを問題だとさえ考えていない。

この問題を解決するには、部下のマネジャーたちに、収益性について体系的かつ生産的に考えさせることだ。実践的な枠組みができれば、その後は互いに連携して組織的に収益性を上げられる。第１部はその方法について述べる。

第１部で取り上げるテーマは、戦略、収益性の最大化、業務の連携である。組織に根づいた不採算性の本質と原因、潜在的利益の大きさ、多くの会社がこの状況に陥る原因、問題の分析法などについて説明する。また、収益性を上げる実践的な取り組みを見つけ出し、実行の優先順位をつける方法についても述べる。企業事例とともに、不況下に収益性管理が重要な理由についても述べる。

### 不採算性がこれほど根づいてしまったのはなぜか

**１章**では「事業全体のかなりの部分が完全に不採算。純利益のすべてはわずかな高収益の事業から生じていて、それが不採算事業の穴埋めをしている」という多くの企業に共通の状況について説明する。またその根本原因と、収益性管理を成功させる３つの基本要素について概略を述べる。**２章**では、利益向上の大きな妨げとなっているいくつかの誤解を取り上げる。**３章**では、歴史的観点から問題を考える。ほとんどの企業の基本的な管理システムやプロセスは、一昔前のマス・マーケットのために開発されたもので、これらの仕組みはすでに時代遅れである。それが不採算性が深く根づいてしまった主因である。

### マネジャーはこの現状にどう対処すべきか

**４章**では、成功の基礎となる戦略を築き、収益最大化に向けて社内の全活動を連携させる方法を説明する。**５章**では、顧客選別とビジネスモデル開発の関係について詳述する。これが成功すれば、利益は急増する。事例として、大手運送会社の成功の土台にこの取り組みがあったことを紹介する。**６章**では、各顧客や製品、サービスの収益性を分析するプロセスと収益最大化のための行動計画作成プロセスを段階的に詳しく説明する。これらの作業は、通常のパソコンを使って２～３カ月でできる。

### 成功事例

**７章**では、デルが事業のすべての側面を月単位、週単位、日単位で綿密に管理し連携させて、収益を最大化した経緯を説明する。**８章**では、大手小売チェーンを例に、収益性管理プロセスをどのように実行するかを説明する。

### ＣＦＯの役割とは？

**９章**では、ＣＦＯの役割と、ＣＦＯや財務の担当者が収益性管理の中心的役割を担う必要性を述べる。

### なぜこれが不況の時代に重要なのか

**10章**では、経営者にとって不況期は、収益性、市場シェア、長期的な競争力を大幅に高めるための変革を推し進める絶好の機会であることを説明する。

# 1章 だれが収益性を管理しているのか

いま多くのマネジャーが直面しているもっとも重要な課題は、費用のかかる新しい取り組みではなく、既存事業からもっと利益を引き出すにはどうするかということだろう。

さまざまな業界の企業を調べ、またコンサルティングをするうちにわかったことは、どの企業でも事業の三〇～四〇％が、完全に不採算だということである。

まさかと思うかもしれないが、これは事実である。どの企業も、赤字事業の損失をわずかな高収益の事業が穴埋めしている。

この現象に最初に気づいたのは二〇年前、ある大手研究資材販売会社のCEOにコンサルティングをしたときだった。私たちは会社の収益性を上げるためにいきなり大規模な新規投資をするのではなく、まずどの分野の事業がなぜ収益性が高いのかを体系的に調べることにした。どの顧客、製品、環境が利益に貢献しているのかを見つけようというわけだ。

改善の余地のない会社などないが、調査結果からわかった不採算事業の多さに私たちは大きなショックを受けた。これはとりもなおさず最大の収益機会は新規事業を始めるまでもなく社内にあったということだ。成功のカギは、既存事業の収益性を体系的に高めることにあった。

以下がそのときの調査の結果である。

**▼顧客**　三三％の顧客が不採算。担当地域により、二九〜四二％と幅がある。

**▼受注品目**　三五％の受注品目が不採算。担当地域により、二三〜五〇％と幅がある。

**▼サプライヤー**　サプライヤーごとの品目の四〇％が不採算。三八％は採算境界線上にあり、大手サプライヤーからの仕入品目のいくつかもここに含まれる。

**▼販路**　電話営業の粗利率（四一％）は、その他の販路（外交販売顧客三六％、大口顧客三〇％）に比べ、他の要因を考慮してもはるかに高かった。ただ驚いたことに、電話営業の活用度は、地域によって三〜三二％と広い幅があった。

**▼製品**　予想に反し、在庫製品のうち回転の速い製品の粗利率（三六％）は、回転の遅い製品（三四％）よりも高かった。またどちらも、在庫のない特注品の粗利率（二九％）よりも高かった。この粗利率のちがいが、会社全体の純利益に大きく影響をおよぼす。

これによって見えてきたのは、あらゆる側面の三〇％以上で収益性改善の機会があり、それは単純な変更で達成可能で、新たな資本投入は不要だ、ということだった。私はその後、鉄鋼業、小売業、通信業などさまざまな業界の企業十数社で、同じ状況を見出した。

信じられないかもしれないが、この大手研究資材販売会社は、業界ではしっかりとした経営が行われていると考えられていた。競合他社と同程度の利益で、予算通りの経営が行われていたからだ。だがじつはそれこそが問題だった。予算通りの経営や競合他社と同程度の利益では不十分なのである。

## だれが収益性を管理しているのか

なぜこういう状態がひんぱんに見られるのだろう。どの企業でも、だれもが利益に注目している。しかし日々体系的に収益性を管理するプロセスをもっている企業はほとんどない（不正会計どころか、ほんとうの利益増加を管理するプロセスがないのだ）。

経営幹部が利益計画を作り、各部門長が担当箇所を監督し、進行管理をする。しかし全部門が目標達成しても、収益を最大化したことにはならない。そのワケは、多くの会社に、潜在的収益を最大限に引き出すために必要な、顧客、受注品目、サプライヤー、販路、製品といった各領域の連携を管理する責任者がいないからだ。

数年前、私はある会社の月例経営会議に参加していた。マホガニー製の大きな会議テーブルの奥に座った社長が、居並ぶ副社長たちの顔に順番に視線を注ぐ。副社長たちは口々に「今月の目標は達成しました」と答えた。最後に社長はため息をついてこう言った。「それは結構なことだ。このなかで目標を達成しなかったのは私だけじゃないか！」

なにがあったのだろうか。この月に起きたことを具体的に見てみよう。営業担当副社長は、たしかに売上を伸ばし、ノルマを達成した。しかしその売上増加分は新規顧客からの小口で複数回の注文だったため、流通費がカバーできなかったのである。また別のケースでは、顧客からの注文が在庫切れだったため、他地域から配送しなければならなかった。しかし、顧客に在庫のある代替品を勧めていれば、他地域から配送する必要もなかったかもしれない。

これらのケースで、重要なポイントが二つある。まず、営業担当副社長と業務担当副社長は、どちらもたしかに目標を達成した。営業担当副社長は売上を伸ばしたし、業務担当副社長も予算を達成した。業務部門の予算は、今回のような非効率な状態も含む平均費用に基づいて立てられている。しかし目標達成してもなお、利益の成長機会を逸しているということだ。そしてもう一つ大事なことは、このケースでも、ちょっとした調整で会社と顧客の双方の利益を増やすことができるということである。こういう調整は、よく考え注意深く管理しさえすればいいだけで、金はあまりかからない。

通信業界でも同じような収益性の問題があった。ある地域電話会社で有能な経営企画本部長がすぐれた分析を行った。まず顧客収益性を調べたところ、他社も狙うような大口顧客は、高収益かまったく利益が出ないかのどちらかだということがわかった。

利益の出ない顧客には二種類あった。「先進技術を採用する」会社と、「クレーマー」の会社だ。どちらも、膨大な量の顧客サポートサービスを利用する。「先進技術を採用する」顧客は市場開発に欠かせないので、そのサポートは会社にとって良質の投資だ。ところが「クレーマー」は収益の伸びを邪魔する重しのようなものだ。

## 解決策

経営企画本部長は、単に「クレーマー」を排除するのではなく、これらの顧客の収益性を高めようと考えた。よくある質問のために簡単なパンフレットを作り、電話による自動応答サービスを始めた。多くの場合、顧客側にもサポートを必要とする事情がちゃんとある。こうして不良顧客を優良顧客にした。

　このわかりやすい分析が出る以前は、無条件にすべての大口顧客の売上を向上させようとしていた。そういうやり方は、サービスが単純だったマス・マーケットの時代——顧客サポートの必要もほとんどなかった「規模の経済」の時代——ではうまくいったかもしれない。しかしそれはもはや通用しない。たとえ営業部門が売上目標を達成しても、顧客サービス部門が目標原価を満たしても、利益の成長機会はほとんどが埋もれたままだ。前述の研究資材販売会社と同様、この通信会社の不採算顧客も、別に不良顧客ではなかった。単に管理されていない顧客だったのである。

　数年ほど前までは、水平的なプロセス管理が大はやりだった。これは複数の機能部門にまたがる業務プロセス（製造、販売、代金回収）を調整するために効果的な方法である。当時私は多くの会社で、製品供給、受発注、製品開発、キャッシュサイクルなど、たくさんのプロセスのスライドを見せられたものだ。

　しかしどの企業でも「収益性管理プロセス」は語られなかった。つまり収益性は、注目も管理もされていなかったということだ。

## 収益性を管理する

　どうすれば収益性をうまく管理できるのだろうか。この後の章で、カギとなる三つの要素、「収益マップ」「収益レバー」「収益性管理プロセス」について順番に説明していく。以下のような質問にも答える。

**収益マップ**　何年もかけて活動基準原価計算システム（すべての費用を事業活動に分配する複雑なプロセ

ス）を作らないと、顧客、製品、注文などの収益性分析はできないのではないか？　分析はどれくらい正確でなければならないか？　会社のどの部分が「水面下」にあって、どこに「利益の小島」があるのか、どうやったらわかるのか？

**収益レバー**　顧客、製品、業務を管理するうえで重要な収益レバーは何か？　不良顧客を優良顧客に変化させるにはどうすればいいか？

**収益性管理プロセス**　利益の成長機会の優先度をつけるには？　どの取り組みが一番早い効果があるか？目標を達成しているマネジャーたちを収益性改善に協力させるにはどうすればいいか？　だれが先頭に立つべきなのか？

この三つの基本要素を正しく理解することにより、収益を最大化する方法を見出すことができる。この三要素については本書のあらゆるところに登場するので、それぞれの箇所で説明する。

**章のポイント！**

1　ほとんどの企業において、全事業の三〇～四〇％が完全に不採算である。

2　ほとんどの企業において、高収益の事業は二〇～三〇％に過ぎず、その利益の多くが不採算事業の穴埋めに使われている。残りの事業は採算の境界線上である。

3 現在使われている多くの事業成果の尺度や管理システム（予算管理など）では、問題があることすらわからず、改善の機会も見えてこない。

4 ほとんどの不採算あるいは境界線上の事業は、収益性管理の三要素（収益マップ、収益レバー、収益性管理プロセス）を使うことによって改善される。リーダーシップを発揮していまの状態を好転させたら、会社や自身のキャリアにどんな変化が起こるか考えてみよう。

## このあとは……☞

第1部の各章では、社内に根づいた不採算性の問題がなぜいま表面に出てきたのか、それに対して何ができるか、その概略を述べる。また、いくつかの優良企業が、本書で説明する方法を使って驚くほど収益性を改善させた例を紹介する。

# 2章 売上は善でコストは悪か
## ――ビジネス神話を検証する

利益成長とビジネスの成功に欠かせないのは、明確な判断と規律ある業務管理である。しかし多くの企業マネジャーたちにそれができないのは、常識のように思われている「ビジネス神話」があるからだ。この章では、もっとも障害となる一〇の「ビジネス神話」を挙げる。また、後の章でそれぞれについて詳しく説明していく。

### 神話1　売上は善でコストは悪

これが最悪のビジネス神話である。ほんとうは売上のなかに、高収益のものと低収益のものが混在している。収益マップを使って収益性を注意深く調べれば、ほとんどの会社で、事業の二〇～三〇％が黒字、三〇～四〇％は赤字、残りはトントンだということがわかるだろう。

平均や利益合計にばかり注目していると、この重要な事実が見えてこないし、収益性向上に的を絞った方法を使って、コストをかけずに収益性を高めることもできない。営業担当者の報酬制度は、単純に売上に基づいて作られている場合が多いが、売上ごとに収益性は異なるし、まったく利益を生まない売上もある。このようにして多くの会社は、知らないあいだに大量の不採算性を溜め込んでいるのである。

ではコストはどうか。売上がすべてよいとみなされると、コストはどれも悪いとみなされやすい。したがってコスト削減策は広範で一律のものとなる。しかし実際は、大きな利益を上げている事業は、それを安定させてさらに伸ばすためにもっと経費を使うことが可能だし、そうするべきである。それができないのは、不採算部門がその分の資源を不当に吸い上げてしまうからだ。

こういう状況で、競合相手が最大収益の事業を狙って資源を集中させてきたら、最悪のピンチに立たされる。

## 神話2 顧客が望むものを提供しなければならない

これは自社のビジネスをどう定義するかという根本的な問題である。提供すべきなのは顧客が「必要としているもの」であり、それは顧客が「望んでいるもの」とは異なることが多い。顧客が「望んでいるもの」は、顧客の現在の仕事の延長線上にある。それに対し「必要としているもの」とは、顧客を一歩前進させ、ビジネスの方法を変革し改善させるものである。

新しいよりすぐれたビジネスの方法に顧客を導くことができれば、代替可能な単なる業者から、かけがえのない戦略パートナーになれる。これが競争で優位に立ち、重要顧客の売上と利益を伸ばし、長期的な戦略優位を確固たるものにする道である。

顧客の真のニーズをつかみ、価値を創造する新しい方法を見つけるには、チャネル・マッピング（拡大サプライチェーンの経済モデルを組み立てて分析するプロセス）のような強力なツールを使って、顧客と一緒に考えることである。

顧客が真のニーズになかなか気づかないということもよくある。また、顧客側の購買担当者や自社の営業担当者が、他のマネジャーが参加すると思い通りにできなくなると考え、変革に抵抗するかもしれない。しかし、変革の可能性やメリットを、「ショーケース・プロジェクト（実験的に行う小規模の変革）」で実際に示すなど、顧客側に変化を起こさせる効果的な方法もある。

## 神話3　営業は売るのが仕事、業務は注文を処理するのが仕事

その顧客ニーズに応えるのが一回かぎりなら、その通りだろう。しかし得意客の場合には、最初の販売にもその後の関係にも、業務部門が決定的な役割を果たす。昨今ではさまざまな業界で、有力企業がサプライヤーの数を四〇～六〇％も減らしている。勝ち残ったサプライヤーは、市場シェアを大幅に増やし、残れなかったものは大きな損失を被る。勝ち残るためには、納入した製品が顧客企業の収益性を向上させられるかどうかがカギとなる。そのためにサプライヤーは、ベンダー管理在庫、製品の共同設計、その他の社内業務改革を行う必要がある。顧客をつなぎとめ売上を伸ばすのに、業務部門が重要なのはそういうわけである。

## 神話4　どんな顧客にも同じように最高のサービスを提供しなくてはならない

すべての顧客に同じように最高のサービスを提供しようとすれば、ほとんどの場合サービスの質は低下

し、費用は手に負えないほど増大する。こうなってしまうと、経営陣はサプライチェーンのバランスを取り戻すことが難しくなる。費用削減とサービス充実のあいだを、目標が振り子のように行ったり来たりしはじめるのである。ある四半期には、費用が高すぎるというので在庫削減に取り組む。次の四半期には「顧客が怒っている」というので、在庫を増やそうと躍起になる。

この問題を解決してくれるのは、サービスの差別化だ。注文処理期間（顧客が注文してから製品を受け取るまでの時間）を顧客や製品に応じて変えるのである。顧客を販売高、収益性、ロイヤルティによって、コア（中核）、ノンコア（非中核）に分類し、製品も、販売高、収益性、緊急の必要性、代替可能性によってコア、ノンコアに分類することができる。

コア顧客とノンコア顧客、コア製品とノンコア製品の組み合わせによって顧客を四分類すると、それぞれのグループに、ぴったりと適合したサービスと費用特性をもつ別々のサプライチェーンを使うのがよいということがわかる。そうすれば、サービスの質を上げて費用を下げることが可能になる。大事なことは、各製品を注文する各顧客に対し、それぞれ適切な納期を設定し、それを必ず守ることである。

## 神話5　サプライチェーン統合こそが最大の目標である

以前、ある大手汎用品メーカーの業務担当副社長と会ったことがある。そのとき、サプライチェーンの進化を示したプレゼンテーションを見せられた。旧来の一定の距離を置いた顧客関係が、完全に統合された高度なチャネルに発展していく。そして主要サプライヤーと主要顧客が、緊密に連携したサプライチェーンを形成する。この最後の形こそ、すべてのサプライチェーンがめざすべき理想であるという趣旨が明らかだった。

これはばかげている。サプライチェーン統合をどの程度行うべきかについては、さまざまな要因が考慮されなければならない。たとえばチャネル経済性（顧客とサプライヤーの生産フローが統合された場合の費用構造）、顧客の変革意欲と能力、ロイヤルティ、それに両社の戦略的適合性などである。

顧客の重要性を縦軸に取り、変革に対する顧客の意欲と能力を横軸に取って、四つの象限からなる簡単なマトリクスを作ってみるといい。サプライチェーン統合をどの程度行うべきかは、顧客がどの象限に属すかによってちがうということがわかるだろう。どの企業も資源は限られている。大きい利益を生み出す可能性を秘めているとしても、サプライチェーン統合は相手企業と緊密な関係を作ることであり、慎重に相手を選ばなければならない。そしてそれぞれの顧客関係にふさわしいサプライチェーン統合を作り上げるべきだろう。

## 神話6　社員が各自の仕事をちゃんとやれば、会社は繁栄する

顧客ニーズが明らかであまり変化しない均質な市場という安定した状態では、マネジャーは経営陣がそれぞれの機能分野に対して定めた一定の方針を実行していればよかった。これが二〇年ほど前までの、マス・マーケット時代の状況である。

しかしそれから世の中は劇的に変化した。いま市場はますます不均質になってきて、企業は異なるタイプの顧客とのあいだにそれぞれちがった顧客関係を作るようになってきた。こういう状況を私は「プレシジョン・マーケットの時代」と呼ぶ。一人のマネジャーがする仕事が他のマネジャーに与える影響はきわ

めて大きく、マネジャーたちの責任範囲は互いにオーバーラップせざるをえない。

たとえば、サプライチェーン責任者がひじょうに努力して、ある製品の在庫費を二〇％削減したとする。しかしこの製品が不採算であったら、このマネジャーは成功したと思うべきだろうか。それは仕事の定義による。以前のように、業務は営業が取ってきた注文を処理していればよかった時代であれば、このサプライチェーン責任者はヒーローである。しかし現在、とくにトップ企業では、この責任者の「仕事」は、従来の費用管理をはるかに超えて、費用と売上を含む資産の生産性にまで広がっている。サプライチェーンの責任者と営業・マーケティング責任者は、各事業の収益性に共同責任を感じなければならない。両方の責任者が協調しなければ、その連携の不備が必ず大きな不採算性を会社にもたらすことになるからだ。

成功するためには自分の「仕事」を状況に応じて正しく定義し、継続的に定義し直さなければならない。多くの会社の業績低下の原因となっているのが、この重要でしかも見えにくい問題である。マネジャーたちがやるべき事をしていなければ、最高の実行計画も失敗に終わる。

## 神話7　昇進してもこれまで通りの成功パターンを続ける

これはマネジャーたちの自然な傾向だが、完全に間違った行動だ。多くの会社で、どのレベルのマネジャーも、それぞれ「一つ下のレベル」の仕事をしている。つまり、自分の元の役職を引き継いだ部下をこと細かに管理したがる。部下を指導して業務のプロセス改善を支援すべきなのに、業績ばかりを厳しく追及するので、部下はそれに備えるために膨大な時間を費やさざるをえなくなる。

ここから二つの問題が生じる。一つは、部下の学習と成長の機会を奪うということ。もう一つは、マネジャーが自分の新しい責務を成し遂げられないということだ。

単純化していうとこうなる。現場マネジャーたちが会社を動かし、部門長が現場マネジャーを指導しつつ、他部門長と連携して各事業が生産性と収益性を高めるようにする。副社長は部門長の指導もするが、三〜五年先の会社のあるべき姿を定義し、それに沿って会社を成長させることに大部分の時間を費やさなければならない。全員が自分の日常業務だけに目を向けていると、社内に根づいた不採算性と将来の方向性が定まらないことによる機会費用は膨大である。

## 神話8　ビジネスケースによって判断すれば、有効な変革を行うことができる

投資効果を算定するビジネスケース作成は、多くの会社にとって資源配分に欠かせない重要なものとされている。マネジャーが新たな取り組みを始める際には、必要な資源、期待収益、予想される費用などの資料を提出する。期待収益がじゅうぶんであると判断されれば、その企画には予算がつく。

ビジネスケースに基づくこういうやり方は、状況がよくわかっていて、費用と利益の予測がある程度正確にできるのであれば有効だろう。しかし重要な戦略的取り組みの多くは、会社を未知の領域へ導いていくものだ。そういう投資には、ビジネスケースとはまったくちがう決断プロセスが必要であり、それには収益が予測できない市場での実験に対する投資も含まれる。

私は以前、パソコン、携帯電話、インターネットが初期段階のころに、有力なハイテク企業数社と仕事をしたことがある。いまやこれらは巨大市場だが、その当時は比較的小さい不確実な市場だった。その市場の発展性をどう加速させるかを調査するための投資を、従来のビジネスケースを使った厳密な決断プロ

セスで経営陣に認めさせるのは難しかった。そのうち新たな挑戦者たちが次々に現れ、大手企業から巨大な市場シェアを奪い取ったのである。

## 神話9　大変革は危機に陥らないと実行できない

危機に陥る前に大変革を行うというのは、経営者にとって最大の難問の一つだ。ビジネスのやり方を根本から変えるには、日常業務改善などとはまったくちがう管理プロセスを必要とする。しかし、利益を一気に増やすための取り組みの多くは、大変革を伴う。

大変革を効果的に管理する方法は、それに成功した会社の経験から習うことも可能だし、科学理論の発展などという一見無関係な分野の変革管理を調べることによっても学べる。

危機に陥る前の変革管理を成功させるためには、基本的な条件が四つある。(1) 経営トップは、変革を起こさなければ危機が訪れるという明確な根拠を提示する。(2) 変革が成功した後の青写真を作る。問題を解決し、新たな強みを生み出す、具体的で納得のいく方法が示されないかぎり、社内は動かないからだ。小規模のショーケース・プロジェクトなどに戦略的投資を行い、そのなかで新しいやり方を発見したり証明したりすることが有効である。(3) トップは、変革の必要性と新しい方法の利点を、断固たる姿勢で繰り返し主張しなければならない。(4) 高い山に登るときのように、変革プロセスの途中には、いくつか「ベースキャンプ」を設ける必要がある。それがあれば、変化が消化不良にならず、マネジャーたちも新しいやり方に少しずつ慣れていける。またベースキャンプに到達するごとに、組織の各部門がペースを揃えて進むことができる。

だがこれだけ条件が整っても、大変革が一直線に進むということはない。組織は、初めしばらくは抵抗するだろう。やがてマネジャーたちの態度が変わりはじめ、互いに影響し合って、変化が一定量に達したときに、突然前のめりに進むのである。そしてまたしばらく止まってしまう。それからまた前のめりに進む。だからこそ大変革には、ベースキャンプが重要なのである。

## 神話10　うまくいっているものを変えてはいけない

「壊れてないものを直すな」ということわざがあるが、マネジメントに関しては、これは最悪である。トップ企業のすごいところは、どれほど成功していてもさらに必死で改善していることだ。後れを取っている会社ほど、現状に甘んじ、自己満足に陥っている。そういう会社は有能なトップが就任すると、急にスピード感が出る。

すぐれたマネジメントは補強作業である。トップ企業は、変えることばかりを考えているのではなく、マネジャーたちが不断の変化にうまく適応できるように、そして進行する変革をうまく管理できるように、絶えず気を配っている。こういう環境の会社には、創造性が豊かで規律ある人材が集まってくる。こうして好循環ができあがる。変革を行えば行うほど変化に適応できるようになり、変革が頻繁に起こるようになる。

現在後れを取っている企業も、業界のトップになれるだろうか。もちろんである。ただしそれには、経営陣の強力なリーダーシップが必要で、危機が来る前に明確で規律ある変革プログラムが作られなければならない。これは通常の連続した改善作業などではなく、いったん現在の秩序を壊す不連続な変革である。

## 神話を脱する

どんな企業も飛躍的に成長する大きな可能性をもっている。収益性を向上させ、成長を加速させ、新しく生まれ変わる可能性である。この可能性を花開かせるカギは、すべてのマネジャー、とりわけ経営陣が、的確に考えることと規律あるマネジメントをすることである。

ここまで述べてきた一〇の神話は、まったく間違っているわけではない。ただ正確でないために誤解されがちで、その誤解のために多くの企業が、本来の力を発揮できていない。

これらのビジネス神話から脱すれば、収益性を徹底的に改善する体系的なプログラムを開発することができる。

### 章のポイント！

1 プロジェクトや取り組みの前提、あるいは目標をトップがきちんと考えなかったせいで、どれほど多くの努力が無駄になったり、逆効果になったりしてきたことだろう。過去二〇年間、元教え子やさまざまな業界のマネジャーと一緒に仕事をするあいだに、そういう例を数えきれないほど見てきた。

2 取り組みの根本にある前提の多くは、自明の理のように思われているが、実際には間違った結論と行動にマネジャーたちを導いてしまうことがある。これは私がMITで教えているテーマの一つである。プロジェクトを立ち上げようとするときには、この前提は本当に正しいのかと冷静に考えてみることが重要だ。

3 大規模なプロジェクトを始めるときには、本章で述べたようなビジネス神話を、自社の状況に当てはめて考えてみるといいだろう。こういう訓練をすると、ビジネスがより明確に見えるようになり、生産的な仕事のしかたが身についてくる。

4 ここで述べたようなビジネス神話を理解すれば、「三〇〜四〇％もの収益性改善の機会」も見えてくる。

**このあとは……☞**

これらの神話はなぜ生じたのか。なぜ多くの企業にこれほどの不採算性が根づいたのか。次章ではビジネスの世界がどのように変わってきたのかについて説明する。時代の変化とともに、すべてのルールが変わりつつある。

# 3章 「プレシジョン・マーケット」の時代

ビジネスの新たな時代が始まりつつある。

いま起こっているこの変化は、道路が舗装され、地域市場が統合を始め、「マス・マーケット」が形成された時の変化に匹敵する、破壊力をもつ大変化だ。この新しい時代を私は「プレシジョン・マーケット」の時代と呼ぶ。

リチャード・テドローは、名著『マス・マーケティング史』で、およそ一世紀前、地域限定の未発達な市場がマス・マーケットに発展していった変遷の様子をたどった。また、シアーズのような企業が、どのように消費者の需要を集約し、供給を規格化し、生産と流通費を大幅に削減したかを述べている。

二〇世紀の半ばにかけて、マス・マーケットがひじょうに発達し、そのサブ・マーケット（下位市場）だけでも、効率的な生産と市場開発ができるほどの規模になった。これらのサブ・マーケットは、人口動態や消費者の心理学的属性（たとえば子ども用鎮痛薬を買う、ジョギング靴を買うなど）によって区別されていた。マス・マーケティングを行う企業はそれに応じて、「テーマ作りとバリエーションづけ」のような戦略をとり、各サブ・マーケットに合わせて製品を適応させたり差別化したりした（単純化するために、初期のマス・マーケットと、これらの大きな市場セグメントをどちらもマス・マーケットと呼んでいる)。

マス・マーケットの出現が社会に大きな利益をもたらしたこの時代に、現代の経営の支配的な方法論ができあがったのである。

しかしいま、すべてが変わりつつある。いま価値創造の源泉は、製品の革新から、顧客管理やサプライチェーン管理を中心とした顧客関係の変革に移行しつつある。

しかもこの変化は加速度的に速まっている。ほとんどの企業が、新旧両方の世界に半分ずつ身体を預けている感じで、マネジャーたちはこの変化のなかで四苦八苦している。この状況は製造業もサービス業も同じである。

ゼネラルフーズはその全盛期に、マス・マーケット型の方法論を身につけた企業である。すぐれた製品革新の技術をもち、広大で均質な市場とサブ・マーケットに、規格化された方法で商品を流通させた。しかし現在、デルのような企業が二番手からトップメーカーに躍り出たことは、プレシジョン・マーケットという新時代の到来を象徴している。この重大な転換期に、デルは顧客を慎重に選択し、価格を分刻みで変更しながら、「いまあるものを売る」ためにすべての取引を個別に行う手法を開発した。

市場の流れが変わったのは、およそ一〇年前にP&Gとウォルマートが新たな関係を結んだときだった。それまでのP&Gはゼネラルフーズと同じく、典型的なマス・マーケット型企業だった。しかしウォルマートと連携することで、P&Gは戦略を変更した。顧客と一定の距離を置いた従来のやりかたではなく、ベンダー管理在庫のような企業間のサプライチェーンプロセスを作り出すことに全力を注ぎ、ウォルマート側の利幅を劇的に上昇させた。また同時に、P&Gもウォルマートへの販売と収益性を最大限に伸ばした。P&Gの副社長はその状況をこんなふうに表現した。「ウォルマートのCFO(最高財務責任者)がわが社の最重要顧客になったんだ」

さらにP&Gは、多くの小口顧客に直接商品を卸すことを中止し、代わりに総代理店をおくことを決めた。均一の顧客対応はもうやらないというわけである。

## 攻勢終末点

この攻勢終末点というのは軍事戦略の主要概念の一つで、敵前線にどのくらい深く進攻できるかを表している。狭い範囲に戦力を集中させればさせるほど、敵地により深く進攻できることになる。

マス・マーケット型だった時代のP&Gでは、顧客と接する前線が広く、そのため企業間サプライチェーンのつながりは浅いものにならざるをえなかった。しかしプレシジョン・マーケット型となったいまは、注意深く顧客関係を管理し、ウォルマートのような顧客を少数選んで、ひじょうに深い攻勢終末点を作っている。そして他の顧客とは従来のように一定の距離を置く関係を保ち、また一部の顧客とは直接の関係を廃している。

プレシジョン・マーケットの時代を特徴づけるのは、このように顧客に応じてそれぞれ異なった関係を選択し管理するやり方である。

## 市場の根本的な変化

大規模な市場の変化を推し進めているのは、次の五つの要因である。

▼ウォルマートのように経験豊かで先進的な顧客が、収益性向上をめざしてサプライヤーに強く働きかけている。
▼競争が激化した結果、どの業界でも棲み分けが難しくなっている。
▼高度なIT能力が、社内にも取引チャネルとのあいだにも整備された。
▼高度なサプライチェーン管理技術が、多くのチャネルで開発されつつある。
▼海外の強力なライバルとの競争で、国内の企業は、サービス革新によって新たに活路を開くことを強いられている。

マス・マーケットからプレシジョン・マーケットへの移行は、次のようないくつかの側面を見せている。（1）「製品志向の競争」ではなく「顧客志向の競争」、（2）「製品革新」ではなく「顧客管理とサプライチェーン革新（関連サービスを含む）」、（3）「広範な市場ターゲティング」ではなく「精密照準《プレシジョン》の顧客ターゲティング」、（4）「定期的に予算と計画の調整をするだけの別々の部門」ではなく「重複した責任範囲をもち断続的に調整をする部門への機能統合」。

## 古い経営の枠組み

プレシジョン・マーケットに移行しつつある現在もマス・マーケット型のマネジメントが行われている会社では、「赤字の海の利益の小島」という問題が顕著に見られる。

問題の根底にあるのが、マス・マーケット時代の古い経営の枠組みである。以前は一つの市場（あるいは市場セグメント）において、製品はほぼ標準化され、すべての顧客はほとんど一様に扱われていた。営業、マーケティング、サプライチェーン管理などの機能別に部門は完全にわかれており、会社全体の事業計画と予算の作成がおもなつながりだった。顧客売上、製品売上、部門別貢献利益、流通費などの情報は、部門の組織ごとに集められ、すべての売上は等しくよいものだと考えられていた。

こういう状況では、顧客、製品、発注ごとの正確な収益性や、サプライチェーンの生産性（投下資本利益率）に関する詳細な情報は、収集も分析もされない。結果としてどの会社も、ほとんどの事業がどの側面から見ても不採算になる。一部の事業が全社の純利益合計の一〇〇％を優に超える利益をあげても、不採算事業の損失穴埋めで大部分が消えてしまう。

## 五つめの「P」

マス・マーケット時代のマーケティングの基本は、マーケティング専攻の大学一年生が習う4Pである。すなわち「製品（Product）」「流通（Place）」「プロモーション（Promotion）」「価格（Price）」だ。しかし、ここには欠けているものがある。五つめのP、「収益性（Profitability）」だ。

この4Pという考え方が、収益性のつぎはぎ状態を生んでいる。多くの企業は4Pさえ正しく設定すれば、最大の収益性が自然に生じると単純に思いこんでいるが、完全に誤りである。

プレシジョン・マーケットの時代には、本書で後述する社内および顧客やサプライヤーとのあいだの「ミクロの利益最大化」によって、売上も利益も大幅に伸びる。

この五つめのPには、現代の経営に欠かせないものがいくつか含まれている。「業務能力に見合った顧客選択」「顧客の投下資本利益率改善に貢献し、他社との差別化をはかる」「ベンダー管理在庫などのサービスを開発して、顧客と自社の費用削減と売上増加をめざす」などである。これができれば収益性と市場シェアは大幅に増える。

多くの企業がサプライヤーの数を四〇〜六〇％以上も減らしている現在、顧客企業の収益性を改善する能力によって、サプライヤーの市場シェアも決まってくる。

## 変革管理を行う

ここで重要な疑問について考えよう。これほど収益性パターンに問題があることがわかっているなら、なぜほとんどの企業はそれに対して手を打たないのか。

それは、いまも多くの経営陣がマス・マーケット時代の枠組みに暗黙のうちに支配されているからだ。「これがうちのやり方」というのがそれである。この枠組みが根づいているかぎり、全社一丸となった効果的な変革を起こすことはできないだろう。

私は以前、「パラダイムシフトという難題」というタイトルでコラムを書いた。26章のもとになったコラムである。このなかで私は、「多くのすぐれた変革の取り組みが、『これがうちのやり方』という壁に阻まれて頓挫してしまう」と書いた。そして「すぐれた取り組みも、社内に根づいた経営の枠組みと対立する場合にはうまくいかない。だから建設的な変革を起こすもっとも効果的な方法は、社内にそういう枠組みがあることを明確にして、それを上回る枠組みを提示することだ」と述べた。

それがネットに掲載されて何時間もたたないうちに、私の受信ボックスは同じ経験をもつ読者からのメールであふれた。反対意見は皆無で、コラムの趣旨が読者の思いにぴたりとはまったのは明らかだった。

## 新しい経営の枠組み

プレシジョン・マーケット時代の新しい経営の枠組みでは、マネジャーは三つの高い管理能力を要求される。「顧客管理」「サプライチェーン管理」「変革管理」の能力である。

経営陣は、顧客と市場について調査を行い、各顧客や市場セグメントとのあいだに、それぞれ異なる関係を作るロードマップが描けなければならない。各機能分野の責任者は協調して、このロードマップをもとに、各顧客とのあいだに適切な関係を選び、それを発展させる。

すべてのマネジャーは緊密に連携して一つの目標に集中し、社内と顧客の双方における変革を管理できる高い能力を求められる。部門間の連携は継続的で変更可能な状態が望ましく、機能や責任は互いに重複するのがよい。

各機能部門は責任範囲を拡大して、部門間の協調を増やす必要がある。たとえば、営業担当者や顧客担当責任者は、サプライチェーンの変革を積極的に利用して、顧客関係を発展させ、市場浸透を強化すべきだろう。また、マーケティング責任者は顧客関係の発展経路（新規顧客にまず導入レベルの製品やサービスを販売し、次にもう少し広範なパッケージを勧め、最後にフルセットを売るというような段階的な発展計画）を作り、ターゲット顧客との取引を深め、収益性を高めることができる。また顧客の将来性、業務上の適合性、変革の可能性などの要素を考慮するために、同種の顧客をグループ化する市場区分の基準を見直す必要がある。サプライチェーン責任者は、従来の受け身の費用管理から、サプライチェーンの生産性向上という積極的な考え方に移行すべきだ。そして資産の収益力を活かすために、他部門の責任者とも連携しなければならない。

プレシジョン・マーケットは、ビジネスに対する考え方を変えた。この大変化に対応するには、広い視野をもった創造性豊かなマネジャーと、新たな協調プロセスが不可欠である。しかもそれを、社内業務の効率を落とすことなく行わなければならない。

こんなことが可能だろうか？　だが、トップ企業のマネジャーたちはすでに実行しているのだ。

## どちらが本当のビジネスなのか

最重要顧客との関係がさらに深まり、有効な「収益レバー」を使い分けられるようになると、ある疑問が必ず湧いてくる。「これは特別に追加された仕事なのか？　あるいはこれこそが本業なのか？」

いずれ湧いてくるこうした疑問に直面したとき、自分はパラダイムシフトに直面していると思っていい。マネジャーのなかには、変革に抵抗する言いわけを探す人もいる。「あまりに複雑でどうしていいかわからない」「管理しなければならない可動部分が多すぎる」「失敗のリスクが大きすぎる」「みんなの考え方を変えるのは困難だ」「ほかの仕事が多くて、とても変革に取りかかれない」。こういうマネジャーは、やがて失脚していくだろう。

成功するマネジャーは、新たな枠組みに積極的に挑む。関連部署のマネジャーとチームを作って、社内においても拡大サプライチェーンにおいても、変革と向上をめざす。こういう道を選んだマネジャーは、プレシジョン・マーケットの時代でも自信をもち、成功を収めるだろう。

## 章のポイント！

1　ビジネスは新時代に入りつつある。マス・マーケット型のビジネスから、顧客関係の形をいくつか注意深く作り上げ、個々の顧客に合うやり方を選ぶというビジネスに移っていく。この時代の変化に乗り切れないことが、多くの会社で「赤字の海の利益の小島」を生み出している根本的原因である。

2　現在のビジネスプロセスや手法のほとんどが、前時代に開発されたものである。したがって、将来の成功のためには新しい経営の方法が必要だ。本書はその方法について述べ、新しいプロセスを作り出すにはどうすればいいかを説明する。

3　トップ企業はすでに、新しい経営の方法に移行して、売上と利益を三〇～四〇％も伸ばしている。

4　変革を主導したマネジャーたちのキャリアに、それがどんな影響を与えたかも考えてみてほしい。新しい経営の方法は、従来の方法に比べて難しくもないし時間がかかるものでもない。ただ、ビジネスに対する考え方を切り替える必要がある。エネルギッシュで創造性に富むマネジャーにとっては、リーダーシップを発揮するこのうえないチャンスである。

5　覚えておこう。五つめのPは収益性だ。

## このあとは……☞

1章と2章は、収益性管理のための新たな機会について概略をお話しした。この3章では、マネジャーにとって難題でもあり千載一遇のチャンスでもある変化がなぜ起こったかについて述べた。次章は収益性管理に取り組むためのしっかりした戦略的土台を築くにはどうすればいいかを説明する。その土台を形作るのは「真の顧客価値」「戦略的集中」「競争的差別化」である。

# 4章 戦略の三本柱

「だれもが天気の話をするが、天気をどうにかしようとする者はいない」と言ったのは、チャールズ・ダドリー・ワーナーである。一九世紀のエッセイストで、マーク・トウェインと親交のあった人物だ。これと同じことが、多くの会社の戦略に関しても言える。

ＭＩＴのエグゼクティブ・プログラムでこの問題を取り上げたときに気がついたが、多くのマネジャーが戦略作りに参加しながらも、戦略の意味と重要性の二点をはっきりと理解していない。

収益性向上の取り組みの基盤となるのが戦略である。戦略がしっかりとよく練られていれば、高い収益を持続的に生み出す有効な取り組みが計画できる。しかしその基盤がいいかげんなものなら、どれほどよくできた取り組みも失敗に終わる。

私の経験では、次の三つの原則が、戦略の本質を捉えていると思う。

**1** 顧客価値が何より重要

**2** 戦略とは、何に対して「ノー」と言うかである

**3** 一番になれる分野をもつ

これらをきちんと理解していれば、成功する確率は高い。

## 1 顧客価値が何より重要

「企業は顧客に奉仕するために存在する」という言葉をよく耳にするが、多くの企業の戦略が、顧客がいることを当たり前のように考えていることに驚く。自分の会社にしか目が向いていないのである。どの会社も、顧客ニーズを明確で不変と思い込み、ビジネスの最重要課題を、ニーズを満たすプロセスの最適化だと捉えている。

この思い込みが、ビジネス戦略の最大の誤りの一つだ。戦略作成の出発点は、顧客企業の隠れたニーズを深く理解し、それを満たす革新的な方法を開発して、顧客価値を創造することでなければならない。

顧客ニーズは不変ではなく、つねに変化している。このポイントは戦略においてもっとも重要だが、しばしば見落とされている。いま表面化している顧客ニーズを満たす戦略から脱して、顧客とパートナーシップを築き、新たなニーズを発見して満たす戦略を作ることができれば、自社の位置づけが高まり、ビジネスの展望は一気に開けるのである。

GEの航空機エンジン事業が行った戦略変更が、まさにその例だ。同社はエンジン、部品、保守サービスをバラバラに売る方法から、PBTH方式という、全部をセットにした固定費用方式に変えた。これによって顧客の航空会社は、費用と売上の調整が容易になり、大きな利益を上げることができた。

GEの航空機エンジン事業は、価値創造の領域を顧客の企業内部に移動させるという方法で自社のビジネスを再定義し、競争的地位を大幅に改善し、収益性を持続的に向上させた。生み出す価値が大きいほど、さらなる価値を捉えるチャンスもまた増える。

顧客に変革をもたらせば、収益性向上と長期にわたる競争優位につながりやすい。そのためには顧客に関する深い知識と主要顧客の内部に変革を起こさせる能力が必要だ。変革管理能力があれば、顧客に関する知識も、顧客からの信頼も獲得できるため、競合企業がそこに割り込むことは難しくなる。製品革新は真似されるかもしれないが、主要顧客との業務プロセス連携を伴う深く生産的な関係を奪い取ることはまず不可能である。

顧客ニーズは顧客のウォンツとは大きく異なることを忘れてはならない。だから、顧客と話をするだけでは有意義な答えは得られない。

## 2 戦略とは、何に対して「ノー」と言うかである

私は過去二〇年以上にわたって、さまざまな企業の戦略を見てきた。多くの戦略はできるだけ多くの顧客――市場の隅々の潜在的な顧客も含め――を捉えることに焦点を合わせている。マネジャーたちはそれぞれの顧客獲得を担当し、過酷なほど増えていく売上ノルマを課せられている。

こういうやり方は非現実的で非生産的だ。そもそも戦略は、経営陣が次の二点をうまくできるようになるから重要なのだ。（1）市場の「スイート・スポット」に照準を合わせ集中させること、（2）市場のスイート・スポットを獲得すべく、すべての機能部門を連携させること、だ。とくにすぐれた会社は、集中と連携の二点ができている。偉大な会社の特質とは、市場を支配する力が最大限に集中されていることで

ある。サウスウエスト航空、ＵＰＳ、フォーシーズンズホテルなどは、どれもその点で飛び抜けている。すべての顧客にすべてのサービスを提供しようとしていては、集中も連携も実現できない。にもかかわらず経営者たちは、無意識のうちにこういう非生産的な目標に向かってしまう。潜在的な事業機会に対して「ノー」と言えないからである。皮肉なことに、経営者のこういう姿勢があるかぎり、会社の業績は上がらない。

手を出さない領域を明確に設定してはじめて、マネジャーは成功する戦略を打ち立てることができる。自社の営業担当者の報酬制度を考えてみよう。営業担当者は何を最大化しようと考えているだろうか。売上だろうか。粗利益だろうか。どんな売上でも同じだと思わせているようなら、会社に戦略は存在しないということだ。

皮肉なことに、業務やサプライチェーンの生産性を上げる最善の方法は、売上を最大にすることではない。それよりも、自社の業務やサプライチェーンに適合した取引を獲得するように営業システムを訓練すべきである。そうすれば、生産性は三〇～五〇％も向上する。これまでのやり方を改良した程度では、一〇～一五％しか上がらない。

売上を伸ばす一番早く強力な手段は、もっとも重要な顧客と共同で革新的な企業間業務を導入し、顧客の大幅な収益性改善に協力することだ。

ここでも成功の要は、集中と連携である。全社員が理解できるような明確な目標と、手を出さない領域の条件を定めた戦略を策定し、明解で毅然とした選択をすればいい。

こうすれば、戦略はレーザーのように精確に働く。会社全体が同調して照準が定まり、見事にターゲット市場を貫通させるだろう。

## 3　一番になれる分野をもつ

戦略の三本目の柱は、取り上げるまでもない当然のことのように思えるかもしれない。だが「一番になれる分野をもつ」と肝に銘じている会社は、驚くほど少ないのである。

一番でなければ、二番手にさえも負かされてしまうのは当然である。にもかかわらず、多くの会社が二番手以下に甘んじているのはどうしてだろう。

すでに述べたとおり、多くの経営者はどんな事業機会も手放すのを嫌がる。的を絞った戦略を作るために必要な選択ができない。つまり「ノー」と言えないのである。

そして営業、広告、プロモーション、サプライチェーン統合など顧客関連の資源を、ひじょうに広範囲な顧客、製品、サービスに大量に費やしてしまう。そのため、どの分野においても有意な影響力をもつことができない。ビジネスの流れが多岐にわたるので、マネジャーたちは営業と業務を連携させて生産性や売上を改善しようとしても、どの業務やサプライチェーンに的を絞っていいかわからない。

ここでも結局は「集中と連携」が戦略の主眼なのである。

すべての顧客に何もかも提供するというワナにはまると、どの分野でも一番になれない。こうして企業は悪循環に陥ることになる。

より資源を集中させてきた競合企業にある事業分野の主導権を奪取されたとする。会社はその事業を補強し、取り返そうとするだろう。だがしばらくすると、別の分野で別の競合と同じことを繰り返す。

やがてより資源を集中させた競合からの攻勢を防ぐのにすべての資源をつぎ込むことになるが、ほとんど効果はない。営業はこのピンチから抜け出すために売りまくれと叱咤激励される。業務は規模を縮小せざるをえず、重要な機能さえ失ってしまう。そして最後には市場シェアも収益性も資源も失い、経営陣は茫然自失することになる。

集中と連携ができなかったこの会社は、一番になる機会を逃し、資源を集中させた競合に着々とその座を奪われたというわけである。

## 効果的な戦略

ウォルマートの戦略の発展過程を見てみよう。初期の戦略は、アメリカ南部と中西部の人口五万～一〇万人くらいの比較的小さな町に出店することに集中していた。ウォルマートは低価格の大量販売店としての価値を顧客に提供し、二番手の低価格スーパーが参入する余地がないほどに家族経営の小規模スーパーのビジネスを吸収した。

ウォルマートはそれぞれの地域において、他に類を見ない顧客価値を提供するという点で一番になったのである。ウォルマートの「ＥＤＬＰ（エブリデー・ロープライス）」は、収入の比較的低い小さな町の住民にとって、ひじょうに重要だった。ウォルマートの経営陣は、自分たちのビジネスにふさわしくない地域についてもしっかり理解していたので、大都市は注意深く避け、明らかに有利な市場だけに資源を集中的に注いだ。

店舗数が初期戦略の上限に達したとき、戦略を次の段階に進めた。発展を続ける巨大ビジネスを活かす方法に的を絞って考え、その結果、ひじょうに効率的なサプライチェーンが開発された。これによってウォルマートは、さらに業務費を引き下げ、ますます高品質で低価格の商品を顧客に提供できるようになった。

新たに開発したサプライチェーンが費用優位をもたらしたので、ウォルマートは価格面でも、顧客価値と利便性という点でも一番になった。この勢いをもって他のディスカウント店を一掃し、新たな地域にもその支配を広げていったのである。

続いて第三段階に入ると、巨大な規模をもつウォルマートは、大手のサプライヤーから最適のパートナーとみなされるようになった。そのためひじょうに効率的な「サプライヤー業務パートナーシップ」が実現し、ウォルマートは大幅に費用を減らし、変化への適応性も強化された。この一連のプロセスを経て、ウォルマートは競争を制し、莫大な利益を手にしたのである。

**章のポイント!**

1　顧客価値が何より重要である。本書の第2部、第3部の多くの章で、新たな顧客価値を開拓する方法について述べる。顧客価値は多く創り出すほど、より高い価格とウォレット・シェア（顧客の購買に占める自社製品の割合）が得られ、それによってさらなる価値を獲得するチャンスが生まれる。

2　戦略の目的は二つある。（1）市場の「スイート・スポット」に照準を合わせ集中させること。（2）市場のスイート・スポットを獲得すべく、すべての機能部門を連携させること。これが市場支配力を最大にする方法だ。

3　営業担当者たちに「売上はどれも同じ」と思わせるような営業担当者の報酬制度になっているのな

ら、会社は集中と連携を実現できない。これが多くの企業に見られる最大の問題の一つである。営業担当者の報酬制度は、資産生産性と収益性の改善をめざす強力な「レバー」でもある。

4 一番になれる分野をもつ。そうでなければ二番手以下に先を越される。これは、やるべきでない事業に「ノー」と言うべきだということでもある。経営者は、明確に考えたうえで信念に従う勇気がなくてはならない。すぐれた企業は事業の適不適を判断するきちんとした基準をもっている。また戦略的ターゲットに合わせて、緊密に連携の取れたビジネスモデルを作っている。

5 みなさんが仕事のキャリアを築こうとするときにも、同じ原則が当てはまる。

## このあとは……☞

ここまで、企業に根づいてしまった不採算性の問題と、それを解消する方法、なぜこういう状況がいま起きてきているのかも見てきた。また収益性管理のしっかりした戦略的基盤を築く方法も学んだ。次章では、ある有名な大手運送会社が、すぐれた収益性管理システムを開発し、この変革によって顧客関係を一変させ、業績を急上昇させた経緯をお話しする。

# 5章 「不適切な顧客」を探せ

さっそく今日、こんなことをやってみたらどうだろう。主要部門（営業、業務など）の責任者を集めて三〇分ほどのミーティングを行う。そして全員に、取引先として不適切だと思う主要企業五社、扱うべきでないと思う製品五つ、提供すべきでないサービスを五つ、紙に書き出してもらう。

多くの場合、部門長たちが書くリストは驚くほど異なっている。社外の人間がこれを見たら、彼らが同じ会社の社員だとは思えないだろう。

なぜこういうことが起きるのか。それは、ほとんどの会社が収益性を日々管理していないからである。つまり営業と業務を連携させて収益性を可能なかぎり大きくするということを考えていない。その結果、わずかの高収益の部分はあるものの、多くの不採算の顧客、製品、取引をかかえ込む状態が続いている。

以前、ある医療用品メーカーのＣＥＯがこう言った。「わが社でも同じ状態がみられますよ。ほんの一部の事業に他がすべておんぶしているというきわめて危険な状態です」

各分野の責任者に、「どの顧客、製品、サービスが、事業として不適切か」という質問をすると、収益性が効果的に管理されているかどうか、彼らの行動が連携しているかどうかを明確に診断できる。

「適切か」という問いかけは、じつは二つの問いからできている。「何が適切か」と、「何に適切か」である。収益性管理のためには、この深く関連する二つの問いの両方に正しく答えられなければならない。「何が適切か」に答えようとするなら、顧客、製品、取引などについて系統立てて考える必要がある。「何に適切か」に答えるためには、ビジネスモデル（社内の業務プロセスや市場参入のしかた）に注目し、収益性を最大にするようにそれらを整えなければならない。

二つの問いの答えは、収益性管理の三要素、**「収益マップ」「収益レバー」「収益性管理プロセス」**を考えなければ出てこない。

**「収益マップ」**を作ると、どの顧客、製品、事業が、会社のビジネスモデルに合う（つまり採算が取れる）かがわかる。**「収益レバー」**とはビジネスモデルの各要素であり、これを調整することにより、適切な顧客を選んで働きかけたり、不適切な顧客を適切な状態に変化させたりして、収益性を改善することができる。**「収益性管理プロセス」**は、日常業務活動とビジネスモデルを同調させるために作られる社内のプロセスである。

## 収益性管理の成功事例

ある大手運送会社の成功例を見てみよう。この会社には三年前まで収益性管理プロセスがなかったが、この三年間で収益性を二倍に伸ばした。いま幹部の一人はこう言う。「うちの営業担当者たちは、何を売ればいいのかよくわかっているんです」

**収益マップ**　この最初のステップで、営業や業務のおもだったマネジャーが集まる少数精鋭の「イールド・マネジメント・チーム」が会社のコスト押し上げ要因を真剣に検討した。

そもそもは運送料金を設定するのを責務としたチームだったが、そこから一歩踏み出し、収益性向上につながるすべての要素を広く検討しようという独創的な決断をリーダーが下したのである。このプロセスを通じて、収益性を改善する革新的アプローチを開発することになる（読者のみなさんも自社にこのアプローチをどう応用させるか考えてみてはどうだろう――ちなみにこのリーダーは副社長まで昇進した）。

そして、チームはある重大なことを発見した。営業はそれまで往路と復路を別々に販売していた。しかし実際の費用は、復路を含む走行距離全体にかかっているということだ。営業担当者は「シカゴからセントルイスまで」というように往路だけを販売し、復路の販売は会社まかせだった。営業担当者は、往路に関してはちゃんと利益が出る価格をつけるのだが、復路の料金が安すぎた場合には損失が生じていた。

チームはそれぞれのルートについて、費用モデルを定めることにした。各費用モデルは三つの部分、固定費（トラック一台ごとにかかる日々の費用）、変動費（一キロメートル当たり費用）、特別費（荷さばき費）からなる。

次に、過去六カ月のすべての業務のデータベースを作成した。費用モデルをそれぞれの業務にあてはめ、どの顧客、サービス、ルートが利益を生み、どれが不採算であるかを見ていった。

その結果、粗利が二〇～三〇％という高収益顧客はほんの一部だということがわかった。ビジネスの四〇％が不採算という発見は、彼らにとっては大きなショックだった。この会社もまた「赤字の海の利益の小島」だったわけだ。

**収益レバー**　チームが収益性を分析していたあいだ、会社は全般的な費用削減にやっきになっていた。しかしそれではまったく不十分である。収益性を上げるにはいくつかの「収益レバー」を考える必要がある。

最初のレバーは「顧客サービス」である。チームは、高収益顧客のために積み荷スペースを優先的に空けるなどの完璧なサービスを提供して、それらの顧客を積極的に確保するように努めた。

次のレバーは「価格」である。これは、ただ収益を上げるために値上げをするといった単純なことではない。以前、往路だけを個別に販売していたとき、会社はそのつど、安価な復路の顧客を大急ぎで探すということをやっていた。顧客が往路の運送をキャンセルした場合には、会社は再び大慌てで新しい往路の顧客を探す羽目になる。これはあまりにその場しのぎで非効率なやり方だった。

新しいシステムにおいて、チームは二つのことを行った。（1）固定料金と変動料金を別々に請求することにした。顧客は一日単位の利用料と走行距離に応じた料金を請求される。（2）価格設定と利用予測を連動させた。顧客は一カ月前に、利用回数の予測を立て、実際の利用が予測の一一〇％を超えた場合（復路が空荷）、ないしは九四％を下回った場合（往路が空荷）に、追加料金を払わなければならない。

これは、顧客と運送会社の関係をリスクとリターンを共有するものに一変させ、共同で計画作成する強いインセンティブを生じさせた。現在この運送会社は、往路も復路も事前販売できるようになり、価格も高く設定でき、稼働率も上がった。その代わり顧客には、優先的に積み荷スペースを提供した。これは繁忙期には重要なことだった。また利益の一部は、値引きという形で顧客に還元された。

チームは主要顧客とのミーティングを重ね、このコンセプトを売り込んだ。ほとんどの得意客は運送業者を安定的にもつことの必要性を理解し、共同で費用削減をめざすというすぐれたアイデアに納得してくれた。運送会社はさらに費用を下げるために、顧客と積荷の安全性に関する会議を毎月開き、安全目標が達成された場合は料金を値引きすることにした。

またこの運送会社は、これまで顧客がそれぞれ行っていた荷積みや在庫保管のサービスを提供することにより、得意客との連携をさらに深めることを考えた。こうして顧客の費用を減らすいっぽうで他社と差別化し、乗り換え費用を作り上げた。

チームの主要なメンバーの一人は、「もっとも重要なことは、どの顧客に対してもイエスと言うのをやめたことだった」という。チームは最終的な利益を見すえて、毅然とした態度を取った。「共同の費用削減」と「リスクとリターンの共有」に賛同しない顧客を引き止めなかった。しかし、運送会社が実際に費用削減の機会と積み荷スペースの確保を提供することがわかると、離れていった顧客も多くが戻ってきて、新しい価格の条件を受け入れたのである。

**収益性管理プロセス**　この運送会社の収益性管理プロセスは、三つの主要部分からなる。

**1**　「イールド・マネジメント・チーム」は、定期的に各顧客やサービスの収益性を点検し、収益性管理がきちんと社内に根づいているか確認する。

**2**　各顧客の日々の収益性管理を強化。これまで顧客管理はおもに営業の仕事だった。いまは上位の営業担当チームが顧客関係と価格設定に関する決定を行い、業務の社員が日々の顧客関係を管理している。これによって営業の生産性は改善し、営業部門の人員はやがて五〇％削減された。

**3**　研修を行い、末端の社員にまで「最終利益」を意識する姿勢を作り出した。一線で働く営業や業務の担当者に収益レバーをきちんと理解させ、顧客との細かなやりとりにおいても、収益性を最大にするという意識をもたせたのである。

研修は五人ずつのグループで行われ、多くの実例と問いを使って活発なやり取りを行う。研修第一期は、配車係と顧客サービス担当者を対象とし、第二期は、請求業務などの業務支援グループを対象とした。

チームのマネジャーの一人は、この変革をこう語った。「以前、顧客との話し合いといえば、たいてい料金値上げのことでした。お客さんは私のことを、いやな奴だと思っていたと思います。でも今はそういう悪感情も消え、仕事はやりがいがあります。話し合いはおもに費用削減についてです。毎回無駄な費用がないかをチェックすることから始め、必要があるときだけ料金を調整するんです」

## 何が変わったのか

何が変わったのだろうか。経営陣は、先ほどの二つの主要な質問「何が適切か」と「何に適切か」に明解に答えを出したことになる。それを三段階のプロセスを通して行った。まず、どの顧客とサービスが利益を上げているか、どの顧客とサービスが利益を上げていないか、またそれはなぜかを分析した。次にビジネスモデルを変更し、顧客関係に応じた料金設定のしかたを考え、選択的値下げによってどちらの会社も費用削減ができるようにした。最後に顧客選択と顧客管理を見直し、すべてのサービスと顧客に関して日々の効率向上を図った。

つまり、彼らは日々の収益性を管理して利益を最大限に伸ばしたのである。特別の投資をしたわけではない。ただ明快ですぐれたマネジメントを行っただけだ。

## 章のポイント！

1 収益性管理のプログラムは強大な力をもつ。この章で紹介した運送会社は、三つの主要な要素（収益マップ、収益レバー、収益性管理プロセス）を軸に大変すぐれたプログラムを作り、収益性を二倍に増やした。

2 収益マップを使って、どこで利益が上がっているか、なぜその部分が黒字なのかを理解した。また顧客とパートナーを組んで双方の費用削減を目標に、独創的な収益レバーを開発した。その結果、顧客関係の究極の目標とされる値下げと高収益の両方を実現させた。

3 すべての客に「イエス」と言うことをやめ、費用削減のパートナーになる意欲と能力のある顧客に的を絞った。すぐれた顧客はこのプログラムを歓迎した。いったん離れていった顧客も、その多くは後に戻ってきた。

4 末端のレベルの社員にも新しい仕事のしかたを身につけさせるため、実際的な研修プログラムを開発した。

5 この収益性管理プロセスは大変独創的で効果的であるにもかかわらず、比較的簡単で開発に時間もかからなかった。こういう変革は、創造性と情熱をもったマネジャーがいさえすればできるのである。ちなみに、このチームのリーダーはその後一気に昇進し、いまは副社長の地位にある。

## このあとは……☞

この章では、ある大手の運送会社が収益性管理の三つの要素をもとに、すぐれたビジネス改善プログラムを成功させた例をお話しした。次章では、会社のどこに「赤字の海の利益の小島」があるかを簡単に見つける方法を説明する。また行動計画を作って優先順位を決めるうえでの、実際的なヒントと落とし穴についてもお話しする。

# 6章 利益を探せ

利益は身近なところから見つかる。利益を上げている二〇〜三〇％の事業と、不採算の三〇〜四〇％の顧客、製品、取引をどうやって判別するか、それが一番重要だ。

## 収益マップ

収益マップは、企業に根づいた不採算性を発見して修正する主たる分析ツールである。収益マップを作れば、顧客、製品、サービス、取引などを収益性で分類できるし、主要な収益レバーを評価して優先順位をつけられる。またインパクトのある行動計画を生み出すこともできる。

収益マップ作りを成功させるためには、「収益性を七〇％の精度で分析する」と最初に決めておく必要がある。そこをきちんとしておくかどうかで、分析の成否がわかれる。企業によっては、膨大な時間と予算を使って、詳細な活動基準原価計算システムを作っているところもある。マネジャーたちが何度も会議を開いて、費用配賦方法について議論する。しかし、それによって日々の行動は何一つ変わらないのである。そして多くの場合、実績を把握すること自体がプロジェクトになってしまう。延々と続く議論の果てに、プロジェクトは推進力を失い、最終利益に関わるような行動を起こすまでに至らない。

実際には、すぐ手に入るだけのデータと常識的な目安を使って分析をすれば、一番必要な情報は明らかになる。収益性の全体像が見えてきた時点で、重要な決断に情報の精度が問題となるところだけ追加分析をやればいい。有能なマネジャーは、最終利益へのレバレッジ効果が高いイニシアチブに集中して取り組む。そして終わればまた次の分析を行って、次の一連の改善に取りかかるのである。

収益マップの作成と分析には、それほど時間はかからない。一般的な情報収集力がある会社であれば、パソコンを使って二〜三人で二〜三カ月でできる。収益マップ作成は、次の五つのステップからなる。

## 収益マップ作りの5ステップ

**ステップ1――収益性データベース作り**　まず、収益性データベースを作る。そのためには二つの情報が必要となる。（1）典型的な取引の注文明細（青いスポンジ三つ入り、製品番号三五七二、単価六・三〇ドル）と、（2）取引の各費用、である。つまり注文明細ごとの「損益計算書」を作るわけだ。これによって事業を詳細に分析でき、顧客ごと、製品ごとに収益性が見えてくる。またさらに、特定製品がどの顧客に売れた場合に利益が多いか、特定顧客がどの製品を購入した場合に利益が多いかもわかる。顧客・製品ミックスの変更が利益に与える影響と、費用を下げる的確な取り組みの効果が予想できる点が重要である。

取引のデータベースを作るためには、三カ月ないし四カ月の典型的な一定期間を選び、そのあいだの取引を入力する。それぞれの取引の情報には、顧客、製品のほかに、製品の売上と費用（これによって取引の粗利益がわかる）が含まれていなければならない。

みなが納得する費用配賦計算式（費用を注文明細の各行に配賦する体系的手法）は案外簡単に作ることができる。一般的には、計測しやすい変数を使って費用を配賦するのが一番である。たとえば業務費は、取引数や注文明細の行数によって配賦すれば、たいていうまくいく。各注文明細行は、受注作業や仕分け・梱包作業が必要だからである。在庫費はおおまかに、商品Aは二週間、商品Bは四週間、商品Cは八週間保管というように、保管期間の長短によって処理できる。輸送費は、顧客の所在地に基づく簡単なルール（地域と流通センターからの距離）で配賦可能である。訪問販売の経費は、その営業活動で獲得した受注に配賦できる。他の費用も同様に、常識的な確度で配賦すればよい。

重要なのは、一般間接費を含め、あらゆる費用を配賦することだ。理由は二つある。（1）費用全体を見ながら、事業の主要部分の変革を判断するようになる。（2）一般間接費を含めることで、分析が財務諸表と連動し、信頼性と正確な予測が得られる。

マネジャーによっては、わずかでも経費を上回る利益が出るなら取引すべきだと主張する人もいる。だがそのような取引をたくさん抱え込むと、たいていは営業と業務に膨大な資源が費やされる。本来ならその分の資源は、もっと有望な取引を拡大させるために使われたはずである。そして、それら採算境界線上の取引は不採算性として根づいてしまい、会社の利益を大きく引き下げることになる。生産余力を吸収するために採算ギリギリの取引をしているなら、余剰能力がなくなった段階でそういった取引の新規引き受けを断り、フル稼働時には取引を中止することだ。だが、それができるだけの情報と規律をもっている会社は多くない。

それぞれの取引に、常識的な費用配賦をすることによって、個々の取引の売上、粗利益、純利益を含むデータベースを作ることができる。こうなれば会社の収益性を詳細に分析しやすい。利益が上がっている部分を見つけ、不採算性を追究し、どうすればもっとも実用的、効果的な方法でそれを変えられるか考えるのである。

このようなデータベースを使うと、顧客・製品ミックスを変更して高収益をもたらす製品や市場セグメントに的を絞ることによる収益への影響もわかるし、不良顧客を優良顧客にするようなビジネスモデルの変革による、業務や営業プロセスの主要費用の減少が収益に与える影響も一目でわかる。

収益性分析のよくある間違いは、個別取引のデータベースを作らず、幅広い費用を事業全体に配賦してしまうことだ。このやり方には二つの重大な問題がある。まず、社内のマネジャーがその正当性に疑問をもつ。二つめに、出てくる結果が漠然としていて、精度の高い効果的な行動計画を作り出すことがまず不可能である。ぜひ理解してもらいたいのは、正しい分析を行うことは別に難しくないということだ。

**ステップ2——顧客のひな型作り**　代表的な顧客と製品をいくつか選び、データベースのなかのそれらの取引をまとめて、収益性プロフィールを作る。主要な各市場セグメントのなかから、大口顧客と小口顧客を選び、また主要な各製品群から売れゆき良好なものと不振なものとを選ぶといいだろう。理想的には六～一二くらいの代表的なケースを選んで詳しく調べるのがいい。

各顧客について製品ごとに売上、粗利、費用といった収益要因を丁寧に見ていく。さらに、注文処理期間、営業プロセス、サービス間隔などといったビジネスモデルの要素を変えてみよう。また、価格水準と価格メカニズムの両面から価格設定について見ていく。製品ミックスを変えたり、代替プログラムを作ってみたりすると、収益性改善に役立つ貴重な収益レバーが見えてくるだろう。

収益マップ作成は均一の顧客対応という大ざっぱな戦略に依存しなくてすむように、特定顧客や特定製品に取り組みを集中させるためだということを忘れてはいけない（前章では運送会社の事例を紹介したが、12章では大手卸売業者の事例も紹介する）。

以下は、収益マップ作りの実例であり、顧客AからDまでの四件を代表的顧客として使用している。

## 四顧客を使用した収益マップ例

以下は、四顧客の収益マップの例である。実在する企業データに手をくわえた。表1は、各顧客との取引の概要を一覧にしたものである。表2、3、4、5は、それぞれの顧客の詳細な状況を示している。

この例では、売上高、粗利益（売上から製品原価を引いたもの）、営業利益（粗利益からサプライチェーン費用と販売費を引いたもので、諸経費を引く前の利益）が示されている。

表1には、四顧客との取引で、総額一五万三〇〇〇ドルの営業利益を上げたことが示されているが、その営業利益率は顧客によってまったくちがう。顧客Aは大口顧客で収益性がきわめて高い。顧客Bは小口顧客で収益性はあまり高くない。顧客Cは中規模顧客で、若干不採算である。顧客Dは大口顧客だが、完全に赤字である。こうしてみると、一五万三〇〇〇ドルという営業利益には、ひじょうに収益性の高い取引と完全に不採算の取引が入り混じっていることがよくわかる。

表2は、顧客Aとの取引を詳細に示したものである。顧客Aへの売上全体を製品の特質ごとに四象限に分けている。A象限は大量注文される低価格製品、B象限は少量注文される低価格製品、C象限は大量注文される高価格製品、D象限は少量注文される高価格製品である（この分析は全取引と注文明細に基づいたデー

**表 1**

| | 四顧客の概要 | 売上% | 顧客A | 売上% | 顧客B | 売上% | 顧客C | 売上% | 顧客D | 売上% |
|---|---|---|---|---|---|---|---|---|---|---|
| 総売上 | $ 26,276,445 | 100% | $ 15,384,933 | 100% | $ 689,944 | 100% | $ 2,275,739 | 100% | $ 7,925,829 | 100% |
| SKU（在庫品目）数 | 11,646 | | 5,823 | | 737 | | 977 | | 4,109 | |
| 注文明細行数 | 148,190 | | 74,095 | | 2,499 | | 60,306 | | 11,290 | |
| 平均在庫金額 | $ 15,698,014 | | $ 7,849,007 | | $ 377,020 | | $ 499,668 | | $ 6,972,319 | |
| 販売個数 | 1,857,186 | | 928,593 | | 17,785 | | 871,323 | | 39,485 | |
| 推定粗利益 | $ 4,138,054 | 16% | $ 2,427,804 | 16% | $ 94,056 | 14% | $ 714,637 | 31% | $ 901,557 | 11% |
| 注文明細行当たり販売個数 | 13 | | 13 | | 7 | | 14 | | 3 | |
| 一製品当たり金額 | $ 14 | | $ 17 | | $ 39 | | $ 3 | | $ 201 | |
| 注文明細行当たり金額 | $ 177 | | $ 208 | | $ 276 | | $ 38 | | $ 702 | |
| 注文明細行当たり粗利益 | $ 28 | | $ 33 | | $ 38 | | $ 12 | | $ 80 | |
| 在庫一ドル当たり粗利益 | $ 0.26 | | $ 0.31 | | $ 0.25 | | $ 1.43 | | $ 0.13 | |
| 推定営業利益[注1] | $ 153,262 | 1% | $ 435,408 | 3% | $ 10,014 | 1% | $ (23,679) | −1% | $ (268,481) | −3% |

注 1　粗利益からサプライチェーン費用と販売費を差し引いたもの。ただし諸経費配賦前

タベースから作られているので、顧客Aの購入履歴を他の側面――製品群や購入頻度など――からも容易に調べられる）。

顧客Aとの取引は、営業利益を四三万五〇〇〇ドル以上稼ぐので全体的に見れば収益性が高い。しかし、A象限とC象限は合計約一三二万五〇〇〇ドルの営業利益を出しているいっぽうで、残り二象限は約八九万ドルの損失を出している。もっとも大口で高収益顧客のなかにさえ、収益性改善の大きな機会があるのだ。これは典型的な状況である。

ではA象限（大量注文される低価格製品）を詳しく見ていこう。この製品群は大成功を収めている（だがもちろん、このなかにも損失を出している製品は驚くほどたくさんあるはずだ）。この象限は顧客Aへの売上の約二七％だが、粗利益の四三％に貢献し、何と営業利益の二一七％を稼ぎ出している。注文明細行当たり粗利益は一一四四ドルで、仕分け・梱包・配送費はたったの一〇〜一五ドルである。在庫一ドル当たり粗利益は、一・五九ドルで、高い資産の生産性を示している（これは本書で説明した手法を使って特定の製品ミックスの在庫に関して七〇％の精度で分析したものであり、会社全体の平均値を測ったものではない）。

A象限は低価格製品だけである。この象限は定期的に大量注文が入るので予測しやすく、そのため安全在庫やサプライチェーン費用、販売費が抑えられ、営業利益が大きくなるのだと思われる。

これをB象限（少量注文される低価格製品）と比べてみよう。B象限は営業損失をおよそ八三万ドルも出して、収益の大きな足かせになっている。サプライチェーン費用がA象限とはまったく異なっていることが、詳しく見るとわかる。B象限は顧客Aへの売上の二九％、四〇〇万ドルを占めている。顧客Aは少量注文の低価格製品を多品種買っている。これらの製品は粗利益が低く、サプライチェーン費用はひじょうに高い。たとえば、注文明細行当たり粗利益は、四・七九ドルである（A象限は一一四四ドル）。注文明細行当たりの

**表2　顧客A**

| 注文明細行当たり販売量 | 一製品当たり金額：低 | | | | 一製品当たり金額：高 | | | |
|---|---|---|---|---|---|---|---|---|
| 高 | **A象限** | | | 売上% | **C象限** | | | 売上% |
| | 総売上 | $ | 4,105,542 | 100% | 総売上 | $ | 1,340,170 | 100% |
| | SKU（在庫品目）数 | | 347 | | SKU（在庫品目）数 | | 4 | |
| | 注文明細行数 | | 921 | | 注文明細行数 | | 31 | |
| | 平均在庫金額 | $ | 662,032 | | 平均在庫金額 | $ | 243,162 | |
| | 販売個数 | | 52,045 | | 販売個数 | | 755 | |
| | 推定粗利益 | $ | 1,054,068 | 26% | 推定粗利益 | $ | 416,756 | 31% |
| | 注文明細行当たり販売個数 | | 57 | | 注文明細行当たり販売個数 | | 24 | |
| | 一製品当たり金額 | $ | 79 | | 一製品当たり金額 | $ | 1,775 | |
| | 注文明細行当たり金額 | $ | 4,458 | | 注文明細行当たり金額 | $ | 43,231 | |
| | 注文明細行当たり粗利益 | $ | 1,144 | | 注文明細行当たり粗利益 | $ | 13,444 | |
| | 在庫一ドル当たり粗利益 | $ | 1.59 | | 在庫一ドル当たり粗利益 | $ | 1.71 | |
| | 推定営業利益[注1] | $ | 944,632 | 23% | 推定営業利益[注1] | $ | 379,941 | 28% |
| 低 | **B象限** | | | 売上% | **D象限** | | | 売上% |
| | 総売上 | $ | 4,437,794 | 100% | 総売上 | $ | 5,501,427 | 100% |
| | SKU（在庫品目）数 | | 4,363 | | SKU（在庫品目）数 | | 1,109 | |
| | 注文明細行数 | | 69,396 | | 注文明細行数 | | 3,747 | |
| | 平均在庫金額 | $ | 2,664,159 | | 平均在庫金額 | $ | 4,279,654 | |
| | 販売個数 | | 869,267 | | 販売個数 | | 6,526 | |
| | 推定粗利益 | $ | 332,348 | 7% | 推定粗利益 | $ | 624,632 | 11% |
| | 注文明細行当たり販売個数 | | 13 | | 注文明細行当たり販売個数 | | 2 | |
| | 一製品当たり金額 | $ | 5 | | 一製品当たり金額 | $ | 843 | |
| | 注文明細行当たり金額 | $ | 64 | | 注文明細行当たり金額 | $ | 1,468 | |
| | 注文明細行当たり粗利益 | $ | 5 | | 注文明細行当たり粗利益 | $ | 167 | |
| | 在庫一ドル当たり粗利益 | $ | 0.12 | | 在庫一ドル当たり粗利益 | $ | 0.15 | |
| | 推定営業利益[注1] | $ | (830,632) | −19% | 推定営業利益[注1] | $ | (58,533) | −1% |

注1　粗利益からサプライチェーン費用と販売費を差し引いたもの。ただし諸経費配賦前

**表3　顧客B**

| 注文明細行当たり販売量 ＼ 一製品当たり金額 | 低 | | | | 高 | | | |
|---|---|---|---|---|---|---|---|---|
| 高 | **A象限** | | | 売上% | **C象限** | | | 売上% |
| | 総売上 | $ | 21,003 | 100% | 総売上 | $ | 142,488 | 100% |
| | SKU（在庫品目）数 | | 63 | | SKU（在庫品目）数 | | 2 | |
| | 注文明細行数 | | 195 | | 注文明細行数 | | 29 | |
| | 平均在庫金額 | $ | 66,613 | | 平均在庫金額 | $ | 15,333 | |
| | 販売個数 | | 9,983 | | 販売個数 | | 734 | |
| | 推定粗利益 | $ | 5,573 | 27% | 推定粗利益 | $ | 14,668 | 10% |
| | 注文明細行当たり販売個数 | | 51 | | 注文明細行当たり販売個数 | | 25 | |
| | 一製品当たり金額 | $ | 2 | | 一製品当たり金額 | $ | 194 | |
| | 注文明細行当たり金額 | $ | 108 | | 注文明細行当たり金額 | $ | 4,913 | |
| | 注文明細行当たり粗利益 | $ | 29 | | 注文明細行当たり粗利益 | $ | 506 | |
| | 在庫一ドル当たり粗利益 | $ | 0.08 | | 在庫一ドル当たり粗利益 | $ | 0.96 | |
| | 推定営業利益[注1] | $ | 6,564 | −31% | 推定営業利益[注1] | $ | 12,049 | 8% |
| 低 | **B象限** | | | 売上% | **D象限** | | | 売上% |
| | 総売上 | $ | 122,314 | 100% | 総売上 | $ | 404,139 | 100% |
| | SKU（在庫品目）数 | | 526 | | SKU（在庫品目）数 | | 146 | |
| | 注文明細行数 | | 1,710 | | 注文明細行数 | | 565 | |
| | 平均在庫金額 | $ | 172,967 | | 平均在庫金額 | $ | 122,107 | |
| | 販売個数 | | 5,891 | | 販売個数 | | 1,177 | |
| | 推定粗利益 | $ | 45,600 | 37% | 推定粗利益 | $ | 28,215 | 7% |
| | 注文明細行当たり販売個数 | | 3 | | 注文明細行当たり販売個数 | | 2 | |
| | 一製品当たり金額 | $ | 21 | | 一製品当たり金額 | $ | 343 | |
| | 注文明細行当たり金額 | $ | 72 | | 注文明細行当たり金額 | $ | 715 | |
| | 注文明細行当たり粗利益 | $ | 27 | | 注文明細行当たり粗利益 | $ | 50 | |
| | 在庫一ドル当たり粗利益 | $ | 0.26 | | 在庫一ドル当たり粗利益 | $ | 0.23 | |
| | 推定営業利益[注1] | $ | 845 | 1% | 推定営業利益[注1] | $ | 3,684 | 1% |

注1　粗利益からサプライチェーン費用と販売費を差し引いたもの。ただし諸経費配賦前

**表4　顧客C**

| | 一製品当たり金額 | | | | | | | |
|---|---|---|---|---|---|---|---|---|
| 注文明細行当たり販売量 | 低 | | | | 高 | | | |
| 高 | A象限 | | | 売上% | C象限 | | | 売上% |
| | 総売上 | $ | 12,981 | 100% | 総売上 | $ | − | 100% |
| | SKU(在庫品目)数 | | 4 | | SKU(在庫品目)数 | | − | |
| | 注文明細行数 | | 28 | | 注文明細行数 | | − | |
| | 平均在庫金額 | $ | 131,354 | | 平均在庫金額 | $ | − | |
| | 販売個数 | | 22,332 | | 販売個数 | | − | |
| | 推定粗利益 | $ | 7,011 | 54% | 推定粗利益 | $ | − | 0% |
| | 注文明細行当たり販売個数 | | 798 | | 注文明細行当たり販売個数 | | − | |
| | 一製品当たり金額 | $ | 1 | | 一製品当たり金額 | $ | − | |
| | 注文明細行当たり金額 | $ | 464 | | 注文明細行当たり金額 | $ | − | |
| | 注文明細行当たり粗利益 | $ | 250 | | 注文明細行当たり粗利益 | $ | − | |
| | 在庫一ドル当たり粗利益 | $ | 0.05 | | 在庫一ドル当たり粗利益 | $ | − | |
| | 推定営業利益[注1] | $ | (13,000) | −100% | 推定営業利益[注1] | $ | − | 0% |
| 低 | B象限 | | | 売上% | D象限 | | | 売上% |
| | 総売上 | $ | 1,749,943 | 100% | 総売上 | $ | 512,815 | 100% |
| | SKU(在庫品目)数 | | 829 | | SKU(在庫品目)数 | | 144 | |
| | 注文明細行数 | | 58,990 | | 注文明細行数 | | 1,288 | |
| | 平均在庫金額 | $ | 283,919 | | 平均在庫金額 | $ | 84,395 | |
| | 販売個数 | | 846,142 | | 販売個数 | | 2,849 | |
| | 推定粗利益 | $ | 583,456 | 33% | 推定粗利益 | $ | 124,170 | 24% |
| | 注文明細行当たり販売個数 | | 14 | | 注文明細行当たり販売個数 | | 2 | |
| | 一製品当たり金額 | $ | 2 | | 一製品当たり金額 | $ | 180 | |
| | 注文明細行当たり金額 | $ | 30 | | 注文明細行当たり金額 | $ | 398 | |
| | 注文明細行当たり粗利益 | $ | 10 | | 注文明細行当たり粗利益 | $ | 96 | |
| | 在庫一ドル当たり粗利益 | $ | 2.06 | | 在庫一ドル当たり粗利益 | $ | 1.47 | |
| | 推定営業利益[注1] | $ | (108,022) | −6% | 推定営業利益[注1] | $ | 97,343 | 19% |

注1　粗利益からサプライチェーン費用と販売費を差し引いたもの。ただし諸経費配賦前

**表5　顧客D**

| 注文明細行当たり販売量 ＼ 一製品当たり金額 | 低 | | | 高 | | |
|---|---|---|---|---|---|---|
| **高** | **A象限** | | 売上% | **C象限** | | 売上% |
| | 総売上 | $ 650,273 | 100% | 総売上 | $ 125,546 | 100% |
| | SKU（在庫品目）数 | 280 | | SKU（在庫品目）数 | 2 | |
| | 注文明細行数 | 698 | | 注文明細行数 | 2 | |
| | 平均在庫金額 | $ 464,065 | | 平均在庫金額 | $ 227,829 | |
| | 販売個数 | 19,730 | | 販売個数 | 21 | |
| | 推定粗利益 | $ 112,144 | 17% | 推定粗利益 | $ 83,235 | 66% |
| | 注文明細行当たり販売個数 | 28 | | 注文明細行当たり販売個数 | 11 | |
| | 一製品当たり金額 | $ 33 | | 一製品当たり金額 | $ 5,978 | |
| | 注文明細行当たり金額 | $ 932 | | 注文明細行当たり金額 | $ 62,773 | |
| | 注文明細行当たり粗利益 | $ 161 | | 注文明細行当たり粗利益 | $ 41,618 | |
| | 在庫一ドル当たり粗利益 | $ 0.24 | | 在庫一ドル当たり粗利益 | $ 0.37 | |
| | 推定営業利益[注1] | $ 34,856 | 5% | 推定営業利益[注1] | $ 49,039 | 39% |
| **低** | **B象限** | | 売上% | **D象限** | | 売上% |
| | 総売上 | $ 2,565,537 | 100% | 総売上 | $ 4,584,473 | 100% |
| | SKU（在庫品目）数 | 3,008 | | SKU（在庫品目）数 | 819 | |
| | 注文明細行数 | 8,696 | | 注文明細行数 | 1,894 | |
| | 平均在庫金額 | $ 2,207,273 | | 平均在庫金額 | $ 4,073,152 | |
| | 販売個数 | 17,234 | | 販売個数 | 2,500 | |
| | 推定粗利益 | $ 68,091 | 3% | 推定粗利益 | $ 638,087 | 14% |
| | 注文明細行当たり販売個数 | 2 | | 注文明細行当たり販売個数 | 1 | |
| | 一製品当たり金額 | $ 149 | | 一製品当たり金額 | $ 1,834 | |
| | 注文明細行当たり金額 | $ 295 | | 注文明細行当たり金額 | $ 2,421 | |
| | 注文明細行当たり粗利益 | $ 8 | | 注文明細行当たり粗利益 | $ 337 | |
| | 在庫一ドル当たり粗利益 | $ 0.03 | | 在庫一ドル当たり粗利益 | $ 0.16 | |
| | 推定営業利益[注1] | $ (358,656) | −14% | 推定営業利益[注1] | $ 6,280 | 0% |

注1　粗利益からサプライチェーン費用と販売費を差し引いたもの。ただし諸経費配賦前

仕分け・梱包・配送費は一〇～一五ドルで、すべての注文が赤字だ。A象限は在庫一ドル当たり粗利益は一・五九ドルだが、B象限は一ドル当たり〇・一二ドルだ。少量注文のため売上に対して在庫が多めになるのである。

C象限は、高価格、大量注文の製品である。顧客Aへの売上のわずか九％だが、わずか三一行の注文明細行で、三八万ドルという驚くべき営業利益を出している。注文明細行当たり粗利益は、なんと一万三四四四ドルで、在庫一ドル当たり一・七一ドルだ。この象限が大成功していることは明らかだ。

D象限は、高価格、少量注文の製品で、ここも他の象限とは様相が異なる。この象限は五五〇万ドル以上の売上がある。しかし純損失を六万ドルも出している。どうしてこういうことが起きるのだろう。注文明細行当たり粗利益は一六七ドルで健全な状態だ。注文ごとの仕分け・梱包・配送費はじゅうぶんにカバーできる。しかし、在庫一ドル当たり粗利益はたった〇・一五ドルしかない。不定期な注文のために高額の在庫を大量に抱えているからだ。

顧客Aは全体として見るかぎり高収益の主要顧客であり、マネジャーは満足だろう。しかし鋭いマネジャーであれば、詳細な収益マップから費用構造と収益状況の修正点が次々に浮かんでくるのではないだろうか。「注文パターンと需要予測の精度が変われば、とくにD象限などは在庫が減るのではないだろうか」「B象限の製品の価格設定を変更できないだろうか」「B象限やD象限は、翌営業日の配送をやめて二営業日後に配送すれば、地域の倉庫に保管して、地域内の他の顧客と在庫を共有できる。とくにD象限で効果がある」などとさまざまな疑問を呈しながら収益マップを精査することで、会社の収益性に大きな影響を即座に与える、明確に的の絞られた取り組みを考案できるだろう。ほとんどの取り組みは、すぐにキャッシュを生み出す。

この分析はサプライチェーン費用の要素にだけ注目しているが、販売費も同じような効果的な分析を行って改善することができる。

表3、4、5は、あとの三顧客の象限ごとの詳細な収益マップである。これらの顧客もそれぞれ、好ましい取引と好ましくない取引を抱えている。顧客Dは一見、競合企業に取られても構わない顧客のように見えるが、なかには大量の優良な取引が含まれる。詳しく調べてみれば、どこよりも収益性に貢献する可能性があることが見えてくるだろう。これが、収益性管理の威力なのである。

みなさんがいま探している「収益性を大きく上げるための調整要素」が収益レバーである。収益レバーについては、このあとも多くの章で説明する。効果的な収益レバーが見つかれば、いくつか同様の顧客のケースに当てはめてみて、それが一般的に使えるものか確認するといい。

代表的な顧客で主要な収益レバーの効果を試してみるのは、ひじょうに効果的だ。その理由は三つある。（1）ビジネスモデルのどの要素（たとえば販売プロセスなど）が変更可能で、どのような効果があるかが直感的に明らかになる。（2）実際に顧客に変更の提案ができ、反応を見ることができる。（3）具体的な変革の事例を使ったほうが、社内に新しい取り組みを説明しやすい。

**ステップ3――発見したことをビジネス全体に展開する**　事業全体をもう一度見なおす。前のステップで、代表的な顧客と製品をモデルケースにして発見したことを、事業全体の対応する部分に当てはめてみる。すると、どこで大きな利益と損失がどこから生じているかが見えてくる。また、モデルケースで効果があるとわかった変革が、事業全体の利益にどの程度影響するかもわかる。変革に伴う困難や変革のタイミングなどもくわえれば、行動計画を作るための基本的要素が揃う。

**ステップ4——行動計画を作る**　高い見返りが期待できる施策で、会社が比較的すぐに実行できそうなものをいくつか特定する。

一番重要なことは、事業の高収益部分をなるべく早く確保することだ。それができたら、この部分を拡大することに資源を集中させる。採算境界線上にある事業の収益性改善に取りかかるのはそれからである。

では不採算の顧客はどうすればいいだろう。ある大手サービス業のCEOはこんなことを言った。

「手を引く前に、まずそれらの顧客に値上げやその他の収益レバーの変更を打診して、継続のチャンスを与えるべきでしょう。われわれの場合はそうしました。それらの顧客のために収益性がひどく損なわれているとわかったからです。収益分析をしたおかげで、大きな損失が出ている事業を発見し、また納得できるだけの利益を出すためにはどんな変革をしなければならないかもわかりました。根本的な問題は価格設定ではなく、注文パターン、一回当たりの注文量、配送条件などでした。取引をやめる前にそれらの顧客に、取引を続行するにはどういう変更が必要かを告げたんです。幸いなことに、顧客はみなその変更に同意してくれました。その結果、六カ月で収益性は大幅に伸びましたよ」

改善努力をしても不採算な取引からは段階的に撤退することを考える。それには、まず価格を採算が取れるレベルまで上げるという方法がある。これには、社内の一部は抵抗するだろう。しかし不採算な取引から撤退すれば、営業と業務の資源の二〇～四〇%を高収益の成長している取引に振り向けられる。そのメリットを見据えて行動しなければならない。高収益の取引が増えはじめれば、不採算の顧客を手放すことへの抵抗は消えていくものだ。

**ステップ5――収益マップ作りを定着させる**　最後の段階は、このプロセスを制度化することである。六カ月ごとに分析を繰り返すといい。いったん分析のプロセスを作れば、その後はずっと簡単にできる。プロセスそのものがチームワークを生み出し、マネジャー全員がビジネスをちがう目で見るようになる。また、新たな取引先がふさわしいかどうかを判断する場合にも収益マップを使うことができる。会社の収益性が上がるにつれて、新たな取引機会がつねに生じるようになる。そこで優良顧客をつかめば、さらに収益性が上がるのだ。

## 財務情報を行動につなげる

先ほど紹介した大手サービス業のＣＥＯは、収益マップ作りを行った経験を次のように語った。

「財務システムだけでは、必要な情報は得られません。だからこそ長いあいだ、問題を解決できなかったのです。本当に効果的なビジネスを行うためには、ビジネス全体を理解している部門横断チームを作る必要があります。それによって、財務情報がマネジメント情報に変わり、それが分析を経て行動につながるのです」

## 章のポイント！

1　どこに利益の小島があるのか、会社の収益性を大幅に改善するにはどうすればいいのかを見つけるには、二〜三人のマネジャーが二〜三カ月ほど時間を取ればいい。みなさんもその一人になってはどうだろう。

2　収益マップ作りを成功させるカギは、他のビジネス分析でも同じだが、七〇％ほどの正確さをめざすことである。行動を起こすための情報はそれでじゅうぶん得られる。実際の行動に関係しないような詳細について長々と議論していては、動きが取れなくなる。方向が決まったら、そこから精度を上げていけばいい。

3　分析には、取引のデータベースを使うのがよい。方針や取り組みを的の絞られたものにするために必要な詳細な情報は、そこからじゅうぶんに得られる。トップダウンのやり方では有効な答えが得られない。そして正しい分析を行うのは、間違った分析を行うより難しいわけではない。

4　実在の代表的な顧客と製品をいくつか選んでモデル化する。そうすれば、他のマネジャーと共にその顧客を訪ね、業務の実情を知ることができる。また、こちらの提案する変革を、相手がどれくらい受け入れてくれそうかも探ることができる。忘れていけないのは、こちらの収益性を改善する変革の多くは、顧客の収益性も改善するということだ。

5　収益マップ作りを終えたら、六〜一二カ月ごとに同じプロセスを繰り返すといい。次回からは比較的楽にできるようになるし、会社の収益性を改善する新たな方法を継続的に見つけることができる。

## このあとは……☞

この章では、収益マップを使って「利益の小島」を見つける方法を説明した。また優先順位をつけた行動計画を作るプロセスについても述べた。次の二章では、実在の企業が効果的に収益性を改善した二例を紹介する。その後の二章では、このプロセスにおけるＣＦＯの役割を説明し、困難な時期こそ果敢に行動できる好機であるわけをお話しする。

# 7章

# デルの成功
## ——在庫管理ではなく収益性管理

一九九四年当時、デルは悪戦苦闘する二流のパソコンメーカーにすぎなかった。デルは受注生産方式と直販モデルを採用していたが、他のパソコンメーカーと同様に部品を事前発注していたので大量の部品在庫をかかえていた。見込みを誤った場合には大きな在庫評価損が出た。その後デルは、新しいビジネスモデルを実行し、その独創的なプロセスによって、膨れ上がった在庫が解消されるようになった。その成果は目覚ましいもので、デルは一躍トップメーカーとなった。

わずか四年のあいだに、デルの売上は二〇億ドルから一六〇億ドルへと急成長した。年間成長率五〇％である。一株当たり利益は年率六二％伸び、株価は八年ちょっとの間に一万七〇〇〇％上昇した。一九九八年、投下資本利益率は二一七％で、会社は一八億ドルのキャッシュをもっていた。

### デルの変身

会社の成長にとって重要なタイミングで行われたこの変革は収益性管理を中心としており、先見性とすぐれたマネジメントによって日常業務を巧みに調整するものだった。デルはビジネスモデルを緊密に連携させて、部品在庫の必要性をなくすことに成功した。この変革は追加資本を必要としなかっただけでなく、成長に注ぎ込む莫大なキャッシュを生み出した。

デルの収益性管理には、一見解決不可能にも見えるジレンマが含まれていた。受注生産方式を取り入れていながら、主要部品を六〇日前に事前発注しなければならなかったことだ。デルはこのジレンマをどう乗り切ったのだろうか。

答えは、緊密に連携されたビジネスモデルにあり、いくつかカギとなる要素があった。

**顧客選択**　デルは購買パターンが比較的予測しやすく、サービス費用があまりかからない顧客を選抜した。顧客に関する膨大なデータベースを蓄積し、ターゲット顧客を選択する能力では、どこにも負けないほどになった。デルの事業の大部分は、更新計画をもち需要予測しやすい長期契約の法人顧客である。デルは顧客所定の注文仕様と予算をあらかじめ組み込んだウェブサイトを開発した。事業の残りは個人顧客である。この市場セグメントから安定した需要を得るために、デルは最新テクノロジーの高価格帯製品を開発した。ターゲットとするのは、定期的にパソコンをアップグレードする傾向があり、技術サポートをあまり必要とせず、クレジットカードで支払いをするリピート客である。

**需要管理**　デルの「いまあるものを売れ」という合言葉は、発注済みの部品に需要を適合させるという重要な機能を表している。デルはいくつかのレベルで「いまあるものを売る」努力をしている。

CEOのマイケル・デルが毎月開く「総合販売／生産計画会議」で、経営陣は5四半期のローリング予測（とくに「今四半期と次四半期」に焦点を合わせたもの）を承認する。この会議では部門長たちが、製品計画と予測、競合会社が各製品ラインに仕掛けてくる販売攻勢、生産計画とその問題点などについて検討する。これに基づいて、現状に適した販売目標と生産計画の見直しが行われ、販売と生産がきちんと連携するようにする。この会議では、営業担当者の報酬制度も生産計画と同等に扱われている。デルはこのプロセスを通して、会社全体が日々完全に同期して働くようにしたのである。

また、「リードタイム会議」を毎週開く。営業、マーケティング、サプライチェーン各部門の幹部が集まり、需要トレンドや供給状況を検討し、部品の過不足が起こる可能性を予測する。この会議でおもに話し合うのは、共通の変数、つまり製品発注されてから顧客に届くまでのリードタイムである。生産のリードタイムを集中的に管理することによって、販売のキャンセルが起きないように、また部品在庫が積み上がらないようにしている。

生産リードタイムが延びるようなら、購買担当者は部品納入を催促したり、供給先を変更したりする。あるいは営業が顧客に代替製品を買うように促す。部品在庫が過剰なら、営業部門が受注担当者に、その部品を使用した製品に顧客を誘導するようなインセンティブを与える。あるいはいくつかの製品をまとめて手頃な価格で売り出す。受注担当者は、どの組み合わせが可能かを自分のパソコン上で見て、顧客の需要をそれらに誘導するのである。

価格もまた、リアルタイムの需要管理を反映して、毎週かなりの幅で変動する。競合企業の価格は定期的に調整する程度で安定しているのに対し、デルの価格は、部品在庫が一定レベルを越えると、その製品の販売を促すように調整されるので、大きく変動する。

毎週開かれる「リードタイム会議」はデルの企業文化を大きく変えた。営業幹部は、一連の製品の製造に同意したとたん、それらを売る責任を負うことになる。製品のリードタイムは日々、全員に見える形で公表され、これが日々の収益性管理プロセスを後押しした。

「需要をリアルタイムで積極的に管理する」という経営方針の根本にあるのは、売りたいものを作るのではなく「いまあるものを売る」という姿勢であり、これがデルのすぐれた収益性管理を強く推し進めた。これがなければ、デルのビジネスモデルはここまで効果をあげなかっただろう。

**製品ライフサイクル管理**　デルの顧客はその多くが高機能商品を買うリピーターでアーリーアダプターなので、マーケティング担当者は、製品ライフサイクルの推移につねに気を配っている。デルが行っている直販は、顧客からの反応をリアルタイムで得られるので、製品開発やライフサイクルのタイミングを的確に把握するのに大変役立つ。デルの製品ライフサイクルは六～九カ月だが、その後期に入った製品を巧みに売り切ることができるようになった。

**サプライヤー管理**　デルの生産システムは、受注生産方式と部品の計画購買を組み合わせたものだが、サプライヤーと緊密に連携することによって、そのシステムがさらに柔軟性のあるものになった。サプライヤーの数を絞り、五〇～一〇〇のサプライヤーが全体の八〇%をまかなうようにしたのである。サプライヤーの選考基準は、価格が三〇%、残りの七〇%は品質、サービス、柔軟性である。

**予測**　デルは慎重に顧客を選ぶことによって、需要予測の精度を約七〇～七五%にしている。いっぽうで需要管理を行って、予想の誤差を少なくするように努めている。判断に迷うときは、高機能商品の需要を多めに予測する。高機能商品のほうが売り切るのが容易で、長期にわたって販売できるからだ。

**流動性管理**　デルの直販は、クレジットカード払いをする高機能商品の購買者をターゲットとしている。これらの販売代金の現金循環化日数《キャッシュコンバージョンサイクル》は四日で、いっぽうデルは業者への支払期日を四五日後に設定している。こうして生じる大きな流動性は、デルの急成長を支え、外部資金調達を抑制している。このキャッシュを生み出す能力のおかげで、高収益を上げられるのである。

## デルのプロセスはどのようにしてできたか

デルは、この緊密な収益性管理プロセスをどのように創り出したのだろう。

デルの成功のタネは、初期の失敗のなかで撒かれたものだ。一九九四年、デルは品質に重大な欠陥のあるノートパソコンを製造した。売上は急落し、会社は深刻なキャッシュ不足に直面した。それだけでなく、姿を消しつつある二流メーカー（コモドールやゼオスなど）から抜け出して、一流メーカー（ＩＢＭ、コンパックなど）の仲間入りをするためには成長を加速させなければならず、そのためにも多額のキャッシュを必要としていた。

デルの経営陣は会社の延命資金をどう生み出すかを話し合い、在庫を劇的に減らすことにした。生産とマーケティングの責任者が、部品在庫なしに業務を行う方法を考案する仕事を任された。最初彼らはその不可能とも思える仕事にしり込みしたが、やがて目標を達成する方法を開発した。

デルの新しいビジネスモデルは、その後しばらくのあいだに段階的にできていった。最初の目標は、在庫五〇％減、リードタイム五〇％改善、組立費三〇％減、陳腐化した部品在庫の七五％減だった。

新しいシステムを段階的に実施するうちに、七〇日だった部品在庫日数は三〇～四〇日に短縮され、やがて二〇日になり、最後にはほぼゼロになった。同時に営業は「いまあるものを売る」というやり方が身についてきた。新しい収益性管理システムの成功の見通しが明らかになってくると、デルはシステムを次々に改良し、他部門の活動もそれに合わせて変化させた。

デルは改善したキャッシュフローを、成長のために、とくに大手の法人顧客の獲得のために使った。通常、こういう顧客は製品を代理店から買うので、獲得が難しい。取引を勝ち取るためには、顧客に製品の品質の高さや、彼らが求めるサービスや納入条件を満たすことをわかってもらわなければならない。

多くの大手顧客企業は初め、デルの受注生産方式では納入条件は満たさないだろうと考えていた。しかしデルがカスタマイズ化された製品を作り、しかも納入や品質条件も満たせることを示すと、受注はしだいに増えていった。こうしてデルはついに、一流メーカーの地位を獲得したのである。

新しいプロセスを生み出したデルの経営陣が驚いたことが二つある。

まず、在庫が減るにしたがって、リードタイムが改善されたことだ。デルは、販売予測に合わない部品在庫を大量に抱えるのをやめ、在庫、販売、収益性管理を同期させる努力を日々行い、週ごと月ごとにそれを確認した。

次に、在庫がなくなると利益が急激に上がったことだ。部品維持費用と陳腐化した部品在庫の負担を避けられただけでなく、部品の値段が毎月三％も安くなったことにより、莫大な費用が節約できたのである。

## 在庫ではなく収益性を管理する

製品在庫は、顧客とサプライヤーの納品の安定度に左右される。これらが安定しないかぎり、在庫量は変動するだけでなくなることはない。私はこれを「ウォーターベッド効果」と呼ぶ。ウォーターベッドは体重をかけたところが沈むが、別の場所が膨らむ。水は再分配されるだけで総量は変わらない。

デルは、収益性管理によって供給と需要を日々適合させ、週ごと月ごとに確認した。それによって不安定さが急激に減り、在庫の必要がなくなったのである。

ほとんどの会社は、在庫に収益性管理の代わりをさせている。在庫は貴重な資本を固定し、経営陣は日常業務を連携させることに集中できない。会社は在庫管理を選ぶか、それを必要としない道を選ぶか二つに一つだ。後者を選んだならば、収益性を急上昇させて、長期の競争優位性を創り出すことができるだろう。

### 章のポイント!

1　デルは収益性管理の重要な法則にそって、戦略的、競争的優位性を高め、二流メーカーから一流メーカーに急成長した。

2　デルの収益レバーは、顧客選択、需要管理、製品ライフサイクル管理、サプライヤー管理など多岐にわたる。デルの経営陣は、これらを、戦略と完全に合った緊密なパッケージにまとめた。それによってデルは市場支配に最大限の力をかけることができるようになった。これが成功のカギである。

3　デルは、一カ月、一週間、一日の単位で全社を連携させるために、並行して実行される一連のビジネスプロセスを開発した。

4　成功のタネは、生き残りがかかる苦境を乗り越えるなかで根を下ろした。会社は変革か失敗かの選択を迫られていた。いま不況のなかで苦闘している企業と共通点がないだろうか。

5　この戦略的取り組みを考えて実行したデルのマネジャーのほとんどは金持ちになった。自分の仕事と将来の展望のことを考えてみよう。

## このあとは……☞

次章では、収益性管理の法則がビジネス全体に広く関わることをお話しして、それがどのように小売業に適用されるかを説明する。10章を読む際には、デルを思い出してほしい。

# 8章
# プレシジョン・リテイリング

「収益性管理は小売業にも適用できるのでしょうか」

これは企業幹部を対象にした講演で参加者の一人から発せられた質問である。

私は講演のなかで、顧客や製品の収益性を分析する方法を説明し、そのうえで高収益事業の製品ラインを増やし、採算ギリギリの事業を好転させ、重荷になっている事業を減らして、会社の利益を一気に改善する方法について話したところだった。

その参加者は、質問の意味をこう説明した。「製造業や卸売業には営業部門があって、顧客を選択したり管理したりできます。しかし小売業の場合は、商品を棚に並べているだけで、どんなお客様が来て何を買うかをほとんどコントロールできません。小売業はどうやって収益性を管理したらいいのでしょうか」

小売業にもできることはいくらでもある。

この講演から数カ月後、ある大手食品スーパーの経営陣を対象に経営戦略の研修を行ったところ、何人かの参加者が先ほどの企業幹部と同様の意見を述べた。

「総合スーパーも同じ状況だと思いますが、店に来るお客様の二五％は経費がかかるだけです。利益はすべて、カゴいっぱいに買い物をしてくれる二五％のお客様から生じています。ただし売上高が多ければ利益が高いというわけではありません。利益の半分以上はお客様全体の一〇％以下からあがっています」

## 小売業の収益性管理

何年か前のことである。ある大手小売企業のＣＥＯが、収益性の大幅改善を目標に、少人数の幹部社員で作業チームを作った。彼らは収益マップを作り、全店舗の全製品に関して収益性と投下資本利益率がパソコン上で計算できるモデルを比較的短期間で作った。結果は予想通り、「採算ぎりぎりの海に頭を出す高利益の小島」だった。このように効率的に運営されている数十億ドルの小売企業にさえ、収益性改善の巨大な機会が埋もれているということなのだ。

不採算の箇所をよく調べてみると、そこには利益を生む可能性がたくさん隠れていることがわかった。彼らは大幅な収益性拡大につながる収益レバーを五つ特定した。

**収益レバーその1——品揃え管理**　店の棚に並べる品数は多いほどいいというものではない。それには二つの理由がある。

まずあまりに品数が多いと販売員も顧客も混乱する。ハイテク製品の場合などはとくにそうだ。多くの小売店の場合、六〇％の顧客のニーズは漠然としている。「ビーチで聴けるラジオがほしい」といった程度だ。

したがって、各製品カテゴリーで特定の役割を満たす製品（値ごろ感のあるもの、目玉商品、あこがれのハイテク製品、流行のファッションなど）を比較的少ない選択肢で提供することが望ましい。ただしこの方針を踏まえながら、各店舗がどれか特定の領域でやや広範な品揃えをして、その店のポジショニングや戦略を強調するのもよいことだ。

しかしそれ以上に品揃えをあまり増やすと、売上を減らし、在庫費用を増やし、大幅な値下げを余儀なくされることがある。ただし、高度な知識をもつ顧客向けに狭い市場セグメントで競争しているような特殊な小売りの場合は別である。

売上高の低い、小規模な小売店の場合には、品揃えを絞ることはとくに重要である。小規模店は、単に大型店を小さくしただけのものではいけない。賢く品揃えを考えなくてはならない。

大型店は「流れの早い大河」である。売れない商品をストックしてしまったとか、衰退期の商品を大量に抱えてしまったというような失敗も、大量の水と一緒にシステムのなかを流れていってしまう。しかし小規模店は「流れの遅い小川」だ。ここでの失敗は、小川のなかに巨岩を投げ込むようなものである。いったん棚が詰まってしまうと解消に時間がかかり、新しい回転の速い商品を受け入れることができなくなる。さきほど述べた大手小売企業の収益マップは、店舗の収益性にばらつきが見られる原因がまさにその点にあることを示していた。

**収益レバーその2——顧客サービス管理**　ここでも、「多いことがいいとは限らない」と言える。収益性を改善するうえでひじょうに大事なのが、「代替商品グループ」だ。

代替商品グループというのは、同様の役割を果たせる製品の集合である。安価なプリンタを例に取ろう。ある顧客のニーズを完全に満たすことのできるプリンタを店に二種類ないし三種類おいておけば、これが代替商品グループとなる。ふつう小売店はどこでも、個別製品の在庫状況を監視しているが、代替商品グループを監視するほうがはるかに理にかなっている。同じグループの製品のちがいを、顧客は気にかけないからだ。これだけで小売店は膨大な在庫費用を節約できる。とくに製品の衰退期には、大きなちがいが出てくる。一番大事なことは、この方法のほうが顧客が本当に欲し、経験したいと思っていることに沿うことができる点だ。

代替商品グループを利用すれば、デルのように顧客の需要を管理する戦略、すなわち「いまあるものを売る」というやり方も可能である。これはとくにライフサイクルが短い商品や高額商品の場合には効果が大きい。

代替商品グループができていれば、必要に応じ、そのなかの在庫が多い商品に客の関心を誘導したり、在庫の少ない商品から遠ざけたりすることもできる。そのためには、卸業者と店のあいだにしっかりした連携がなければならないが、こういうことをする必要があるのは、全体の五～一〇％程度に過ぎない。品揃えの少ない小規模店で、衰退期の商品を抱えている場合は、この方法が有効である。

また商品の陳列のしかたによっても、顧客を高収益商品、在庫の多い商品に誘導することができる。商品を陳列棚の通路側に置くかエンド部分に置くかによって、目立ち方が変わってくる。

たとえばある大手小売チェーンは、イラク戦争開戦で売れゆきが急上昇しそうな商品を分析した。そして開戦当夜、全店舗で銃と聖書と星条旗の陳列場所を変えさせた。翌日の売上は急上昇したという。

## 収益レバーその3――顧客管理

他業界と同じく、小売業でも一部顧客が利益のほとんどを占めている。そういった顧客を特定し、追求し、購買を促進し、さらにそういう顧客を増やす努力をすることだ。

まず、収益マップを作って、もっとも高収益な顧客を特定する。ダイレクトメールなどの的を絞った方法で、それらの顧客の来店回数を増やし、購買の幅や頻度を増すように集中的に働きかける。このプロセスに各種の利用特典は欠かせない。高収益顧客を確実につかんだ後は、ほかの顧客もそうなるように努力する。

品揃え管理の効果についても考えてみよう。たとえばいくつか代表的な店舗を選んで、高収益顧客がどんなカテゴリーの商品を購入するかを分析してみる。入門者向けの製品やセール商品、目玉商品などを買っているのだろうか。あるいは収益性の高い高機能商品を導入期に定期的に買っているのだろうか。後者の場合であれば、高収益顧客への販売を最大化することを目標にした品揃えができ、採算の合わない顧客に利益の出ない製品を売る損失を減らすことができる。

**収益レバーその4——商品フロー管理**　ウォルマートの「クロスドッキング方式（物流センターに入庫した商品を保管せず、すぐ各店舗別に仕分けして出庫する方式）」が知らしめたように、この部分に大きな潜在的利益がある。小売店の商品フロー管理は二つの重要な方針が基本になる。「サプライチェーンの差別化」と「通過型物流」である。

差別化の進んでいるサプライチェーンでは、商品は需要の特性、製品の特徴、形態上の特徴などに応じて分類される。たとえば、あるアパレル小売店を見てみよう。「白の下着のような回転率の高い定番商品」「水着などの季節商品」「スポーツチームの決勝戦応援用のTシャツのような販促商品」のちがいを考えてみよう。これらはみな、業務手順もサプライチェーンの方式も異なる。効果的に管理するためには、それぞれにふさわしい戦略がなくてはならない（20章でその方法を説明する）。

通過型物流は、在庫と荷さばきを最小にするプロセスである。たとえば比較的回転の速い商品は、サプライヤーから物流センターでクロスドッキングされ、最小の在庫と荷さばきで店舗まで乱れなく運ばれることが望ましい。この通過型物流はサービスレベルを保ったまま経費の大幅削減を可能にする。そのためには、社内はもちろんサプライヤーとも高度な連携がなくてはならない。

商品フローを合理化するのに、品揃え管理は次の二点においてひじょうに重要である。まず、品揃えを縮小することにより、品揃えに残った商品が、通過型物流を行えるほどの量と安定した需要を得られるようになる。次に、代替商品グループを作ると、需要が集約され、需要を安定させやすくなる。たとえば、代替商品グループのサプライヤーが三社ある場合、ある一社に供給量の保証と通過型物流の導入をさせる代わりに予想以上の需要すべてをその会社にまわすという提案をしたらどうだろうか。残りの二社も安定した需要を見れば、通過型物流を採用するようになるだろう。

**収益レバーその5――ベストプラクティス管理**　収益性と投下資本利益率がわかる収益マップを全店舗の商品ごとに作れば、詳細な収益性の分析データを作ることができ、同様の店舗を比較することもできる。多くの小売チェーンはいまでも、店舗を地域ごとにグループ化し、比較したり管理したりしている。だがこれは、コンピュータが出現する以前、地域担当マネジャーが各店舗の業績を調べるためにひんぱんに出向かなければならなかった時代のやり方だ。異なる特徴をもつ店を一緒にしてしまう地域ごとのグループ化は意味がない。収益マップを使えば、店舗規模、顧客人口動態、地域の競争状況、その他のカギとなる要素が似通った店舗を、地域をまたいでグループ化することができ、業績を相対的に分析できる。これは地域別の店舗管理の欠点を補うものだ。

同じグループ内でベストプラクティスが共有でき、すぐれた手法が素早く広まる。そのようにしてグループ全体をベストプラクティスのレベルに体系的に近づけることができる。社内のベストプラクティスを到達目標にするのは、もっとも早く効果的な業績改善の方法である。ただしその場合に、店舗責任者の報酬は、業績のみに基づく絶対評価にすべきで、グループ内での相対評価にしてはいけない。相対評価では、店舗責任者に自分のベストプラクティスを隠すインセンティブを与えることになるからだ。

## 収益性を意識する企業文化

高い収益性を持続するもっとも効果的な方法は、社内に収益性を意識する企業文化を創り出すことである。これは小売業に限らず、すべての企業についていえる。

▼小売業の経営陣は、仕入れから棚に並べるまでのすべての費用を計算した純利益率と、各店舗のすべての商品の投下資金利益率を理解していなければならない。一商品当たりの売上や粗利益だけに注目するのでは不十分である。

▼サプライチェーンと物流の責任者は、サプライチェーンの効率性だけでなくその生産性についても熟知していなければならない。サプライチェーンの生産性は、「ある店舗における一商品の純利益率」を「その店舗におけるその商品への投下資本（主として在庫）」で割ることで求められる。

▼各店舗責任者は、店のすべての商品の純利益率と投下資本利益率に注意を払わなければならない。また業績を同種の店舗グループのベストプラクティスと比較してみる必要がある。

▼小売企業経営陣、サプライチェーンと物流の責任者、各店舗責任者などの主要なマネジャーは、定期的

に集まって、店舗と商品の業績を評価し合う必要がある。収益性向上に欠かせないさまざまな要素を共同で管理し、収益性管理の共同の取り組みを考案しなければならない。

▼これらのマネジャーの業績と報酬の尺度は共通で、それは純利益率と投下資本利益率であるべきだ。この重要な動機づけを用いることが、最終的に成功につながる。

この五つの要素が満たされていれば、社内に収益性を意識する企業文化が生まれ、小売企業も潜在的な収益性をすべて引き出すことができる。

**章のポイント！**

1 小売業も他業界と同様に、収益性は「赤字の海の利益の小島」という状態である。
2 小売業にも、一見しただけではわからない多くの収益レバーがある。それを見つけ出して効果的な行動計画を作るには、収益マップ作りが欠かせない。
3 小売業の収益性管理にとって大切なことは、収益性に関係する機能部門を連携させるために、収益性の共通尺度を作ることである。これはほかの業界のすべての企業にもあてはまる。
4 小売業の収益性の問題の多くは、小規模店における衰退期商品の管理にある。比較的簡単な管理手法によって、これらの欠点のある商品を売れる商品に変えられる。

## このあとは……☞

第1部ではここまで、社内に根づいた不採算性の問題について述べてきた。その改善の機会、問題が生じた歴史的経緯、収益性管理を行って変革を成し遂げた大企業の例などについて説明した。このあとは、収益性管理におけるＣＦＯの役割と、どうすれば力を発揮できるかについて述べる。

# 9章

# CFOの新しい役割
## ——CPO（最高収益性責任者）

どの企業にとっても、社内に根づいた不採算性は大きな課題である。

これは三つの深刻な問題の原因になっている。（1）最終利益が潜在的利益よりはるかに低く、半分しかないこともある。（2）最優良顧客が平均的サービスしか受けていないため、競合企業がよりよいサービスを提供して高収益顧客だけを奪いかねない。（3）もっとも収益性の高い取引に資源を集中させる機会を失っている。

収益性管理という視点をもてば、もっとも優良な取引を確保し、さらなる優良な取引の開拓に集中的に取り組み、採算境界線上の取引を上向かせる方法を考え、改善不能な不採算取引から着実に撤退していくことができる。社内に根づいた不採算性を排除することは現実的な問題の対処というだけでなく、経費をほとんどかけずに大きな利益とキャッシュをただちに生み出す方法でもある。

ではなぜ、これがすべての企業の主要なビジネスプロセスになっていないのだろう。なぜCFOやほかの財務担当マネジャーは、これを推し進めようとしないのだろうか。

## 収益性管理を阻むもの

大多数の企業は、完全に不採算の事業を大量に抱えている。マネジャーたちもその通りだと言う。しかしそれを解決しようと積極的に動いている企業はほとんどない。なぜこのような矛盾が起こるのだろうか。私は過去数年間この謎について、多くのＣＥＯ、事業部門長、副社長、ＣＦＯたちと話し合った。そして有効な収益性管理の実行を阻む構造的な問題が四つあることがわかってきた。

**1** 財務情報や経営管理情報が、問題と利益機会を表面化させるように作られていない。各部門には予算がある。営業は売上ノルマがあり、業務は経費予算がある。しかしすべての部門が予算を達成しても、なお会社は総事業の三〇～四〇％が赤字である。なぜかというと、すべての予算が、不採算性を埋め込んだ既存の収益性パターンをもとに作られているからだ。不採算性を含んだままの基準では、マネジャーたちがかなりの経費削減と売上増加が実現して予算を達成したところで、潜在的利益をすべて引き出したとはいえない。

**2** みながそれぞれ別のことをやっている。マネジャーたちが取り組んでいるプロジェクトは、製品の選択、経費節減、市場セグメントの開発などさまざまである。これらの取り組みもある程度は有効だが、日常業務をつねに適切に行うことで得られる大きな利益機会に気がつかない。

**3** 上場企業は株主からのプレッシャーがあり、皮肉なことに、それが不採算性改善に取り組む妨げになっている。経営陣の多くは、不採算部分の解消が売上の大幅減につながると思い込んでおり、株価への悪影響を心配する。また不採算性を減らすことは顧客を取捨選択することだという誤った思い込みをもっている。しかし実際には、いくつかの収益レバーを慎重に選び、状況をじゅうぶん吟味したうえでそれを使えば、不採算の顧客や製品のほとんどは、採算が取れるようになるのである。

## 4

ほとんどの企業には、収益性を体系的に分析して改善する責任者がだれもいない。これは驚くべきことである。たしかに上層部はそれぞれが収益性改善に取り組んでいるのだが、顧客、製品、受発注、サービスなど、ミクロレベルの収益性を管理し、不採算性を除くことに責任をもつ人がいないのである。

ＣＥＯや事業部門長はたしかに収益性の責任者だ。しかし彼らが注目するのは、大きな戦略的取り組みや重要な顧客関係、それに主要部門が予算を達成したかどうかということである。受発注、顧客、製品、サービスなどの収益性を分析し、それを集中的に改善するという課題が抜け落ちている。

それではＣＦＯはどうか。ＣＦＯや財務担当マネジャーは、売上目標と利益目標を達成することには神経をとがらせている。また資産の生産性向上のために「人件費が多すぎるからアウトソーシングすべきだ」などと言う。もちろんキャッシュ管理にも熱心で、キャッシュフローの観点からＭ＆Ａをしたりする。

しかし、ＣＦＯや財務担当マネジャーが、社内に根づいた不採算性を体系的に探し出して改善しているとか、このプロセスを経営の中心的課題にしているという例はほとんどない。

## 新しいＣＦＯの役割

このような行き詰まりを打開して、障壁を乗り越え、実効ある収益性管理をするにはどうすればいいか。そのカギはＣＦＯに新しい役割、つまり最高収益性責任者（ＣＰＯ）としての役割を定めることである。

これは、おかしな提案だと思われるかもしれない。ＣＦＯはだれでも、収益性は自分の職責の中心だと思っているからだ。しかし本当に効果的にそれを行うためには、部門ごとの業績を測るというおおまかなやり方ではなく、もっと草の根レベルでの収益性管理プロセスを、経営の核にしなければならない。この仕事は三つの部分からなる。

**1　ロードマップ**　ＣＰＯはまず収益マップを作って、会社の基本的な収益性について体系的に理解する必要がある。そうすれば、単に売上総利益や、市場セグメントごと、製品群ごとの収益性だけでなく、高収益部分、低収益部分、不採算部分がどこにあるのかが詳細に見えてくる。これが精確に狙いをつけた収益性向上の取り組みの基礎になる。

**2　プロセス**　ＣＰＯの重要な仕事の二番目は、収益性管理のために継続的な組織的プロセスを作ることと、インセンティブを生み出すことである。そのためにはまず、収益マップの情報を社内の日常業務のなかに取り込まなければならない。よくある例をみてみよう。あるサプライチェーン責任者が、がんばって在庫を一五％減らした。しかしこの在庫はすべてが不採算事業のものだった。またある営業担当者が、売上を二〇％伸ばした。だがこの売上は収益性を引き下げた。多くの会社ではこういうマネジャーは会社に貢献したと見られるが、実際には会社の収益性を落としている。CPOはこういう現象に問題意識をもたなければならない。

収益性管理を成功させるには、CPOが統合された市場計画を作って、全社をこの問題に向き合わせることである。営業部とマーケティング部が業務部と連携して、「緊密な関係を作るべき顧客」「距離を保つべき顧客」「特別な関係を築くターゲット顧客」をそれぞれ特定する。それによって会社の業務費構造を、あらかじめ各取引と適合させることができる。難しいように聞こえるかもしれないが、実際はそうでもない。ただこれまでとまったくちがったビジネスのやり方であることはたしかで、トップ企業はすでにこのやり方で、利益と市場シェアを大きく伸ばしている。

## 3 移行管理

収益性管理の取り組みの成否は、移行管理にかかっている。とくに上場企業においては、不採算事業からの売上を単になくしたのでは、株価への影響が心配になるだろう。だが、収益レバーによる取り組みのほとんどは、わずかの経費で、売上のロスもなく、境界線上の事業の収益性を向上させられる。また、不採算事業から営業やサービスの資源を動かして、もっとも収益性の高い事業を確保し発展させることもできる。ただ優先順位を見直したり、社員を研修したり、営業担当者の報酬制度を変更したりすればいいのである。これらを同時に行えば、売上と利益とキャッシュフローは目覚ましく改善する。

たとえば、ある自動車用品メーカーはこの戦略を実行してわずか二〜三カ月で、これまでなかなか獲得できなかった高収益顧客を四〇%も増やした。またこの会社は同時に、自社の倉庫から遠くて、さらに採算も取れず潜在性もあまり高くない顧客を、代理店によるサービスに切り替えた。それによって経費が減り、資源を他に振り向けることができた。売上は急増し、経費は下がり、株価は三年で三倍になった。

不採算を改善したあとに残る問題は、どうしても改善できない取引を除くことである。適切な価格まで上げて不採算の売上を完全にゼロにする前に、高利益率の売上が計上されるようにしておくことが大事だ。収益性管理は、創造性に富むＣＦＯに新たな利益機会の領域を拡げてくれる。これを利用すれば、売上と利益を大きく伸ばし、キャッシュをすばやく生み出すことができる。しかしそのためには、ＣＦＯが従来の仕事の範囲にとらわれず、効果的な収益性管理のプロセス作りと、収益性を意識する企業文化作りに、自らが中心となって取り組まなければならない。そういう企業文化が根づけば、広範な予算削減などからではなく、草の根レベルから収益性が可能性いっぱいまで伸びてくる。こういう有能なＣＦＯこそが、本当のＣＰＯである。

## 章のポイント！

1 ＣＦＯや財務担当マネジャーにとって、収益性管理はほとんど資本を使わずに三〇～四〇％の利益改善を達成するまたとない機会をもたらしてくれる。

2 こういう機会が長いこと見つからなかったのは、それなりの理由がある。しかし幸いなことに、その機会を見つけて収益性改善プログラムを作るのは、難しくもないし時間もかからない。

3 収益性管理プログラムの成否を分ける重要な要素は、移行管理である。

4 ＣＦＯがＣＰＯとして成功するためには、社内の連携を取りながら変革管理を行う能力が求められる。財務担当マネジャーと協力して社内に収益性を意識する企業文化を生み出し、それを支える新しい業務プロセスを作らなければならない。そうして得られる成果と満足感はひじょうに大きなものだ。

**このあとは……**

原因が経済全体の不況か会社独自の問題かにかかわらず、不景気というのは結果を重視するマネジャーにとって抜本的な変革を進める好機である。第1部の最終章はその理由と変革の方法について述べる。

# 10章 不況がもたらす機会

## 不況

不況というのは最悪のときだろうか、それとも最良のときだろうか。

答えは「両方」である。困難な時期はすべてのマネジャーに難問をつきつけるが、めったにない変革の機会を与えてもくれる。

たとえば経費削減である。不況時には、売上が落ち、キャッシュが急減し、株価が急落する。多くの企業は本能的に、総力をあげて経費削減する。しかし経費削減には二重の問題がつきまとう。経営者はしばしばやり方を間違えるし、やったとしても不十分である。

不況期に経費削減を任された責任者は、たいてい短期的に利益を上げようとやっきになり、大きな戦略的機会を逃してしまう。つまり、経費削減には「良いやり方」と「悪いやり方」とがあるということだ。

悪いやり方は、「在庫と出張費を徹底的に減らそう」というような社内一律の削減である。

良いやり方は、すべての事業の収益性と成長可能性をしっかり調べ、勝者と敗者を見きわめることである。成功のカギは、資源を体系的に敗者から勝者に移行させることだ。そうすれば、利益が上がっている部分を確保してさらにそこに栄養補給ができる。またもっと可能性の高い事業を発見できるかもしれない。

## 変革を起こすチャンス

不況は、会社に前向きの変革を起こさせる決定的なチャンスである。

経営者は、好況期には会社を旧来のやり方で改善することしか考えない。ものごとがうまくいっているときにビジネスプロセスを根本的に変えることは、たとえそれが持続的にビジネスを改善するだろうとわかっていてもひじょうに難しい。

不況はこういう状況を完全にくつがえしてしまう。会社は危機に瀕し、マネジャーはみな大きな不安を覚える。会社が新しい取り組みや変革を一番受け入れやすいのは、まさにこういうときである。これは顧客やサプライヤーについても言えることだ。

経営者が考えるべきことは、この千載一遇の機会をどう最大限に活かせるかということだ。不況期にさまざまな企業と一緒に仕事をした経験からいうと、四つの領域で好機があると思う。

### 1　収益性を管理する好機

二～三カ月ほどかけて収益マップを作ると、どこに利益が出ていてどこが赤字かが見えてくる。これをもとに、良好な事業に投じる「賭け金」を倍にし、高収益が見込める事業に的を絞って確保し、境界線上の事業を改善し、不採算部分を徐々に減らしていくことができる。そうやって資源を再配分すれば、収益とキャッシュフローを急速に改善することができる。

ここで大事なポイントが二つある。まずしなければならないことは、営業活動の的を絞り直すことだ。自社のベストプラクティスを取り入れた体系的な顧客獲得プロセスを使って、高収益が見込める未開拓の顧客に集中的に働きかける。これによって、きちんと利益の出る売上がもたらされる。それは不採算の顧客を手放すことで落ち込む売上を補って余りあるものになるだろう。

次に、効果的な二〜三の収益レバーを選んで調整を行う。これで驚くほど多くの不採算事業が改善できる。多くの場合、不採算の理由は顧客自身にもよくわかっていない。たとえば、顧客の注文パターンが気まぐれであれば、こちらはじゅうぶんな在庫を維持しなければならず、倉庫業務が混乱し、配送費がかさむ。こういう状態は顧客と自社の双方の費用を膨らませているということを理解する必要がある。改善すれば双方に利益がもたらされるのである。

## 2　顧客やサプライヤーの収益性を高める好機

不況時には、顧客もサプライヤーも収益性とキャッシュフローの改善に必死になっているので、通常では考えないような新しい手法も受け入れる。これは、優良なビジネスパートナーと付加価値の高い関係をしっかり築く、またとない機会である。

「顧客業務パートナーシップ」を取り入れれば、顧客と自社の双方の収益とキャッシュフローを大きく改善することができる。「顧客業務パートナーシップ」というのは、サプライヤーと顧客の協力関係で、会社間の商品フローを連携させて経費を抑え、即応性を向上させるものである（17章で詳述する）。ベンダー管理在庫のような会社間業務は、主要顧客の利益と、資産の生産性（自社製品を取り扱う顧客側の在庫や設備などの資産の効率性）を大幅に向上させる。また同時に、顧客の注文パターンを管理できるようになるので、サプライヤー側は業務費が大幅削減できる。こういった業務パートナーシップはひじょうに有効で、すでに浸透度が高い顧客の場合でも、売上が三〇〜四〇％も上がることがある。

サプライヤーとも同種のパートナーシップを結べば、同様の利益が得られる。主要サプライヤーのマネジャーを招いて、こちらの収益性を改善する方法を提案してほしいと頼むのもいい。サプライヤーはたいてい、こちらが業務変革を本気でやるつもりはないだろうと思い込んでいる。だから、やる気のある顧客と連携するチャンスがあれば、有能なサプライヤーなら喜んで参加する。

またこちらが、サプライヤーの立場に立って購買パターンの分析をするというのもいい方法だ。双方の会社の経費が同時に削減されるような方法を見出すのは、そう難しいことではない。もちろん、うまくいけば利益は分け合うことになる。

サプライチェーンの川上と川下に、持続的な変化が起こせる好機はそうあるものではない。いま行動を起こせば、これから何年もその成果を享受できる。そのあいだ多くのライバル企業は、目的を欠いた経費削減に躍起になり、身動き取れなくなっているにちがいない。

## 3　顧客企業の革新を後押しする好機

不況期は、顧客に提供する価値を大幅に改善する絶好の機会である。業務を連携することによって、サプライヤーが顧客の収益改善に貢献できるということはすでに述べた。しかし顧客に提供する価値を改善する機会はまだ他にもある。

サプライヤーは、製品とその市場に関して詳細な情報を豊富にもっているものだ。そのなかには、顧客と競合関係にない会社のベストプラクティスなど、貴重な情報も含まれる。好況期、需要がじゅうぶんにあったときには、顧客はサプライヤーからの定番の商品と一般的な市場情報で、堅調な販売ができた。しかし不況期には、顧客は役に立つ情報なら何でも欲しいと思っている。

だがここには二つの問題がある。（1）まず顧客とサプライヤーは、表面化していなくても敵対的な関係にある場合が多い。（2）次に、サプライヤーが顧客に役に立つ情報を多くもっているということを顧客が知らない（そういう情報が、サプライヤーの組織のなかに埋もれてしまって、ふだん顧客と接する販売やマーケティングの担当者が見られるようになっていないこともある）。

優良顧客、あるいは未獲得だが高収益が見込めそうな顧客には、サプライヤーから積極的に働きかけて変革を促すと効果的である。顧客の製品の使用のしかた、あるいは商品として市場に出すやり方を、両社が共同で検討して双方が大きな利益を得るようにするのである。いったんこれが始まると、サプライヤーが、顧客の提供価値を改善できる詳細な情報をたくさんもっていることを、顧客側もすぐに理解する。

たとえば、ある工業製品のサプライヤーは、安全器具のような製品をどう差別化できるだろうかと悩んでいた。こういう製品は顧客から汎用品とみなされ、激しい価格競争にさらされる。このサプライヤーのマーケティングチームは実にすぐれたアイデアを思いついた。主要な販売会社と共同で、特製カタログと顧客向けウェブサイトを作り、販売会社の顧客がそれぞれの用途にふさわしい商品を選んで正しく使えるようにサポートを行ったのである。これは最終消費者である顧客に大きな価値をもたらすことになり、この製造会社だけでなく販売会社も、つまり販売チャネル全体が大きな売上増加を手にした。

## 4　戦略的革新を生み出す好機

革新を起こすのに最適な時期はいつだろう。意外かもしれないが、それは変革を必要としていないときである。GEの航空機エンジン事業の場合を見てみよう。9・11後の数カ月、航空機の運航は一気に減り、注文はぱったりとなくなった。

そのときGEは、燃費のいい次世代エンジンを開発中だった。当初は、業界が大混乱しているときに経費のかかる新製品を開発するとは、GEはまったく時機を見ていないように思われた。しかし実際には、それこそまさに会社がやるべきことだったのである。エンジンの開発には何年もかかる。その新しいエンジンは、ちょうど航空会社がスランプから脱したころに市場に出た。市場はより厳しくなり、ジェット燃料は高騰していた。

### タイミングがすべてである

GEがやったようなことは、まったく直感に反することだ。不況期には、本能的に身を屈めてしまい、損失を最小にする応急措置にばかり目がいきやすい。これはまったく間違ったやり方である。

賢明な経営者であれば、困難な状況こそ、会社を刷新して収益性に持続的な変化を起こさせる貴重なチャンスだということに気づくだろう。不況のいまこそ、積極的に動いて創造的に考えるときだ。そうすれば組織は活気を取り戻し、今後何年にもわたってその成果を収穫できる。

## 章のポイント！

1 不況であれ、会社自体の問題であれ、会社が経済的に逼迫しているようなときは、即効性がありかつ持続性もある収益性管理システムを開発・導入する貴重なチャンスである。

2 経費削減には「良いやり方」と「悪いやり方」がある。ほとんどの企業は、3章で述べたようなマス・マーケット時代の意識から抜け出せていない。社内一律の経費削減を行い、その結果、会社に長期にわたるダメージを与えてしまう。

3 顧客もサプライヤーも、苦境からの突破口を求めている。だから前向きの変革を受け入れやすい。こういう状態は、互いの利益のために革新的なプログラムを創り出す好機である。

4 すべてがそうであるように、困難な時期もやがて終わる。そういう時期に経営者が先見の明をもって変革や取り組みを行った会社は、景気が上向いてきたときに業績を一気に加速できる。これはどのレベルのマネジャーに関しても言えることだ。危機に直面したときに、怖気づいて断固たる行動が取れない競合他社は、じりじり後退していくだろう。

## このあとは……☞

第1部では、利益向上をめざしてどのように考えるべきか、その概略を述べた。また、いくつかのトップ企業がそのプロセスを使って、驚くべき成功をおさめた例をお話しした。これは難しいことではないが、マス・マーケットの時代の一般的なビジネス手法とはかなりちがう。第2部、第3部では、第1部の知識をもとに、営業・マーケティングプロセスや業務管理プロセスにおいて、収益レバーをどのように生み出すかを説明する。第4部では、持続する高収益性をめざして、どのように変革を先導するか、どのように社内を連携させるかについて述べる。

# 第2部

# 営業は「利益」のために

売上の利益率がどれも異なるのに、営業担当者の報酬がおもに売上をもとに決まるようなら、収益性を最大にできるはずがない。営業担当者が訪ねなければならないのはどの顧客だろうか。その訪問のなかで彼らが達成するべきことは何だろうか。

第2部では、2つの重要な収益レバーに注目する。「営業管理」と「市場開発」である。各章では、「営業プロセスを、収益性を最大にすることに的を絞って組み立てる方法」「適切な顧客とのあいだに統合された緊密な関係を発展させ、不適切な顧客との関係強化を避ける方法」「目標を具体的な営業実績に変える方法」「全社を一体化し連携させるようなマーケティング戦略立案プロセスを開発する方法」を解説する。

**営業プロセスに焦点を絞って改善するには**

**11章**では、体系的で選別された顧客管理の方法を説明する。自社のビジネスに適した顧客を選んで獲得するための体系的なプロセスがなければ、収益性を最大にすることは難しい。**12章**では、ある卸売企業の事業部門長が営業プロセスを変革し、純利益を3年間で50%上昇させた段階的手法について述べる。**13章**では、社内で成功した営業プロセスを見出して体系化し、それを営業チームのトレーニングに使う方法を、実例に即して述べる。**14章**では、平均的な業績を並べただけの従来の販売予測を、売上の伸びと変革を推し進めるための販売予測に切り替える方法を説明する。

**会社はいつどのように顧客との緊密な関係を築くべきか**

**15章**では、企業が市場との関わりにおいて迫られる基本的な選択――「爬虫類型か哺乳類型か」――について述べる。営業担当者もまた同様の選択を迫られる。その選択をしたがらない企業や営業担当者は行き詰まる。**16章**では、顧客企業の収益性を改善する力強い革新をもたらす方法について述べる。その革新に伴って自社の売上を伸ばし、優良な顧客を確実につかみ、経費を削減することができる。**17章**では、主要顧客と共同で統合サプライチェーンを開発するための段階的プロセスについて述べる。またそれがひじょうにうまくいった会社の例を、具体的に説明する。**18章**では、売上を伸ばし、競争優位性を築き、同時に経費を削減するような関連サービスを展開する方法を説明する。多くの製造業は関連サービスを厄介なものと考えてしまい、利益を上げる絶好の機会を逃している。

# 11章

# 顧客管理――営業術か「科学」か

顧客管理とは、新しい顧客を開拓し、顧客関係を管理するプロセスである。ではこの顧客管理は営業術かそれとも「科学」か。これはひじょうに重要な質問である。効果的な顧客管理は、もっとも重要な収益レバーの一つであり、質問への答え方次第で、営業プロセスが体系的に作られて常時改善可能なものになるかどうかが決まるからだ。

当然かもしれないが、「両方」が大切だというのが私の答えだ。多くの企業で、顧客管理の科学はよく理解されておらず、体系的に使われていない。だが好業績をあげている会社をみると、顧客管理の科学が営業プロセスの基礎となっており、そのうえで営業術が最高の効果を上げている。

顧客管理の科学には四つの要素がある。（1）収益性管理、（2）顧客関係の選択、（3）顧客関係の発展経路、（4）顧客別営業計画である。この四つの要素がきちんと含まれ、さらに営業担当者の報酬制度がそれらと連係していれば、営業プロセスはめざましい結果を生むだろう。

私はここ何年かのあいだに、営業部のマネジャーと事業部門長との会議にいくつか出席した。そこでしばしば耳にしたのが、「営業担当者が顧客企業のＣＥＯともっと会えれば、売上が伸びるだろう」という意見だった。こういう意見は、「顧客企業の経営幹部とつながりがある新しい営業担当者を雇ったらどうか」という提案につながりやすい。

どうやらマネジャーたちは、管理プロセスを改善するより、金を使うほうが易しいと思っているらしい。しかしそれは大きな間違いだ。ほとんどの営業担当者は、しっかりした営業プロセスのなかで働けば、素晴らしい業績を上げる潜在能力をもっている。他の会社で好成績を上げていた営業マンを引き抜いてきても、営業プロセスがきちんとできていない会社に来れば、それほど結果が出せるものではない。

経営者の第一の責務は、営業チームに体系的で効率的なプロセスを与え、成功の基準を教えることだ。営業担当者が達成目標をきちんと理解して顧客訪問できるかどうかが結果を左右する。このプロセスが「顧客管理の科学」である。

## 収益性管理

顧客管理で一番大事なことは、すべての営業担当者が収益性管理を明確に理解し、使えるようになっていることである。売上はどれも同じではない。高収益性を生むものと減益要因になるものとがある。営業担当者の目標は、重要なもの順に、次のとおりである。

**1** もっとも利益が上がっている取引を確保する
**2** もっとも利益が上がっている取引をさらに拡大する
**3** 採算境界線上にある取引を、より利益の上がるものにする
**4** 本質的に不採算の取引を縮小する

つかみ取った営業成績のなかに不適切な取引や優良取引の取り逃しがあったりすれば、最終的には減益になる。これでは営業術を駆使すればするほど、収益性が損なわれてしまう。

## 顧客関係の選択

どんな顧客関係を選ぶかということも、その顧客からの収益性を左右する。顧客関係は、「顧客業務パートナーシップ」のように多くの資源を必要とする関係から、「商品フロー管理（顧客の注文パターンの管理）」のように資源を多く必要としない関係、また顧客とサプライヤーのあいだによくみられる一定の距離を置いた関係まで、さまざまな形がある。

どの顧客にはどのような関係がふさわしいのかを、あらかじめ明確にしておくことが重要である。顧客関係選択のカギとなるのは、（1）潜在的粗利益、（2）業務の適合性、（3）顧客のサプライヤーに対するロイヤルティ、（4）変革に対する顧客の意欲と能力、などである。

多くの場合、距離を置いた関係で利益が上がる顧客は、顧客業務パートナーシップなどを導入するとかえって不採算になる。腕利きの営業マンが、そういった不適当な顧客関係を作ってしまうと、売上がたとえ持続的に伸びていったとしても、会社の利益をその後何年にもわたって損なうことになる。

たとえば、ある電子部品サプライヤーの小口顧客が、常駐営業担当者やベンダー管理在庫のような緊密な関係を希望しているとする。この顧客の所在地は流通センターから遠い。こういう場合は、電話営業や翌営業日の配送など、一定の距離を置いた関係を提供するほうが収益性の面で有利である。大規模な常駐サービスなどを行えば、この関係は赤字を生む。顧客には、はっきりと利益が見込める範囲の関係を考えて提供することが重要だ。営業担当者に求められるのは、顧客関係と顧客の状況を正しく適合させる能力である。

本当の営業術というのは、それぞれの顧客関係が今後どうなっていくかを見抜き、もっとも利益の上がる形に巧みにもっていくことである。そのためには、不相応に緊密なパートナーシップを望む顧客に、もう少し距離を置いたもので我慢してもらうこともあるだろう。

## 顧客関係の発展経路

ほとんどの企業では、顧客との関係を次第に発展させられるように、製品やサービスを構成することが可能である。たとえば、業務や営業の担当者が入門レベルの製品やサービスを売り込む際に、顧客のさまざまな部署のトップマネジャーと連絡をとれるような形に設計することができる。

製品やサービスが顧客側の購買決定権者と広く深い関係をすぐに作れるように設計されていれば、営業担当者が顧客に浸透するのが容易になる。顧客とコネがある外部の人材を新たに雇わなくても、営業担当者と顧客企業の幹部のあいだにつながりを作ることができる。

営業担当者が顧客の購買決定権者に浸透し、知識と信頼を得て一つの販売が次に結びつくような形で製品やサービスを企画するのが、すぐれたマーケティング担当者である。本当の営業術というのは、担当者が製品を場当たり的に自己流で売ることではない。きちんと構成されたプロセスを実行することである。

## 顧客別営業計画

顧客別営業計画の目標は、営業担当者が顧客の意思決定プロセスに働きかけて、関係をしだいに強固にすることである。それを効果的に行うには、顧客企業の主要人物すべてと強固な関係作りに努め、たとえ顧客企業の特定人物が退職しても、相応な価格での堅調な販売が続くようにすることだ。短期の販売戦略は、顧客別営業計画の一部にすぎない。

よく練られた顧客別営業計画は営業担当者のコーチングの基盤ともなり、進捗度合を測ったり、問題点の分析と解決にも役立てられる。顧客開拓のための時間（顧客訪問など）や販促のための投資などが必要なときも、顧客別営業計画を見れば投資効果がわかる。また、営業が実を結ぶまでに長期にわたる関係構築が必要なときや、顧客獲得に重要な入門レベルの製品がわずかな利益しか生まないといったときにも、各段階の営業報酬を算定する目安となる。

顧客別営業計画を実効あるものにするためには、少なくとも以下のような営業担当者の行動が計画に含まれていなければならない。営業担当者と営業責任者はこのチェックリストを使うといいだろう。

**1　顧客プロフィールを作成する**　以下を顧客プロフィールに含めよう。販売高予測、粗利益、業務の適合性（顧客のニーズ）、顧客のサプライヤーに対するロイヤルティ、顧客の変革意欲と能力、顧客関係の履歴。

**2　ターゲットとする人物を特定する**　顧客企業の主要な購買決定者と、それに影響を与える人物のプロフィールを作る。多くの場合、驚くほどたくさんの人が関わっているものである。

**3 顧客のニーズを見きわめる**　顧客のどんなニーズを満たせば、こちらの製品やサービスを買いたいと思ってくれるだろうか。サポート、再販価値、顧客関係の生涯価値、価格、保証、手短な訪問、時間をかけた話し合い……など。人によってこれらはみなちがう。

**4 どうやって糸口をつかむかを考える**　顧客の購買決定権者の一人ひとりの心をつかむポイントを考える。またどういう質問をすれば、こちらが相手の主要なニーズや懸念を理解していることが伝わるだろうか。このステップはひじょうに重要だが、明快な正解があるわけではない。だがこれがうまくできないと、単に相手方へ出向いて「取引してください」と言うだけになってしまう。とくに顧客企業の経営陣に対してうまくアプローチができなければ致命的である。

**5 一連の手順、必要な資源、尺度、プロセスの節目などが書かれた行動計画を作る**　計画は綿密でしっかりしたものでなければならない。また、これまでに行った顧客の分析に直結していなければいけない。分析結果と緊密に結びついていないと、行動計画があっても結局これもまた、単に顧客のところに行って「取引してください」というだけになってしまう。計画には、それに費やす時間と資源を正当化できるだけの成果の予測も明記する必要がある。また自社の他部門から支援と資源を得る必要がある場合は、そのことが具体的にはっきり書かれていなければならない。

たとえば行動計画は次のような形になる。初めの一カ月に顧客マップ作りをする。これは、顧客の購買決定権者、顧客の潜在性、競合企業と顧客の関係の強さなどを見定める作業である。そして次は、二カ月かけて顧客への働きかけを行う。営業担当者は、顧客側の主要人物を訪ね、見本を試してもらうところまでこぎつける。計画の初期の段階には、成功の尺度、予想所要時間、必要な資源（営業担当者の時間、販促資料、電話営業による支援など）が書きこまれるべきだろう。

**6　コーチング計画を作る**　営業担当者自身が、上司からのコーチングを必要とする点を自覚することが重要である。営業担当者は、上司は自分にとって貴重な資源と考え、上司を柔軟に積極的に活用するべきだろう。

## 顧客管理を成功させるには

有効な顧客管理プログラムを作成するために経営陣がすべき大事なことが二つある。一つは考え抜かれたプロセスを練り上げ、営業担当者が顧客関係において達成すべきことを認識できるようにすること。もう一つは、このプロセスが安定した高収益を確実にもたらすようにすることである。

これらの点をきちんと踏まえたうえで独創的な営業を行えばもっとも効果が大きい。「営業術」と「科学」を組み合わせて顧客管理を行えば、最終利益を最大にするからである。

**章のポイント！**

1　営業チームの生産性を決定するカギは、任務が明確であることだ。それぞれの営業担当者は、日々の顧客訪問の達成目標をはっきりと理解していなければならない。体系的で効果的なプロセスと明快な任務を営業チームに与えるのは、経営陣の責務である。

2　営業プロセスがなければ、営業担当者は迷ってしまう。成功する者もいれば、失敗する者もいる。そして多くの場合、担当者は自分のもつ潜在能力を活かしきれない。

3　営業担当者の報酬制度は、営業プロセスと連動していなければならない。収益性に応じた売上の評価をしなければ、会社は多くの不採算性を抱えこむ。

4　すぐれた営業プロセスには四つの要素がある。「収益性管理」「顧客関係の選択」「関係発展経路」「顧客別営業計画」である。これらがきちんとプロセスに含まれていれば、営業担当者は自分の任務をはっきり理解する。

**このあとは……☞**

第2部の最初の四章は、営業チームの生産性について、とくに重要な点を中心に説明する。またその点において成功した企業の具体例をお話しする。残りの四つの章では、顧客の価値創造の限界をさらに広げるような顧客関係を、いつどのように築くかについて説明する。

# 12章 収益性中心の営業

営業チームが安定した高い生産性をあげるために、営業責任者のすべきことは何だろう。多くの営業責任者は、営業の生産性というのは単に売上を伸ばすことで、費用削減は業務の仕事だと思っている。この思い込みが費用を増加させているのである。

営業チームは、売上だけでなく利益を最大化するうえでも重要な役割を果たしている。ある営業部長が、その両方の目標を達成する収益性管理プロセスを開発した例を見てみよう。

## ある営業部長のストーリー

アメリカ南部にある、紙製品と清掃用品の卸売会社の営業部長が、私のコラムを読んでメールをくれた。

「数年前、わが社でも収益状況を詳細に調べました。そして、約二〇％の顧客や受注品目が、利益のおよそ八〇％を稼ぎ出す『八〇対二〇の法則』が至る所に見られるとわかったのです。私たちは顧客を分類してランクをつけ、それぞれ別の営業手法（訪問営業、内勤営業、顧客サービス）で対応させることにしました。結果は驚くべきものでした。四年間で、注文一件当たり粗利益は八二％増加しました。また純利益は三年前に比べ五〇％以上増加です。私たちは会社をさらに上のレベルに成長させたいと考えていて、この経験をお話ししたいと思ったのです」

彼は七年ほど前に、七〇年の歴史をもつこの卸売会社の営業部長になったのだそうだ。大学、製造会社、医療用品会社、食品加工会社などさまざまな顧客に製品を卸している優良企業である。営業マンの平均経験年数も二〇年だ。

着任二年後から収益性改善を模索しはじめ、三年ほどかけて営業チームの生産性と会社の収益性を劇的に伸ばす効果的なプロセスを導入したという。プロセスには収益性管理の三要素、「収益マップ」「収益レバー」「収益管理プロセス」が含まれている。

## 収益マップ

彼はＩＴ責任者と共に、顧客の収益性分析のプロセスを開発することから始めた。顧客の収益性を計算するために、各注文と各顧客の粗利益を出し、そこから営業費と業務費を引いた。これで各注文と各顧客の営業利益がおおよそつかめた。この営業利益を、私はサプライチェーンの利益（粗利益から業務費と販売費を引いたもの）と考える。

それから、営業担当者ごとに顧客を営業利益の多い順に並べた。その結果を担当者に見せると、多くの場合「データが間違っている」と返事が来たという。「私の最大顧客が下から二番めのはずがない」というのである。担当者が顧客のデータに異を唱えた場合には、詳細なデータを一緒に調べて計算を見直した。計算の調整が必要だったのは、二四〇〇件の顧客のうちわずか三〇件にすぎなかった。

## 収益レバー

営業部長は取り組みを始めてすぐ、収益性を押し上げるカギは、注文の営業利益だと気づいた。その当時は、営業担当者が顧客の元を訪問し、一件ずつ注文を取っていた。その注文から訪問営業の経費をカバーする粗利益が出なければならない。営業部長は収益性を上げるための取り組みをいくつか考案した。

まず、各営業部員が担当する顧客数を二四〇社から五六社に減らした。潜在性の高い顧客に深く入り込めるようにするためである。営業担当者は顧客側の購買担当者という関門をくぐり、さらに決定権のある幹部とよい関係を作らなければならない。そこで顧客プロフィールを作って、担当者が自分の顧客を体系的に理解できるようにした。

担当者は顧客プロフィールを作る過程で、顧客側の意思決定権者、競合相手、戦略などを見きわめ、顧客への浸透方法を立案した。また、プロフィールを作るために顧客から話を聞いた。意外なことに、顧客は自分の会社や競合他社のことを喜んで話し、競合の欠点やもっと仕事を取る方法を進んで教えてくれた。営業担当者の予想以上に顧客からの評価は高かった。この評価が、潜在性の高い顧客に的を絞って働きかけるという方針が正しかったのだと自信を深めることにつながった。営業部長はまた、物流、IT、財務など主要部門のマネジャーと一緒に顧客を訪問し、顧客の施設を見て回り、経費削減の提案をしたという。

彼らの次の取り組みは、小規模顧客に適した販売チャネルを開発することだった。まず、一定の営業利益に届かない顧客を「内勤営業顧客」に指定した。電話営業を行う内勤の顧客サービスグループがこれらの顧客を担当する。次に、六〇〇～七五〇社ほどある中規模顧客には、内勤営業と訪問営業の混合グループが両方を組み合わせて集中的に働きかけた。

営業部長は次に、「顧客教育」に取り組んだ。小口顧客に対して、一定量以上の発注がなければ取引が継続できないと伝えた。ほとんどの顧客は購買プロセスと発注パターンを変更し、取引を継続してくれた。

## 収益性管理プロセス

また営業部長は営業担当者が新たな収益性管理プロセスに沿って行動するように報酬制度を変更した。新しい制度では、訪問営業部員の報酬は三つの部分からなる。報酬の（1）固定部分が四五％、（2）歩合部分が三五％、（3）過去一年間の受注一件当たり粗利益の伸びに基づくボーナスが二〇％、である。また、歩合対象となる最小受注量も決めた。

この収益性管理プログラムは大成功をおさめた。「大事なことは、社員に数字を明確に示すことと、顧客にわが社の考え方をきちんと説明することです」と営業部長は言う。「注文当たり営業利益を上げる」という一点に的を絞って取り組んだ営業部長のプロジェクトは、目を見張るような結果につながった。注文当たり営業利益は、八〇％以上も伸びた。また純利益は五〇％以上も上昇した。

## 会社は何を売るかで決まる

営業チームは前輪駆動車のフロントタイヤのようなものだ。営業チームが会社を引っ張る。経営陣の考えや意図がどうであれ、会社の業績は営業が何を売るかで決まってしまう。

自分の会社は何を売っているのか考えてみよう。それは営業担当者の報酬制度を見ればわかる。ほとんどの会社では、営業担当者の報酬は売上で決まり、ときとして粗利や受注量も用いられる。しかし収益性で決まる会社はめったにない。売上によって利益が異なるにもかかわらずだ。ここに問題があり、機会がある。以上のことをまとめてみよう。

この営業部長は会社の収益性を五〇％以上も伸ばしたが、特別の投資をしたわけではない。ただ「売上に注目する営業」を、「利益に注目する営業」に移行させただけである。彼はこれを三つの方法で行った。

**1** まずもっとも潜在性が高い顧客を特定し、それらの顧客に対して訪問営業を集中的に行った（ちょっと別の会社の場合と比べてみよう。ある会社の社長がいら立ちを隠さずにこう言ったことがある。「うちの営業担当者たちはまるでミツバチだ。花から花に飛び歩いているばかりじゃないか」）。営業部長は、営業担当者の担当顧客を減らし、最重要顧客との関係を拡げ、さらに深めることにエネルギーを集中させた。これによって主要収益源を確保できた。

**2** 営業部長は画一的な営業システムを変えた。最重要顧客には集中的な訪問営業を行う。小口顧客は内勤の顧客サービスが担当する。その中間の顧客はそれらの折衷で対応する。これによって、営業担当者はもっとも潜在性の高い顧客に集中的に取り組むことができ、営業費と各顧客から生じる利益が釣り合うようになった。

注文あるいは取引の粗利益が経費よりも少なければ、その事業は不採算なのである。営業部長は小中規模顧客に対する営業費を、得られる粗利益に釣り合うように削減した。このやり方は、顧客収益性を上げるだけでなく、顧客ニーズにも合っている。顧客の購買全体に占める割合が低い製品の場合、顧客は時間のかかる訪問営業よりも、簡便で効率のよい内勤営業のほうを好むからだ。

**3** 営業部長は、一定量以上の注文を出すように顧客に働きかけ、営業利益を増やした。営業担当者の報酬制度を変えて、営業チームが一定量以上の注文を顧客に促すことにインセンティブを与え、さらに大規模な顧客教育を行ってこの方式を定着させたのである。

これら三つの方法によって、営業部長は利益に注目した強力な営業システムを生み出し、もっとも可能性の高い顧客に浸透し、不採算の顧客を採算の取れる顧客に変えた。そして、社内に根づいた不採算性を転換させて、五〇%の利益増を実現したのである。

## 章のポイント！

1　シンプルで連携の取れた収益性管理プロセスがどれほどの力を発揮するものか、考えてみよう。この会社の営業部長は慎重に考えていくつかの行動を選び、それを一貫した姿勢で手際よく実行し、短期間に驚くほどの利益改善を成し遂げた。
2 行動計画を立てるうえで大事だったのは、収益マップ作りである。これによってどういう取り組みが必要かを正確につかむことができ、営業担当者にこのやり方が正しいことを納得させることができた。
3 営業担当者の担当顧客数を減らして、潜在性の高い顧客に的を絞り、ウォレット・シェアを増やしたことに注目しよう。なぜ営業担当者たちは部長に言われるまでやらなかったのだろうか。自分が営業部員だとしたら、部長が変革を起こす前にやるだろうか。
4 営業部長は、画一的な営業システムを変えて、また全顧客に最低発注量の遵守を求めた。そうして、会社のビジネスモデルと顧客の潜在性をうまく適合させた。こういう収益レバーを使えば、小口顧客からもたしかな収益性を生み出せる。小口顧客を単に切り捨てるのではなく、利益の出る取引に転換させたのである。

**このあとは……**

11章は、効果的な営業プロセスを作る方法を説明した。また本章では、それによって収益性を五〇％伸ばした会社の実例を紹介した。次章では、社内からもっともすぐれた営業の事例を見出し、それによって営業担当者たちを最高レベルに近づける方法についてお話しする。

# 13章

# 営業チームはベストプラクティスで活性化させる

多くのマネジャーから、他社の営業チームのベストプラクティスを参考にしたいので教えてほしいと頼まれる。しかし私がこれまで見てきたどの会社でも、学ぶべきベストプラクティスはその社内にあった。

いつも驚くのは、一つの会社のなかには実にさまざまな仕事ぶりがあるということだ。たとえば、こんなふうに考えてみよう。営業チームの仕事を一年間にわたって録画して、それを丁寧に編集し、最高の部分だけをつなげて見るとする。そこに現れるのは間違いなく、世界トップクラスの素晴らしい営業活動である。

しかし問題は、編集で使われなかった部分にある。社内の仕事ぶりのバラツキにがっかりすることはない。チーム全体をベストプラクティスの基準にまでもっていけたなら、かなりの成果を期待できるということでもある。

営業チーム全体の業績は、ベストの仕事ぶり、平均的な仕事ぶり、問題の多い仕事ぶりの加重平均である。結果をより手っ取り早く改善する方法は、すべての社員をベストプラクティスのレベルに引き上げることだ。これが営業チームにとってもっとも強力な収益レバーになる。

マネジャーは、Aランク、Bランク、Cランクの営業部員がいることを仕方ないと思っているし、業績に能力差が反映されてしまうと考えている。だが私の経験から言うと、この思い込みは間違いだ。営業やその他のビジネスプロセスは、分析も体系化もできず、教えることもコーチングもできないので、平均的な社員にすぐれた業績をつねに求めるのは無理、という思い込みが誤りだ。それは可能なのだ。

## 切り替えプロセスの改善

数年前にある大手の家電メーカーを訪ねたことがある。生産期間が長い大量生産時代から、より短い「クイック・レスポンス・システム（ＱＲＳ）」の製造ラインへの転換期である。ＱＲＳの難題は、各製品の製造ラインを次々に素早く切り替えなければならないことだった。

生産期間が長ければ、たとえば、一つのモデルのキッチンレンジを三カ月ごとに三カ月分生産し、二〜三日ごとに製造ラインを切り替えるというやり方をする。ＱＲＳの場合は、ちがう組合せの製品を毎日作ることができるが、製造ラインの切り替えの速さにシステムの成否がかかっている。

この会社は問題解決のために、単純だがひじょうに有効な方法を考えた。製造ラインの切り替えをビデオ撮影したのである。そしてチーム全員で映像の内容を分析し、改善点を特定した。

工場の従業員たちは、この明解な情報をもとに新しい手順を工夫した。さらに、新しい切り替え方法を体系化し、指導方法も作り、実践の度合いを測定する方法も考え出した。こうして切り替え時間は大幅に短縮されたのである。

## スタンダード・オブ・ケア

医療の世界には「スタンダード・オブ・ケア（標準治療）」と呼ばれるガイドラインがある。たとえば医師は、手術の前などにこれから行われる治療について説明する。多くの場合こんなふうに言うはずだ。「AだとわかればBを行います。もしCであればDを行います」

このとき医師は、これまでに確立されたベストプラクティスに基づく標準治療を説明しているのである。こういう標準治療は、緻密な研究とじゅうぶんに分析された経験に基づいて作られている。どんな医師でも取り入れられる治療であり、実際に世界中で行われている。これまでの医療のベストプラクティスに対する医師たちの共通の理解ともいえる。一流の研究者や医師たちはつねにこの標準治療を改善しようとしているが、これを単に治療方針決定を「簡便にする」ためと誤解してはいけない。

この標準治療のプロセスはきわめてすぐれている。これがあるおかげで、医療のベストプラクティスを体系的に分析して理解することができ、すべての医療関係者がそれにかぎりなく近づける。最高の外科医はもちろんつねに最高だが、一般の外科医たちが高いレベルで治療が行えるのも標準治療のおかげだ。先端をいく専門家が、このベストプラクティスをつねに改善して、その成果を世の中に素早く広めることもできる。

ビジネスを劇的に改善するために、マネジャーがこのプロセスを取り入れたらどうだろう。

## ビジネスの「スタンダード・オブ・ケア」

営業というのは、そもそも「一つひとつ固有のもの」だという人もいる。顧客はみなちがうし、営業担当者も人さまざまだから、営業プロセスを体系化するのは本質的に不可能だという。

しかし経験から言うと、この考え方は建設的ではないし間違ってもいる。

たとえば、大口顧客になりそうな企業に最初に入り込むというのは、ビジネスにとってもっとも重要であり、また一番困難なプロセスの一つである。あまり経験のない営業担当者は、高い潜在性があるのにまだ浸透できていない顧客に働きかけることをいやがる。その顧客はすでにライバル企業と緊密な関係にあるだろうとか、以前にまずいことがあったので悪感情をもっているにちがいないなどと考えがちだ。しかし未開拓の有望顧客を獲得することができれば、営業に費やす時間に対するリターンが間違いなく一番大きい。

私はいくつかの会社でこの問題について調べてみた。各会社で何人か、もっとも成績の良い営業担当者に一人ずつ話を聞いたのである。彼らの顧客への浸透法がひじょうに似通っているのに私は驚いた。だれにどんな形で働きかけるかについて月ごと、ミーティングごとのプランがしっかりとできていて、各回ごとの結果もきちんと予測していた。もちろん顧客ごとの微調整のしかたも知っていた。すぐにはっきりしたのは、トップの営業担当者は同じ考え方をもっていることだった。

ところが、Bランク、Cランクの営業担当者となると、まったくバラバラで、しごく楽観的な人から悲観的な人までさまざまだ。楽観的すぎる担当者は、顧客浸透の最初の段階がなかなか進展しないと、すぐにあきらめてしまう。また悲観的すぎる担当者は、最初から何もしない。トップの営業担当者になると、これらBやCランクの担当者がどこで顧客開拓を諦めて、もっと楽な顧客のほうに行くかまでわかるという。

こういう状態を、すべての医師がベストプラクティスを知っている標準治療の仕組みと比較してみてほしい。

トップの営業担当者は、それぞれ独自に「ベストプラクティスの標準」を見出しているが、私の知るかぎりそれらはひじょうに似通っている。彼らはその標準手法を、時間をかけて洗練させ、顧客による営業手順のちがいにも対応できるものに仕上げている。これらの標準手法は組織的に集められて体系化されてはいないが、トップ営業担当者のあいだでは類似している。

これらトップ営業担当者の話は、優秀な医師たちの話とそっくりだ。彼らもまた「AとわかればBを行います。もしCであればDを行います」という。しかし医療の世界と似ているのはここまでだ。

BやCランクの営業担当者は、独自にベストプラクティスを見出すほどの経験と能力をもっていないことが多い。またたいていの営業研修は、顧客ニーズを発見するというような漠然とした能力開発に重点が置かれ、営業担当者がその会社独自のベストプラクティスを学ぶ機会がない。

マネジャーは部下たちを叱咤激励したり、営業の手順の断片をコーチングするだけで、会社独自のベストプラクティスをたたき込まない。体系的な知識と訓練がないことが、営業成績のばらつきにつながっている。

## ベストプラクティスのプロセス

営業チームの標準手法を作るための七つのステップを紹介しよう。

**1　ベストプラクティスを特定する**　何人かのトップ営業担当者と話をする。担当販売地域の管理、顧客選択、顧客獲得プロセス（顧客への働きかけから獲得まで）、日々の顧客訪問やフォローアップといった基本的行動など、主要なプロセスに注目して話を聞く。

**2　ベストプラクティスを体系化する**　大事なのは、反復可能な標準手法になり得るもので、高い利益に結びつくいくつかの行動に注目することである。「基礎能力」と「戦略」にわけてみよう。基礎能力は、たとえば顧客を訪ねて簡潔に要件が伝えられることや、顧客側の上司や技術者と感じよく会話ができる能力などである。また戦略には、顧客の優先順位を考えることや、いくつか具体的な顧客獲得プロセスの選択肢を作ることが含まれる。

**3　トレーニングする**　最大の効果を上げるためには、一般的な営業技能を教えるだけでなく、さらに一歩進んだトレーニングを行う必要がある。会社独自の標準手法を体系的に教えることに重点を置かなければならない。たとえば、顧客獲得プロセスのなかにすでに効果が上がっている戦略があれば、その戦略の各段階のカギとなる行動を特定し、営業担当者全員にベストプラクティスのプロセスを教えると同時に、各ステップを成功させるカギとなる行動に必要な技能を身につけさせるべきだ。

**4 コーチングする** 顧客獲得プロセスには、各段階に成否を分ける明確なポイントがある。たとえば、技術者と話をすることが不可欠な段階にきている担当者には、技術に関して高度の会話ができるようになるまで、マネジャーがコーチングし、練習させなければならない。

**5 評価する** 営業活動の評価尺度は、多くの場合ひじょうに曖昧で漠然としている。しかし顧客獲得プロセスでは、顧客を次の段階に動かしたことを評価する必要がある。重要な進展がただちに売上増加に結びつかないこともあるからだ。

**6 報酬** 営業担当者の報酬制度は、ベストプラクティスのプロセスと結びついていなければならない。未開拓の有望顧客への浸透が会社にとって重要なら、大部分の報酬と未開拓の有望顧客獲得の各段階とを連動させなければならない。

**7 改善する** 標準治療がつねに見直されているように、トップの営業担当者もつねにプロセスを改善している。改善点を把握し、営業チーム全体を改善後のレベルに引き上げる制度を作ることが重要だ。

## 営業の標準手法を創り出した会社

以下は、ある会社がすぐれたやり方で営業プロセスを作り上げた例である。

1

営業担当副社長が、有能な地域営業責任者二人を指名し、新しい営業プロセスを開発する仕事をまかせた。二人はまず、全社のトップ営業担当者を順番に面接した。その結果、未開拓の有望顧客に浸透できた場合に、売上が大幅に上昇することがわかった。多くの営業担当者が避けるこういう顧客を、トップの営業担当者は一番のチャンスと捉えていた。

また有望な顧客は、購買行動と既存サプライヤーの強みのちがいによって、四種類のカテゴリーに分類されることもわかった。トップ営業担当者は各カテゴリーの顧客獲得に関して、類似した営業プロセスや戦略をもち、素早く顧客をカテゴリー分けする方法ももっていた。戦略には、営業訪問の種類と回数、訪問先、どの時点に特定の販促活動や電話営業の助けが必要か、各段階で得られる結果、といった重要な要素がすべて含まれている。

2

二人の営業責任者は知見をまとめて、トップ営業担当者たちに見せた。彼らは自分たちの手法が似通っていたことに驚いていた。しかし、他のトップ営業担当者が作った戦略も的確であり、どの戦略をどの未開拓顧客に使うべきかがよくわかると口々に言った。

3

二人の責任者は、トレーニング計画を作るにあたり、その新しい営業プロセスをまず営業マネジャーたちに教えた。戦略について説明し、マネジャーたちに一人五件ずつの未開拓顧客を担当させた。マネジャーたちは外回りの現場営業をやらされることに不満だったが、すぐに標準手法の重要性を実感した。この実体験は、マネジャーが部下の営業担当者たちを教えるにあたって大変役に立ったのである。

**4** 二～三カ月後、二人の責任者は営業マネジャーたちを再招集した。今度はトレーニングに使う資料とプロセスを作るためである。話し合いの結果、一番いいトレーニングは、各営業担当者に未開拓の有望顧客を一人五件だけ担当させることだと意見が一致した。このくらいの件数ならマネジャーが営業担当者たちに集中的に取り組ませて、進展具合を細かく観察し、指導できる。担当者がつまずきやすい状況がわかっているので、その部分を前もってコーチングすることができた。

**5** 二人の責任者は他の営業マネジャーたちと共に、戦略をいくつかの段階に分け、各段階のあるべき結果を列挙した。営業が順調に進んだ場合、各段階に必要な時間も把握した。これにより、担当者の仕事の具体的な進展チェックができ、集中的なコーチングで問題解決ができるようになった。

**6** 二人は次に、営業担当者の報酬制度を見直した。担当者にしっかりした動機づけをするために、顧客開拓の各段階を達成すると大きなボーナスが出るようにした。顧客開拓に時間がとられて既存顧客からの収入が減った場合には、その埋め合わせもした。多くの担当者は五件の未開拓顧客に時間が割かれることに不満をもっていた。しかし一カ月後、これらの顧客からの売上が平均で四〇％も伸びたことに気がついた。とたんに、文句を言っていた担当者の多くが、一〇件以上の未開拓顧客を担当したいと言いだした。しかし、担当させる未開拓顧客は五件に限定することにした。ただし、売上がクリティカルマス（そこから一気に売上が増える分岐点）という目標段階を越えて浸透できた場合は、未開拓顧客をもう一件担当させることにした。

営業担当者たちは新しい営業プロセスに慣れるに従い、少しずつちがった戦略のやり方を試すようになった。たとえばある担当者は、電話営業の担当者に見込み顧客の調査をしてもらうことが利益に結び付くことを発見した。別の担当者は、重要な見込み顧客の一群が、既存の戦略や顧客カテゴリーに当てはまらないと気づいて、新たな戦略を自分で創り出した。顧客開発プロセスが体系化されて明確なものになると、チーム全員が遠慮なくそれに体系的な改善をくわえ、改訂されたベストプラクティスが広まっていった。全員が共通の理解をもちながら、プロセスを磨き上げていったのである。

## 7 文化を共有する

自社のベストプラクティスを利用することの最大の利点は、営業チームが営業手法の改善を前向きに受け入れるということである。あこがれの的である自社のトップ営業マンによって考え出されたベストプラクティスは、文字通り「自分たちのもの」だ。ベストプラクティスが扱った顧客は自社の顧客であり、その顧客シェア増大の成功譚はしばしば伝説にもなっている。どうすれば同じようにできるのか、営業担当者たちは是非とも知りたいと思っているはずだ。

営業の標準手法は社内から取り出すことができる。ベストプラクティスを見つけ出し、体系化し、部下に教えて訓練し、速やかに効果的に会社中に広めればいい。営業チームはそれを喜んで受け入れるだろう。それが会社の最終利益を大きく持続的に改善する。

## 章のポイント！

1 営業チームの生産性を短期間で高める秘訣は、自社のベストプラクティスに目を向けることだ。営業担当者たちは自社のベストプラクティスを体系的に取り入れて行動しているだろうか。もしそうでないなら、それはなぜだろう。

2 多くの企業を見てきた経験では、有望な未開拓顧客を獲得するのが、もっとも早く確実に売上を伸ばす道である。だがほとんどの担当者はこれをしたがらない。手段をよく知らないからだ。社内のトップ営業マンたちに、どうすれば成功するのかを詳細に尋ねれば、ほぼ同じ答えが返ってくるだろう。これが自社のベストプラクティスである。

3 ベストプラクティスを見出し体系化して、営業担当者全員に教えればいい。そしてそれに体系的に改善をくわえていく。

4 営業担当者たちは、進んでこのベストプラクティスを習いたがるだろう。抽象的な営業研修とちがい、自社の実例だからである。担当者は前向きにこれを取り入れるので、結果はみるみる改善する。おまけに経費はまったくかからない。

5 自分が営業担当者なら、会社が行動を起こすまで待っている必要はない。自分で進めればいい。腕のいい営業担当者は後輩を教える役目も喜んで引き受けるものだ。営業プロセス（戦略と戦術）の体系的な理解を広めるのだということを忘れてはいけない。単に逸話的なヒントをかき集めて教えるのではない。

## このあとは……☞

この章では営業チームの生産性に的を絞って述べた。次章では、販売予測の重要な役割について説明する。多くの会社において、予測が油断を生み、実際には売上向上の妨げになってしまっている。しかしこの状態は改善できる。

# 14章 潜在性に基づく売上予測

どの会社でも、売上予測は売上改善の基本だ。しかし多くのマネジャーは予測作成を、非生産的な煩わしい仕事と考えている。

またほとんどの会社では、売上予測を「規範となるもの」ではなく、単に「状況を表わすもの」と考えているため、販売を可能性いっぱいに予測していない。つまり、現在の平均的な業績をもとにした売上予測を出しているだけで、予測作成のプロセスを使って、売上を分析、管理、改善しようという発想がない。現在のやり方がよかろうが悪かろうが変えない前提で予測を行うことで、営業チームの生産性と会社の利益を改善する重要なチャンスが見逃されている。

## これまでの売上予測ではなぜいけないのか

典型的な売上予測は、次の二通りの方法のどちらかで行われる。卸売業者やメーカーなど、顧客が特定できるような場合は、販売予定を抽出して予測する。小売業など、顧客がマスの場合は、人口動態や競合店の状況を調べ、それらの要素を計算に入れて売上予測を立てる。

修理用品の卸売業者であるA社を例に取ろう。営業チームはごく標準的なもので、各営業担当者が約一二〇社の顧客を担当している。大口顧客が五〜一〇、中口顧客が一〇〜一五、小口顧客が約一〇〇社というところだ。小口顧客といっても、本当に小さな会社というのは少なく、多くは大会社だが単に取引規模が小さい顧客である。訪問頻度は、大口顧客が週一回、中口顧客が隔週、小口顧客は月に一回かそれ以下である。

この営業部はよくある営業管理ソフトのパッケージを使っており、各担当者が自分の仕事の進展状況を把握できるようになっている。このソフトは、これまでの販売データ（数量、成約確率、タイミング）から予測される売上金額を計算してくれるもので、売上予測はこのレポートを土台にして作られる。

次にB社を見てみよう。この会社は約五〇〇店舗を有する小売りチェーンである。マーケティング部が、地域の人口動態や競合店の特徴などを関連させた各店舗の売上予測モデルを開発した。会社はこの予測モデルに基づいて、既存の店舗と新設の店舗の売上予測を出している。

さてこれらの会社の予測は、どこがまずいのだろう。

## 欠けている要素は何か

A社とB社が使っている予測はどちらも、財務予測を出すものであって、ビジネスを改善するものではない。どちらも、現在の事業のやり方を今後も継続する前提で作られており、それを織り込んだ予測になっている。

しかしマネジメントの本質とは、そういうものではない。ビジネスを改善する要所を見出して、よりよい方向に速やかに会社を変化させていくことである。
予測作成の目的は、現在の不十分な仕事ぶりをそのまま続けることではなく、自社のベストプラクティスを見出して、改善された仕事の手法を予測のなかに組み込むことでなくてはならない。すぐれた販売予測のプロセスは、前向きの変化を加速させるが、多くの会社で作られている後向きの予測プロセスは、変革への動きを遅らせるにすぎない。

## 卸売業の予測管理

まず、卸売業者A社から見ていこう。この会社を成功に導くカギは、二段階の「潜在性に基づく予測プロセス」を導入することである。

**ステップ1**　営業地域内のすべての主要顧客について、実際の売上ではなく、顧客の潜在性を予測する。これをやっている会社はほとんどないので、そんなことはとても無理だと最初は思うかもしれない。しかし実際には、自社のベストプラクティス、つまりもっとも深く浸透することに成功した顧客に注目し、それらの顧客が共通にもっている特徴（売上、機械の台数など）を理解することによって、効果的に予測することができる。収益マップ作成のときと同じように、顧客と営業地域の売上の潜在性に関しても、七〇％の精度をめざせばいい。
この分析をもとにすれば、他の顧客のおもな特徴を見きわめるのも、それぞれに対する潜在売上を予測するのも、それほど難しいことではない。それにくわえて、いくつか市販のデータベースのよいものを使えば、おおざっぱな顧客の潜在性を調べることができる。この両方を組み合わせればかなり正確な潜在性がわかり、さらに電話営業を数回行うことで精度を確認できる。通常は年をまたいでも大きく変化しないので、データ保守は容易だ。

この段階で、いくつか重要な発見があるだろう。これまで売上が少なく注目されていなかった小口顧客が、じつは高い潜在性をもつ未開拓顧客だと判明したりする。こういう顧客に最大の関心を払うように営業担当者を指導し、さらに自社のベストプラクティスをもとにした体系的トレーニングを行えば、これらの顧客から大幅な売上増加が得られる。

**ステップ2**　高い潜在性をもつ顧客の、潜在売上と実際との差を見積もってみる。この単純な計算によって、個々の顧客と地域全般について、これまでどのくらいの潜在性を見落としていたのかが明らかになる。また同時に営業担当者の潜在性を実現化する力を測る目安になる。たとえば、その担当者がひどい条件の営業地域ですぐれた仕事をしたのか、恵まれた条件で並の仕事をしたのかもはっきりわかる。こういう視点は、効果的な営業管理と報酬制度を考えるうえでひじょうに重要である。

こういう状況が見えてくれば、前例にとらわれずに潜在性の高い顧客に的を絞って時間を割くよう担当者を指導できる。この重要な収益レバーは、営業チームの生産性を一気に上げるだろう。

売上改善など数値が変化している状況でも、潜在性に基づく予測はかなり正確に行うことができる。顧客と地域の潜在性を分析することで、もっとも高い利益が見込める顧客に的を絞ることができる。社内のトップ営業担当者のベストプラクティスから顧客に対する販売量やタイミングが予測できるため、売上の伸びの上限がわかる。また未開拓顧客への売上を増やす力を測定してあるので、担当者がベストプラクティスの売上数値をどれくらい達成するかが予測できる。

## 小売業の予測管理

小売業においても、この二段階からなる「潜在性に基づく予測プロセス」が売上改善のために不可欠である。しかし、プロセスが卸売業と少々異なる。

B社の例に戻ろう。この小売業者はいくつか関連するカテゴリーのさまざまな商品を売っている。この会社は以前に、各店舗の売上といくつかの大まかな尺度（商圏の人口総計、平均収入、競争の激しさなど）を関連させた予測モデルを開発し、それを既存の店舗の売上予測と、新たな店舗の場所選びに使っていた。

この小売チェーンの売上改善のカギも、A社のプロセスと同様の二段階からなる「潜在性に基づく予測プロセス」を取り入れることだった。

**ステップ1**　まず各店舗の売上の潜在性を予測する。多くの小売企業同様、この会社もレジで郵便番号情報を取り込み、その番号ごとの顧客の購買状況をつかんでいた。その結果、人口動態や店からの距離、競争の激しさなどが似ていたとしても、郵便番号がちがえば売上もひじょうに異なることがわかった。これは一店舗内でもチェーン全体でも同じ傾向だった。経営陣は、単に平均的な店の売上予測をしてもあまり意味がないと考えた。

そこで、郵便番号ごとに地域を区切り、潜在売上の予測をすることにした。人口動態、店からの距離、競争の激しさなどからなる「ベストプラクティス地域のプロフィール」を作り、各プロフィールの売上を算出した。この情報をもとに、各店舗の各地域がもつ潜在性を見積もることができた。
これは卸売業者A社の場合の、もっとも浸透度の高い顧客に注目して、顧客の潜在性を見積もるプロセスと同様である。

**ステップ2**　次に各地域について、予測された潜在売上から実際の売上を引き算し、各店舗の「未実現の潜在性」を出した。これによって経営陣は、高い潜在性をもちながら浸透度が低い地域を好転させるために、どのようにマーケティング資源を分配すべきかという、正確なロードマップを手に入れたわけである。また、店舗ごとに実際の売上と潜在売上を比較することで、各店舗の顧客開拓状況も判明した。各店舗の効率をランクづけしてみると、各店舗の未実現の潜在性が見えてきただけでなく、業績の悪い店舗の地域でも、トップの店舗なら達成可能な潜在売上も予測できた。

商圏の潜在売上、店舗効率、ベストプラクティスを使った市場開発の早さを理解した経営陣は、販売方法の改善がもたらす売上改善を正確に予測できた。またこれを基準に、マネジャーたちが店舗売上をベストプラクティスが示す上限にどの程度引き上げられたかを測ることができるようになった。

小売業において有効な方法は、この郵便番号に基づく分析だけではない。別の小売りチェーンは、市場セグメントが予測に有効な変数と考えている。しかし、市場セグメントの売上実績と潜在売上の適切な尺度作りは難しいし、店からの距離が離れるにしたがって潜在性が急降下するものだ。だから、ほとんどの小売業者にとって、郵便番号をもとにした分析から始めるのがいいということになる。

## 業績が急激に改善する

潜在性に基づく予測は、収益を一気に押し上げる主要な推進力となり得る。成功のカギは、予測を旧来の不十分な営業手法を基準にして作らないことだ。予測はベストプラクティスを基準にして実現される潜在性から作られるべきだ。二段階のプロセスを使えば、会社の業績は一気に改善されるだろう。過去のミスを引きずった将来ではなく、収益性の高い将来を創り出すことが可能になる。

### 章のポイント！

1 売上予測は、社内に見出されたベストプラクティスを広めることをめざして作れば、会社の業績を急激に改善することができる。そうでなければ、予測は単に、現在の成功例、失敗例、平均的な仕事ぶりを混ぜたものを反映しているにすぎない。こういう予測では、経営陣は平均的な業績がわずかに改善しただけで満足してしまうようになる。

2 業績が予測を簡単に上回るようなら、また予測が単に平均的な業績を投影しただけのものなら、会社は本来の潜在性をじゅうぶんに生かしていないわけで、おそらくは埋め込まれた不採算性を抱えているだろう。

3 潜在性に基づく売上予測をすれば、商圏の可能性や顧客開発の早さなどについて具体的な基準が得られる。それを営業管理や担当者のコーチングの核とするべきだ。

4 潜在性に基づく売上予測を作成すれば、会社の業績に大きなインパクトを与えることができるということを、財務責任者はぜひ考えてほしい。

**このあとは……**

第2部の初めの四章は、営業チームの生産性、業績を見事に改善した会社の具体的な実例、社内のベストプラクティスを見出して会社の業績を上げること、潜在性に基づく売上予測を作ることなどについて述べた。残りの四章では、価値ある顧客関係をどのように作るかということをお話しする。

# 15章

# あなたの会社は爬虫類型か、哺乳類型か

顧客やサプライヤーとの関係には、「爬虫類型」と「哺乳類型」があり、どちらか決めかねている会社もある。くわしく説明しよう。

爬虫類と哺乳類は二つの重要な点、生殖と代謝において根本的に異なる。まず生殖に関していうと、爬虫類（たとえばヘビ）は何十もの卵を生み、そのうちのいくつかが生き延びてくれればよいと考える。それに対して哺乳類（たとえばクマ）は、二～三頭の子どもを生んで一定期間大事に育てる。また代謝に関していうと、爬虫類は冷血で、環境に命をゆだねている。それに対して哺乳類は温血で、自分の運命をコントロールする能力をもっている。ただしそれには大きなコストがかかる。

## 爬虫類の戦略

たとえば通信販売会社の多くは、カタログやチラシを何千人もの潜在顧客にダイレクトメールで送りつける。関連のある雑誌の購読者リストやその他のメーリングリストを購入し、それを使って送っていることが多い。そういう会社の場合は、成約率二～三％で投資が回収できる。このような顧客市場へのアプロ

ーチは爬虫類の生殖戦略に似ていて、何千もの潜在顧客のなかのいくらかでも顧客になってくれればと期待するのである。

サプライヤーとの関係では、商品のほとんどを複数のサプライヤーからその都度、相見積りで仕入れる会社を考えてみよう。何十社ものサプライヤーに見積依頼書を送るか、単にオンラインのオークションや市場で調達するだろう。このプロセスもまた爬虫類の生殖に似ている。

## 哺乳類の戦略

今度は、すぐれた統合顧客管理システムをもっている会社の営業プロセスを見てみよう。なかでも進んだ会社は、顧客関係のランクを、一定の距離を保つ関係から業務連携に発展させられる関係まで、注意深く定めている。顧客管理、マーケティング、サプライチェーン担当のマネジャーたちが共同で、市場マッピングを行い、潜在的利益、業務の適合性、サプライヤーとの関係重視か個別取引重視か、社内に変革に対する意欲と能力があるか、といった尺度を使って、現在の顧客や潜在顧客のランクづけを行っている。

これらの会社は、顧客関係の「発展経路」を作っている。これは新しい顧客との関係をまず基本的な付加価値サービスによって始め、顧客の潜在性が確実であれば、だんだんと他のサービスをくわえていって関係を深めるというものである。もっとも大きな潜在性をもつ顧客とは深い関係を築き、顧客開発を行うなかで「範囲の経済性」を得る。また同時に顧客に関する知識、顧客の信頼、主要顧客内の変革を管理する能力などを獲得して他企業の参入を阻む。

この長期にわたる複雑な営業活動は、数少ないものをよりよく育てるという哺乳類の生殖と本質的に似ている。

## 運命共同体

運命共同体という日本の概念は、究極の「哺乳類型」の顧客とサプライヤーとの関係を示している。この関係では、顧客企業とサプライヤーが互いを自社の延長線上にあるものと位置づけている。こういう関係の特徴は、多くの情報を共有すること、長期のパートナーシップ、一社のサプライヤーから大量に製品を購入すること、などである。

このような関係は、双方にとって業務効率もよく品質改善もしやすい。パートナーが互いの会社を熟知し、長期間の取引関係にあるので、相手のニーズに合うように仕事のやり方も変えるし、長期投資をすることもある。このような関係になると、業務に関する基本的なパラダイムも、協働の費用構造も変わる。運命共同体は究極のウィン・ウィンを生み出す関係である。

ただし、パートナーに深くコミットしすぎてしまうという潜在的な危険もある。パートナーの選択と、関係の構築にはじゅうぶんに留意しなければいけない。たとえば、関係を解消したとしても双方が自立した完全な状態に戻れるように、関係解消に関する条項を含む契約書を作る必要がある。そうしておけば、双方がパートナーシップによる最大の利点を確保できる。利益の分配もまた、注意深く考えなければならない問題だ。だがこれらはすべて解決可能な問題である。運命共同体のベストプラクティスもあるので参考にするといい。

運命共同体にはひじょうに大きな利点があるし、リスクはいずれも回避可能だ。実際にマクドナルド社は、主要なサプライヤーとのあいだに最初からこの関係を取り入れた。それらのサプライヤーは、マクドナルドが成長繁栄するにつれ、大きな成功を収めている。

## カモノハシの選択

ところでデルの戦略は、「爬虫類型」だろうか、「哺乳類型」だろうか。顧客関係においては、デルは「カモノハシ型」といえるだろう。カモノハシは哺乳類だが、爬虫類のように卵を生む。ただしその生み方は哺乳類的である。たいていは二つだけ卵を生み、その卵は母親の腹の毛にくっついている。卵から孵った子どももまた母親の毛にしがみついて、世話をされて成長する。卵を生むからといって爬虫類型かと思うとそうではない。

デルも、メール、広告、ウェブサイトなどによって、広範な市場に働きかけていて、それをみると爬虫類型の市場開発を行っているように思える。しかし注意深く観察すれば、デルの市場進出理念は、体系的で緻密な哺乳類型である。デルはその哺乳類型ビジネスを三つの点で実践している。

**1** デルの事業の大部分は大企業顧客との取引である。これらのビジネス活動のなかで、デルは典型的な「哺乳類型」の顧客管理プロセスを使っている。たとえば、大手顧客のイントラネット内にウェブサイトを立ち上げた。サイトには、特注の機器設定やその他の特定機能が含まれている。

**2** デルは価格調整をして、購入時にも購入後も技術サポートをあまり必要としない比較的ハイレベルのリピート客の獲得をめざしている。商品の価格を多くの競合製品より高く設定して、好ましい客を選択しているのである。これによってデルは、顧客サービス費を抑えている。

3 デルは顧客リストを注意深く分析し、ターゲットとする顧客プロフィールに合う顧客を探し、それらの顧客の購買パターンを見つける。この情報をもとに、ターゲット顧客に対する働きかけを集中的に行い、顧客が一番買いそうな時期に合わせて商品を提供している。

ここには大切な教訓が一つある。多くの企業は必然的に、広範囲に働きかけて機会を探る部分と、より集中的に主要顧客に働きかける部分の両方をもつものだ。しかしこれが成功と失敗の分かれ目となる。たとえばデルは、どちらを主戦略にして市場開拓をするか、はっきりと選択している。明快な方針がないと、会社は収拾がつかない状況になる。新規市場開拓チームが分裂し、資源や注目を奪い合うということもよく起こる。

## 環境にコントロールされるのか、環境をコントロールするのか

爬虫類と哺乳類はもう一つ重要な点で根本的にちがう。爬虫類は冷血動物である。体温を調整できないので、生存可能な環境を探さなければならない。トカゲが岩の上で日向ぼっこをして、餌を探すのに必要なエネルギーを蓄えようとしている様子を思い浮かべてみてほしい。

いっぽう哺乳類は温血動物である。多くの場合、環境にかかわらず一定の体温を保つことができる。そ

のため、やりたいことをやりたいときにできる行動の自由がある。ただ体内の温度をつねに一定に保つためのエネルギーを、食物からよけいに取らなければならず、大きな投資を必要とする。つまり、冷血の爬虫類は環境にコントロールされるが、温血の哺乳類は環境をコントロールするというわけだ。

さてこの比喩を、今度は会社ではなく個人に当てはめてみよう。異なった二種類の営業担当者の典型が見えてくる。爬虫類的な営業戦略をとる担当者と、哺乳類的な担当者だ。ある担当者は市場開拓に関して比較的受身である。一般的な製品カタログを送ってみて、買う気になった顧客を捉まえようとする。環境を探るうちにたまたま適する条件にいきあたるというもので、こういうやり方は時間がかかる。トカゲが温かい岩を見つけるのと同じである。

こういう担当者は得意客を見つけると、つねにそこを訪ねて行く。会合を設けてはよもやま話をして関係を冷やさないようにするところは、岩の上のトカゲに似ている。だがこの戦略は、その状況を作っている環境がなくなるかもしれないという本質的なリスクを伴う。顧客側の購買担当者が会社を辞めたり、競合企業が顧客企業の上層部と関係を強めたりすれば、この環境はなくなってしまう。

もういっぽうの営業担当者の手法は、より哺乳類的である。営業環境をコントロールできる方法を開拓することに力を注ぐ。積極的に新しい顧客を探し、自分の営業時間ができるだけ生産的であるように、顧客を注意深く見きわめる。顧客を獲得すると、その意思決定プロセスをうまく管理し、浸透度が着実に増加していくようにコントロールする。

こういう行動的な哺乳類型担当者も、もちろん爬虫類型担当者と同じように顧客を訪問して話をするのだが、そこから先がちがう。彼らは会話のなかで、こちらの立ち位置をさらによくする余地がないか、耳をそばだてている。新しい製品やサービス、次に会う機会を提案するチャンスをうかがう。また、顧客のビジネスの変化を読み取って、その変化のなかでよりよい位置を占められるように考える。こういう担当者と一緒に顧客を訪問する機会があれば、事前に訪問の目的は何かと聞いてみるといい。彼らの答えはひじょうに具体的で行動指向で、単なる「ご機嫌伺い」ではないことがわかるだろう。

哺乳類型営業には、前もって多くのエネルギーと時間を投資する必要がある。たとえば顧客をじゅうぶん理解し、注意深く見きわめ、顧客側の状況変化に目を配り、顧客側の購買決定に関わる多くの人と関係を築き、影響を与える方法を考えなければならない。哺乳類型の担当者はよく、「顧客の購買状況を研究して、購買行動の変化を読みとることが大事だ」という。彼らはつねに顧客のビジネスを深く理解しようと努めており、顧客にとっての価値を創造する新たな道を模索している。

温血の哺乳類と同じように、これらの担当者は環境にコントロールされるのではなく、自分の環境をコントロールできるように、自らの能力に投資をしている。当然のことながら彼らの成績はつねにトップである。それは、販売環境が変化したり発展したりしても変わらない。

## マネジャーが学ぶべきこと

顧客やサプライヤーとの関係を管理するマネジャーには、学ぶべきことが三つある。

**1** 爬虫類型の企業や社員が生存できるのは、環境がそうさせてくれる場合に限る。恐竜がたどった運命を思い浮かべるといい。

**2** 哺乳類型の戦略には、より多くの先行投資が必要となる。エネルギー、規律、組織的連携などである。しかし哺乳類型の企業や社員は、環境をコントロールして成功が生じる状態を生み出すことができる。

**3** 選ばないというのは危険な行為である。選ばないことによって企業も担当者も、両方の戦略のいい結果ではなく、もっともまずい結果しか得られないことになる。どんな会社も爬虫類型と哺乳類型の両方の要素をもたざるを得ないのだが、成功のカギは、基本的な経営方針をはっきりさせて、顧客やサプライヤーとの関係をできるかぎりその基本方針に沿ったものにすることである。

### 章のポイント！

1 企業は基本的な市場開拓戦略に関して、明快な決断をしなくてはならない。何匹かの魚が取れればいいと思って数多くの釣り糸を垂れるか、数少ないビジネスをよりよく行うかのどちらかである。前者は爬虫類型戦略、後者は哺乳類型戦略である。

2 どちらの戦略でも成功はできるが、哺乳類型の戦略は、将来を自分で形作る機会を与えてくれる。このことが第2部の最初の四章で述べた、目的を定めて効率的に行動する方法とどう関係するかを考えてみよう。

3 どちらの戦略を取るかを決められない企業や担当者は、どちらにおいても最悪の状態となる。

4 哺乳類の戦略（数少ないビジネスをよりよく行うやり方）は、事前にしっかり考え計画しなければならない。それによって結果が予想しやすくなり、また業績を体系的に分析して改善につなげることができる。

5　自社に去年実際にどんなことが起きたか、自分の行動はどちらの戦略により近かったか考えてみよう。顧客を定期的に訪問したとすると、それは単に関係を温かくしておくためだったか、あるいは仕事のやり方を改良する方法を、時間をかけて体系的に見出そうとしたか。高い潜在性をもつ未開拓顧客に働きかけるベストプラクティスを、自分の領域で積極的に探しただろうか。

**このあとは……☞**

次の二章では、高価値の顧客関係を作り出す方法を説明する。これらは、高い収益性を維持し、競合企業の参入を防ぐ戦略を開発するうえでひじょうに重要なものである。

# 16章

# 独創的な顧客サービス

ちょっとこんなことを考えてみてほしい。「顧客サービスに関して、これまでで最悪の出来事はどんなことだっただろう」

最近MITのエグゼクティブ研修で、何人かの上級管理職の参加者にこの質問を投げかけた。彼らは、配送が間に合わなかった話や、顧客から留守中にかかってきた電話を返さなかった話、テクニカルサポートを延々と待たせて顧客を怒らせた話など、ヒヤリとさせられる話をいろいろ明かしてくれた。

次に私は、質問のしかたを変えた。「自社にとって悪夢となるような、競合企業の顧客サービスとは何か」。答えは次のようなものだった。

▼競合企業が、自社にない重要なサービスを考え出してそれを自社の顧客に提供すること
▼競合企業が、協調と協力の文化を作り出して自社の顧客との関係を深めること
▼競合企業が自社の顧客と組織的に連携して、競合企業の各部門が顧客の各部門と緊密な関係を創り出すこと
▼競合企業が、自社と顧客のあいだの市場に割り込んでくること

▼競合企業が、より充実した顧客データを作り、自社の顧客に新しいサービスを提供すること
▼競合企業が、いくつかの部門を統合して顧客のための集中的な連絡窓口を設けること

これらは、最初に彼らが話してくれたエピソードとは重要な点でちがいがある。

## 新しい顧客サービス

このエグゼクティブたちの答えの変化は、今日の顧客サービスに起きている根本的な変化を反映している。これまでの顧客サービスというのは基本的に、会社が顧客に対して約束を守ることだった。「顧客の期待に沿う」あるいは「顧客が欲するものを欲するときに届ける」といった言葉がそういう目的を表している。

しかし現在、トップ企業は顧客サービスの定義を見直しはじめている。「顧客との関係を築く」「先を見越して顧客のニーズを予測する」「顧客以上に顧客のことをよく理解する」などの言葉がこの新しい目的を象徴している。

この研修の参加者たちは、「顧客がサプライヤーの数を四〇～六〇%も減らしている昨今、サプライヤーが市場シェアを伸ばすためには、顧客価値を大幅に増すような新しい顧客サービスの形を創り出す必要がある」という点で意見が一致した。

この新しい顧客サービスを行うには、強いコミットメントと、顧客の収益性を大きく改善できるだけの顧客理解が必要である。きちんと計画された顧客サービスの変革を行えば、こちらの業務費も同時に減る。

顧客との深い結びつきを築くには、顧客サービスの再定義をすることが必要だ。「互いに変革管理を行って革新を起こし、顧客の収益性を大幅に高める」というのが、新しい顧客サービスの定義である。プレシジョン・マーケットの時代にビジネスの成功を保証してくれるのは、こういう顧客サービスだ。

## ナルコ・ケミカルの場合

競争の激しい昨今のビジネス界では、商品を注文通りに期限内に納入するなどは当たり前で、競争のスタート地点にすぎない。他社との差をつけたければ、顧客サービス革新をしなければならない。それによって初めて、企業はビジネスの境界を拡大し、価値創造の領域を増やすことができる。私はこれを「ビジネスの箱をより大きくする」と言っている。

ナルコ・ケミカルの場合を見てみよう。この会社は特殊化学薬品メーカーだが、その水処理薬品は汎用品となりつつあった。ナルコは、顧客の薬品タンクにセンサーを取りつけることを考えついた。量の減り方をモニターするためである。これによって補充トラックのルートがあらかじめ工夫でき、経費の削減ができる。また生産計画の調整もしやすくなって、生産費も大幅に減った。

ナルコは次に、このセンサーは別の目的にも使えるということに気がついた。自社の化学薬品が使われる水処理システムを熟知しているナルコは、システムが適正に働いていればどのくらいの割合で薬品が使われるかを予測できた。そこで、予測される薬品使用量と実際に使われている量を比較し、水処理システムのトラブルの指標とした。問題があるとわかれば、顧客に電話をして注意を促すのである。

顧客である自治体の大規模な水処理システムでトラブルが起きると巨額の費用（ナルコに払う年間経費

の数倍）が生じるので、それを予防する利益は莫大なものだ。ナルコは、契約更新時に顧客に報告資料を見せて、そのことを説明した。顧客はシステム管理費の節約で、薬品の代金以上の利益を得られたので、ナルコの値上げに応じた。こうしてナルコは、業務費を節約しただけでなく、売上も大幅に伸ばした。

## 独創的な顧客サービス

ナルコが提供した顧客サービスは独創的なものだ。単に納期を守って正しい商品を届けるという、型どおりの顧客サービスをはるかに超えている。

ナルコはサービスの枠を広げることによって、顧客価値を生み出し、競争相手を締め出し、自社の経費を抑える機会を得た。つまり自社の商品の定義も、ビジネスの定義も拡大した。結果として、最大の顧客を確実につかみ、収益性を大幅に伸ばしたのである。

## 玉軸受を差別化する

ＳＫＦベアリングス社のケースも、革新的な顧客サービスのよい例である。従来、玉軸受という製品はあまり差別化されていない。しかしＳＫＦは顧客のニーズを注意深く分析して、そのニーズをさらに満たすように商品の幅を広げた。つまり、ビジネスの箱をより大きなものにしたのである。ＳＫＦはまったく異なる二つの重要なアフターマーケットで営業を行っている。

一つは「車のアフターマーケット」（乗用車やトラックの修理部品）である。一般に修理工は玉軸受の修理に関して三つの問題を抱えている。（1）交換する玉軸受の入手先、（2）新しい玉軸受の取りつけ法、（3）必要な付属品の入手先、という問題である。

ＳＫＦはこれらに対処するために、修理セットを作った。このセットには、修理に必要なすべての部品が入っていて、競合会社の部品まで含む場合もある。また取りつけに必要な材料や説明書も添えてある。

もう一つは「産業機械のアフターマーケット」（産業機械や装置の修理部品）である。機械が止まってしまうことによる費用は、修理費用よりもはるかに大きいので、工場にとって玉軸受の寿命は重要である。寿命は次の四つの要因で決まる。（1）品質、（2）取りつけ方、（3）使用環境、（4）メンテナンスの質。

ＳＫＦはこの顧客ニーズを満たすために、玉軸受の不具合による機械の休止時間を減らすためのメンテナンスプログラムを作った。プログラムには、指定の潤滑油、手の届きにくい玉軸受用の自動油さし装置、シーリング材などの製品、それに清掃、モニター、メンテナンス管理などのサービスが含まれている。

ＳＫＦは顧客価値を生み出す領域を拡げ、単に製品を売るというビジネスを、顧客が製品を購入して使用する費用全体を減らすという方向に変えていった。この独創的な顧客サービスによって、ＳＫＦはビジネスの箱をより大きく広げたのである。

## 顧客の身になって考える

独創的な顧客サービス革新を行うには、二つの要素が不可欠である。（1）顧客のビジネスをよく理解していること、（2）チャネル費用（会社と顧客をつなぐ共同の業務にかかる費用）を理解していること。

独創的な顧客サービスは、顧客の期待に沿うという旧来の顧客サービスとは根本的に異なり、たいていはサービスの運用状況がフィードバックされるシステムと、それに応じてプロセスを調整することまで含まれる。

**顧客理解**　顧客の収益性を高める変革でもっとも大事なものは、顧客の身になって考える能力である。顧客のビジネスをよく理解するには、相手企業を見学したり、相手のマネジャーから話を聞いたりすることだ。

多くの場合、顧客とのおもな連絡窓口となっているのは営業担当者である。しかし営業担当者は、旧来通りのサービスに努めて、できるだけ多くの製品を売ることに懸命になっている。型にとらわれない変革をめざすのであれば、業務やマーケティングのマネジャーが、顧客側のマネジャーと会ったり会社訪問を行ったりして、顧客に関する詳細な知識をもつ必要がある。

潜在的な利益を見出すカギとなるのは、顧客側の多くの人々とじゅうぶんな時間を共に過ごして、顧客の真のニーズは何かを理解することである。顧客のビジネスを本当によくしたいと思うなら、あるいはもし自分が顧客側のマネジャーであったとしたら、業務手法のどこを変えるべきだろう、と自問してみるといい。この質問に正確に答えるだけの情報がないなら、顧客をもっと体系的に理解するために時間を使うべきだ。

独創的な顧客サービス革新を行うには、顧客の業務を新しい視点で見直すことが何より大切である。ナルコやＳＫＦの変革はそういう努力なしにはできなかった。とくに詳細な分析や専門的な知識は必要ない。ただ明快なビジョンとオープンな心があればいい。

**チャネルマップ**　次に大事なことは、サービスの提供費用を理解することである。そのためには、自社と代表的な顧客数社の簡単な費用モデルが必要である。まず「チャネルマップ」を作るとそれが見えてくる。

チャネルマップというのは、自社の業務と顧客の業務にまたがる拡大サプライチェーンを、製品がどのように移動するかを表したものである。そこには所要時間、作業内容、費用のほか、各段階における注文の変動などが記されている。これを見ると、実際の状況が明確に把握でき、最大の費用が生じる箇所や、潜在的な利益がどこにあるかがわかる。自社と顧客企業両社の重要な収益レバーも一目瞭然だ。他の戦略的な分析と同じように、ここでも七〇％程度の正確さをめざすのが成功のカギである。

以下は、ある会社の小さな作業チームがチャネルマップを作った実例である。

チームは、一つの業務分野のいくつかの製品をサンプルとして選び、その移動の様子を三カ月にわたって調べることから始めた。顧客もいくつか代表的なものを選び、供給からそれらの顧客を通して消費に至るまでの製品の流れを追跡した。この全体像を見ることによって、消費、製品の流れ、在庫の基本パターンを理解することができた。

さらに、各段階の作業（輸送、荷下し、倉庫の棚入れ、注文品目のピッキング）を表にし、それぞれの段階における概算費用を出した（6章で説明したテクニックを使った）。

チームは自社の商品補充、配送、在庫のパターンを調べたあと、顧客企業やサプライヤー数社を訪問して、それぞれの会社の業務パターンを理解し、そのパターンを生み出している社内要因を見きわめた。ある顧客企業では簡単な実地費用調査も行い、費用見積りを行った。サンプル製品の数を少なくし、協力的な顧客とサプライヤーを選び出したので、実際の製品の流れと費用構造について具体的な情報を集めることができた。

チームはこの情報をもとに、パソコン上で使える費用モデルを開発し、サプライチェーンの各ポイントにおける自社とおもな顧客企業の費用を割り出した。作業と費用の全体像が完全に明らかになると、自社と顧客企業の双方に、大幅に費用削減が可能な部分が何箇所か見つかった。

その後チームは、いくつかの大手顧客との連携に的を絞った。これらの顧客の発注パターンを予測して変動を解消することが目標である。また、これが費用削減の最良の方法であることを立証するため、これ以外の製品、地域、顧客、サプライヤーにも範囲を広げて分析した。

チームは達成可能な新しい費用見積りを作り、それを顧客やサプライヤーに示して話し合った。そして改訂した数字を費用モデルに入れ直して、総合的な利益の概算を出した。チームはこうして、新しいシステムを作るためにどのような変革が必要かを突き止めたのである。

## 戦略的顧客サービス

すぐれた独創的サービスを顧客に提供できる会社は、その戦略的立場を「どこにでもあるサプライヤー」から「高度に差別化されたプロバイダー」へと変化させることができる。

そのためには、顧客の収益性を改善するような顧客サービスを、うまく組み合わせて提供する必要がある。それがすぐれた価値を生むのはもちろんだが、顧客側の購買プロセスの主役が、費用を第一に考える現場の社員から価値を第一に考える部門長レベルに移動させる点がより重要である。

また顧客サービスの開発は、他企業との競争という視点でも考える必要がある。「ベンダー管理在庫」

などの独創的な顧客サービスは、競合他社の参入を阻止する。先行者優位が決定的になるのである。

ただし独創的な顧客サービス革新は、対象とする顧客や製品の選択と密接な関係がある。顧客はそれぞれちがうサービスニーズをもち、価値に対する考え方も、変革を受け入れる姿勢もさまざまである。したがってこのプロセスは、注意深く管理しなければならない。単に新しい顧客サービスのメニューをどの顧客にも一律に提示したのでは、失敗につながりかねない。

これまで一定の距離を保っていた顧客を、サービスを差別化した関係へと移行させるには、ふつうは合理的な順序がある。まずそういう顧客に独創的なサービスを提供すると、それが関係を深める糸口となる。そして他のサービスをくわえると、価値が付加された顧客関係に自然に移行していく。サービスをさらに発展させれば、顧客との関係は不動のものになる。この順序をよく理解して、それを顧客関係の計画に組み込む必要がある。また顧客との連携には、営業担当者だけでなく業務の責任者をくわえることが大事である。

独創的な顧客サービスを開発して提供するために、新たな技術を取り入れる必要はほとんどない。その代わりに必要となるものは、顧客のビジネスをより深く理解するという強い決意である。強固な顧客関係を作るためには、あらゆる資源を動員しなければならないので、とくに自社内の旧弊な部門間の壁を壊す覚悟がいる。

しかし大事なことは、ほとんどの独創的な顧客サービス革新は、実現すればすぐにも利益を生みはじめるということである。不要な在庫が流動化され、重複した機能がなくなるからだ。

## 先行者優位

独創的な顧客サービスとはすべての面で根本的に異なる。これは顧客のビジネスに新たな価値を創り出し、同時にこちらの費用も大幅に引き下げる。また最良の顧客をしっかりと確保し、双方の会社に売上と利益の上昇をもたらす。収益性管理に顧客サービス改革は不可欠である。

ここには決定的な「先行者優位」が存在するので、素早く動かなければリスクを負うことになる。顧客がサプライヤーの数を削減していたり、競合企業が先に独創的な顧客サービスを始めたりしたら、最良の顧客を失うこともあり得る。

価格競争とちがい、競合企業が独創的な顧客サービス革新によって顧客を獲得すると、その顧客を取り戻すことはおそらく不可能である。逆に、こちらがクリエイティブに素早く行動すれば、最良の顧客を確保し、そこからもたらされる利益を将来にわたって獲得できる。

### 章のポイント!

1 プレシジョン・マーケットの時代には、顧客サービスの本質も大きく変化している。昔ながらの顧客サービス（納期を守り、電話連絡を欠かさないなど）は、競争のスタート地点にすぎない。顧客の収益性を上げる強力な新しい方法を開発することが、勝利への道である。

2 顧客はサプライヤーを四〇〜六〇%も減らしている。生き延びられるかどうかは、独創的な変革を創出する能力にかかっている。勝ち残った場合の収益性と市場シェアはきわめて大きい。

3 チャネルマップを作ることによって、何が顧客にとって最良の革新かを見きわめることができる。混乱を最小限に抑えて最大の効果をあげる改善方法を見つけることもできるし、進取の気性がある顧客を探すこともできる。

4 このプロセスにおける中心的役割を担うのは業務責任者である。顧客企業の業務責任者と緊密な関係を作れば、業務改善を直接、相手と一緒に行うことができる。

5 顧客に新製品を売り込んでも、競合相手がよりすぐれた製品を作れば簡単に顧客を奪われる。しかし主要顧客と、連携した業務プロセスをもつ革新的な関係を結んだ場合、競合相手が顧客を奪うことはまず不可能である。こういう関係ができると、顧客に関する知識、顧客の信頼、それに顧客企業の発展的変化を管理する能力が得られるので、強力な参入障壁を築くことができる。

### このあとは……

次章では、主要顧客との業務パートナーシップをいつ、どのようにして築くかについて説明する。これはひじょうに強力な関係で、双方の費用を削減し、利益を増し、強固な参入障壁を築く。これによって、もっとも浸透が進んだ顧客においてさえ、売上を三五%以上も伸ばすことが可能である。

# 17章

# 顧客との業務パートナーシップ

会社の利益に大きく貢献している二〇～三〇％の事業を確実なものにして、さらに発展させるにはどうしたらいいか。これを実現するのにとくに有効な収益レバーは、顧客との業務パートナーシップである。

業務パートナーシップは、顧客とサプライヤーの取り決めで、緊密な拡大サプライチェーンを構築するものである。この業務パートナーシップには、次のような大きな利点がある。（1）浸透度や収益性がすでにもっとも高い顧客においてさえ、二〇～三五％のシェアの増加が見込まれる。（2）つねに値引き競争にさらされる消費財の販売業者でも、高度なサービス差別化を行うサプライヤーとして戦略優位を手に入れられる。（3）価格志向の購買担当者ではなく、価値志向の経営陣に直接、対面営業ができる。（4）パートナーシップを止めるには切替費用がかかるので、それによって競争的優位を守れる。

トップ企業の多くは、サプライヤーの数を四〇～六〇％も減らしている。顧客として望ましい企業の多くは、少数の有能なサプライヤーと集中的に業務パートナーシップを結びたいと考えているのである。価格はもはや決め手とはならない。独創的な業務連携を顧客に提供できる企業には、千載一遇のチャンスが生じている。

逆にいえば、業務パートナーシップを主要顧客とのあいだに立ち上げることができない企業は、顧客と顧客からの大きな利益を、先に行動を起こした競争相手に奪われるリスクを冒しているということだ。

業務パートナーシップは、一般的な顧客関係とはまったく異なるが、多くのマネジャーは、主要顧客とのあいだにこの関係を作ることができる。ただし、そのためにはマネジメント手法を理解していなければならない。

## ある医療用品メーカーの顧客業務パートナーシップ

ある大手医療用品メーカーが、他に先駆けて開発したベンダー管理在庫システムの例をみてみよう。この顧客業務パートナーシップは、浸透度、収益性ともにもっとも高い顧客においても、三五％以上の利益の伸びをもたらした。

当初この会社の経営状況は悪くなるいっぽうだった。主力となる医療用品はほとんど差別化されておらず、つねに値引き競争にさらされていた。たとえば、一般的な静脈注射用の溶液が一リットル当たり約一ドルとすると、それを〇・九七ドルにするか一・〇三ドルにするかによって、五年契約が取れたり取れなかったりする。

営業担当者は、病院の薬剤師や購買担当者を訪ねて営業を行っていたが、彼らは安く買うことにしか関心がない。病院の上層部のマネジャーと会えることはめったになかった。

多くの病院の発注パターンにはひどく波があり、メーカー側は、在庫、サービス、生産の面で問題が絶えなかった。この発注の変動を起こさせる要因は三つあった。（1）病棟の看護師たちが、病院の倉庫からときどき大量に取り寄せる。（2）病院は週二回の発注・配達というスケジュールに合意しているにもかかわらず、毎日のように注文を出して翌日届けてほしいと言ってくる。（3）営業チームによる四半期末販売キャンペーンが慣例になっている。

業務責任者は業務費を注意深く管理し、人員もできるだけ少なく維持していた。しかし会社は、本質的に非効率な状況のなかで効率的に対処することを強いられていたわけで、身動きがとれなくなっていた。

## ストーンヘンジの周りの草を刈る

この医療用品メーカーの社長は私にこう言った。「われわれはストーンヘンジの周りの草を刈ることに熟練してしまった。そのじゃまな石がなんでそこに立っているのか、疑問にも思わずにね」

あるとき、大手の病院からメインの納入業者にならないかと提案された。さまざまな業者から製品を一カ所の倉庫に集め、統合した納品・請求書と共に病院に収めてほしいというのである。社長は少人数のチームを作ってこの提案を検討させた。チームはまず、製品の流れをたどってみることにした。配送センターから始まって、病院の搬入口から実際に製品が使われる病室まで、いくつかの大きな病院を訪れて調べたのである。

体系的なチャネルマップを作ってみると、ひじょうに散漫で重複の多い流通経路が見えてきた。

**経路1**　医療用品メーカーの配送センターが病院からの注文を受け、製品を選び、箱に詰め、病院に配送し、請求書を送る。

**経路2**　病院で、これとまったく鏡対称の行動が行われている。メーカーに発注し、製品を受け取り、箱を開け、製品を病院の倉庫に保管し、支払いをする。

**経路3**　各病棟が病院の倉庫に製品を発注し、届いた製品を病棟の保管場所にしまう。

チームはいくつかの大手の病院に関してさらに踏み込んだ調査を行い、製品の流れをマップにし、病院業務費を調べた。病院の資材管理部門の経費がかさんでいるのは予想通りだったが、看護師の仕事にも大きな隠れた費用がかかっているということがわかった。チームがこのことを病院側に確認すると、人事担当者は実際の費用の大きさに驚いたという。

全体像が見えてくると、病院の搬入口で一ドルであった製品が、患者の元に届けられたときには、約五ドルにもなっていることがわかった。増えた四ドルのうち、病院内のサプライチェーン費が約半分、残りは他の要素である。

この調査によって見えてきた驚くべき状況は「ビジネスの八〇%以上は、これまでビジネスと思われていたもの以外にある」ということである。

この医療用品メーカーは何十年ものあいだ、病院の搬入口で顧客側に製品を引き渡した時点で、仕事は終わりと考えていた。それはあまりに当然のことで、これまでだれもその前提を疑おうとはしなかった。コミュニケーション技術とコンピュータ技術の進歩によって、互いの利益のために顧客の業務の内部まで踏み込むことは、実際にはだいぶ前から可能だった。しかしこのときまで、その可能性を考えた人間はいなかったのである。

## 無在庫システム

チームは、会社と病院が共同で経済性を追求すれば、大きく利益を伸ばす可能性があると考えた。それには、（1）手順と保管の重複部分を解消し、（2）製品選択、資材管理、情報処理のシステムを変更すればいい。いくつかの病院で注意深い費用分析をした結果、病院に対するサービスをもっと充実させたとしても、病院の資材費は半分から三分の二にできると判断した。

対象に定めたいくつかの病院と話し合いをした結果、チームは最初の業務パートナーシップモデルを作成した。彼らはこれを「無在庫システム」と呼んでいる。これが最初の、そして現在もっとも広く使われている「ベンダー管理在庫システム」の一つである。

まず彼らは、医療現場における製品の使用パターンを分析し、製品保管上の要件を特定した。そして、次のようなプロセスを実行に移した。

メーカーの社員が病院の病棟に行き、毎日かあるいは二〜三日おきに製品の在庫点数を数えて、その情報を会社の配送センターに送る。配送センターは、補充する製品を選んで各病棟別の容器に詰め、その病棟に直接届ける。メーカーの社員が製品を保管場所におさめ、最後に会社が病院へ請求書を送る。

この「無在庫システム」は、会社に大きな変化をもたらした。価値を生み出す分野は、いまやこの連携サプライチェーンに移った。これによって会社は、〇・九七ドルだった主力製品を一・三ドルに値上げする交渉ができ、会社と病院の双方にとって大きな価値創造を可能にした。また会社は高度に差別化したサービスを提供するサプライヤーとして、新たな競争的優位を築いた。会社はそのビジネスの箱を大きく広げたというわけである。

## 無在庫システムがもたらした大きな利点

「無在庫システム」は医療用品メーカーに、四つの分野で大きな戦略的利点をもたらした。

**1　費用削減**　「無在庫システム」は顧客にもメーカーにも、大規模な費用削減を可能にした。病院はサプライチェーンを数段階省くことができた。在庫も大幅に縮小し、貴重なスペースが使えるようになった。また余った人員を患者の介護に回すことができた。いっぽうメーカー側は、「無在庫システム」が不規則だった病院の注文パターンを安定させたため、業務面で驚くほどの利益が生じた。また、これまで会社の顧客サービス部門が行っていた受注業務は、いまは「無在庫システム」担当部の事業となった。

**2　売上の上昇**　これほど浸透度の高い顧客においても、会社の売上は劇的に上昇した。この直接の要因は、次の二点である。(1) 医療現場の看護師長と会社のコーディネーターが業務間連携を行った。このコーディネーターは営業担当者ではなく、会社の倉庫からこの業務に慣れた感じのいい人物を派遣した。(2) 完璧に近いレベルのサービスを提供した。そのため営業担当者は供給のトラブルやクレームに煩わされることなく、新しい製品を売ることに集中できた。

**3　経営者同士の関係**　「無在庫システム」は大幅な経費節減と大規模な変革を伴うため、医療用品メーカーと主要な病院の経営者同士が、緊密な関係をもつようになった。その結果として、いくつかの重要な共同の取り組みが生まれた。

**4　競争優位性**　この変革が成功すると、会社はたちまち競合会社に対して戦略優位性を獲得した。もっとも収益性が高い大口顧客を確実につかみ、またそういう顧客の数を増やしていったのである。「無在庫システム」の業務パートナーシップを行うには、以下の四つの要素が会社側に不可欠である。(1)顧客から信頼されていること、(2)業務パートナーシップが実行できる能力を立証できること、(3)会社にコミットメントと、変革に必要な資源があること、(4)互いのビジネスや業務間の連携について細部に至るまで理解していること、である。ひとたびこの新しいビジネスの手法を確立した会社に、競争相手はまずついてこられない。

## メーカーと病院に起きた劇的な変化

会社も病院も、以下の五つの領域で大きな変革が必要だった。

**1　顧客選択**　医療用品メーカーの経営陣は早いうちから、成功するためには顧客選択が決定的に重要だと気づいていた。パートナーシップはきわめて緊密なものなので、慎重に選ばなければならない。経営陣は顧客の各病院を、潜在的利益、業務上の適合性、関係重視か価格優先か、変革に対する意欲と能力があるかなどを考慮して、慎重に選び優先順位をつけた。

**2　顧客との連携**　従来は、顧客とのあいだをとりもつのは営業担当者の仕事と考えられていて、業務担当者は営業計画も教えてもらえないことが多かった。しかしこの新しいパートナーシップでは、いくつかの機能分野にまたがる顧客担当チームが作られ、ターゲットの重要顧客とのパートナーシップを計画、実行するようになった。また、顧客別営業計画が軌道に乗ってからは、顧客側のマネジャーたちを招いてプロジェクトに参加してもらった。このプロセスには敵対的な空気などはなく、第２部の最初の章で述べた運送会社の場合と同じように、双方が共同してパートナーシップを推し進めた。

**3　「無在庫システム」の売り込み**　業務パートナーシップを病院の経営者に売り込むプロセスは、一般の製品の営業とは大いに異なるものだった。このパートナーシップは顧客とサプライヤーの新しい関係なので、経営者同士の緊密な連絡が必要となった。この会社が最初に売り込みに成功したのは、経営者がひじょうに革新的な小規模の病院だった。そこで成功を収めてから、成功例を他の病院経営者に紹介したのである。また社長が病院の経営者たちを招いて、「無在庫システム」をどのように売り込むべきかというアドバイスを求めたこともある。

**4　業務**　業務改革がさまざまな面で必要となった。（１）業務部門の各責任者は一体となって、新たな業務プロセスの開発と利益の予測にあたった。彼らは病院内の職員の仕事を、病院の人事担当者以上に理解する必要があった。（２）業務部員は病院内の、慎重さが必要でしかも分散している業務をどう管理するかを学んだ。（３）追加費用を生じさせることなく、しかも完璧に近いサービスを提供できるように、従来のサプライチェーンを作り直す必要があった。またそのために、この「無在庫システム」に他部門や、他の重要顧客の影響がおよばないようにしなければならなかった。（4）変化する顧客とのパートナーシップに適応するために、業務をより柔軟性のあるものにした。業務責任者は、病院内と外の複雑な二重流通システムに習熟する必要があった。そして業務チームは、複数の機能分野にまたがる顧客プラニングにくわわれる能力が求められるようになった。

**5 経営** 「無在庫システム」は、従来とはまったく異なるビジネスの形なので、経営陣は、主要顧客とのあいだに、新しいオープンな関係を率先して作り上げていかなければならなかった。業務パートナーシップは、関係はこれまでより複雑で、基準もより厳しい。失敗すれば主要顧客を失うことにつながるので、リスクも大きいが、そこから得られる利益もひじょうに大きい。「無在庫システム」にしたことで、四半期末の販促がなくなり、在庫も少なくなったので、短期の売上は大幅に落ち込んだ。したがって経営管理手法の変更と、営業担当者の報酬制度の改定が重要だった。業務が営業活動に協力するような新しいインセンティブも考える必要があった。

## 千載一遇のチャンス

この大手医療用品メーカーのケースは、顧客業務パートナーシップが重要顧客におけるシェアをどれほど劇的に伸ばし、どれほど戦略優位性と資産生産性を高めるかをよく表している。ただし、この方法をそれぞれの顧客にあてはめるときには、慎重にやらなければならない。

経営者が理解しておかなければならないことは、高利益の見込める強力な関係は、どんな相手とでも作れるものではないということだ。まずターゲットとする顧客を体系的に評価し、顧客関係を明確に何ランクかに分けるシステムを作る必要がある。またこれに伴って社内の営業、業務、管理プロセスがどのように変わるべきかをじゅうぶんに理解したうえで、変革を実行に移すべきだろう。

### 章のポイント！

1 サプライヤーと顧客の関係は、顧客業務パートナーシップによって、高度に差別化された関係に変えられる。これは、双方の費用を削減し収益を伸ばす方法でもある。

2 このようなパートナーシップを実現するには、顧客との関わり方や顧客関係管理のしかたをこれまでと変える必要がある。顧客浸透、顧客開拓、統合顧客管理などのプロセスにおいて、業務担当者の役割がひじょうに重要になる。

3 自分がもし最重要顧客の経営幹部の一人だったらと想像してみよう。収益性を三〇～四〇％上げるために何をするだろうか。またおもなサプライヤーにどんなことを依頼するだろうか。これらの答えがわかっているなら、すぐにも業務パートナーシップを推し進めるべきだ。もし答えられないのなら、顧客企業の、自分と同じ立場のマネジャーをランチにたびたび誘ってみることだ。

4 去年一年間の自社の活動を振り返ってみよう。最重要顧客の収益性を大幅に上げるために、会社はどんなことをしただろう。利益のほとんどを稼ぎ出しているのは全事業の二〇～三〇％のわずかな顧客である。その大事な顧客を競合会社に奪われないために、どんな参入障壁を作っただろうか。

これらの顧客に、サプライヤーを変えようなどと思わせないような独創的な価値を提供して、相手の経営陣と堅固な顧客関係を築いているだろうか。

5　前項の質問を最強の競合会社に問いかけたら、彼らはどう答えるだろう。ライバルのなかでもっとも革新的な会社はどう答えるだろう。

**このあとは……☞**

この章と次章は、最重要顧客とのあいだに高付加価値の関係を創り出す方法を説明している。こういう関係によって、売上と収益性を伸ばし、競合会社に対して参入障壁を築くことができる。次章は、有効な顧客価値のなかでも重要な関連サービスを、どのように開発し管理するかについて述べる。

# 18章

# 製造業は関連サービスを安売りするな

製造業あるいは卸売業の多くは、関連サービスの戦略的利点を利用していないために、重要な利益機会を失っている。

これらの企業の関心の中心は製品管理にあるので、無理もないのかもしれない。速配サービス、情報サポート、ベンダー管理在庫などの関連サービスを考えたり実施したりすることは余分な仕事で、できればそういう面倒な経費は削りたいと考えている。

以前、ＭＩＴを訪ねてきた製造業のマネジャーたちと、関連サービスについて話し合ったことがある。彼らが考えていた関連サービスへの対処法は、以下の二点からなっていた。（１）サービスにどれほど費用がかかるかを理解すること、（２）費用がカバーできる価格、できればさらに利益が出る価格でサービスを設定し、そのメニューを顧客に提供すること、である。だがこういうアプローチのしかたでは、大きな機会を見逃してしまうことになる。

この資料を見て、一〇年ほど前までの製品配送の状況を思い出した。当時多くのサプライヤーは製品の値段に、配送費を含めていた。目端のきく顧客がよく調べてみると、サプライヤーはしばしば配送料を不当に高くして、製品の利益以上に儲けているということがわかった。

こういうやり方は何の価値も生み出さず、顧客を遠ざけてしまうだけだ。顧客はサプライヤーの工場で製品を受け取る条件で価格を再交渉した。配送費用は顧客が負担した。顧客はこの方法によってサプライヤーの不正を正すと考えていた。こういうことが長いあいだ、サプライヤーと顧客の関係を損なってきたのである。

## サービスを戦略的に利用する

より多くの製品を売れば顧客とのビジネスは増えるだろう。しかし適切な関連サービスを売ることは、それ以上に新しい戦略上の立場を作ることになる。売上もさらに増やすことができるし、他の貴重な利益ももたらしてくれる。これはサプライヤーが値下げ競争にさらされることを防ぐうえでも、きわめて重要である。

前章に出てきた大手医療用品メーカーと、主要顧客のために革新的な3PL（サード・パーティ・ロジスティクス）サービスを開発した大手運送会社の共通点を考えてみよう（ここでは、企業のおもな営業品目が、実際には運送会社の配送や、会計事務所の監査業務などのサービスであっても、製品として扱う）。医療用品メーカーは、顧客病院内における自社製品の受注管理、在庫、配送までを含む新しい関連サービスを開発した。運送会社は、主要顧客の倉庫や輸送ネットワークを管理する総合的なサービスを考え出した。これらの革新的なサービスによって、どちらの会社も競争優位性を大きく改善し、形勢を逆転させた。

それまでこの医療用品メーカーは値引きを基本とした営業で、病院側の購買担当者レベルに販売していた。病院の経営陣との関係はごく限られたものにすぎなかった。しかしこの新しいサービスは、病院の経費と業務に大きな影響がおよぶため、メーカーの経営陣と病院側の経営陣とが密接なやりとりをもった。

運送会社の例でも、同様の動きが見られた。この会社は、以前は通常の運送サービスを顧客側の配送担当者に売り込んでいた。相手の担当者は運送会社を価格の安さで選び、ときには配送を入札にかけることもあった。医療用品メーカーの例と同じように、サービスが汎用品として扱われていたのである。

しかし運送会社が変革を行ってからは、顧客ロジスティクスの総合パッケージは顧客にとって重要な複合的サービスであり、他社はほとんど真似ができなかった。サービス契約を結ぶうえでの判断基準はもはや価格ではなく、運送会社の業務品質と費用削減能力を、顧客側の経営陣が確信できるかどうかになった。医療用品メーカーの場合も運送会社の場合も、このようにして経営陣同士の緊密な信頼関係が自然と作られていったのである。

医療用品メーカーの新しい病院サービスが定着すると、競合企業が同様のサービスを開発することはもはや不可能だった。以前のように一定の距離を保った顧客にたくさんの製品を売ろうとするやり方を続けていたら、これほどの競争優位性を達成することはとてもできなかっただろう。運送会社にも同じことが言える。

医療用品メーカーが新たな病院サービスを開発しているあいだに、大きな問題が生じた。競合企業の製品もシステムの対象にすべきかという問題である。競合企業は対象となることに反対したが、病院の経営者が競合企業に対してシステムに協力するよう通告した。実をいえば、医療用品メーカーのプロダクトマネジャーも、競合相手の製品を新システムのなかで扱うことに断固反対だった。自社のサービスが、相手の製品の売上を伸ばすことに使われると考えたからだ。

しかしメーカーのCEOには、このプロダクトマネジャーの反対を封じるだけの先見の明があった。信頼できるパートナーとしての病院側との新しい戦略的関係は、病院にとって新しい価値を生み、こちら側にも深い顧客理解と信頼をもたらすということを確信していたのである。彼は、長い目で見て必ず勝利に結びつくと考えたのだが、実際にはそれは驚くべき速さで起こった。売上は急激に伸びたのである。

同様の問題は、3PLの世界でも多く起きている。プロバイダーによっては、自社に利益を誘導することがある。しかし顧客はやがて、公平な提供のしかたをするプロバイダー、つまり顧客にとって一番いいようにと考えるプロバイダーのほうを自然に選ぶようになる。

医療用品メーカーの病院内業務の担当者は、病院の業務担当者、とくに看護師長たちと日々の仕事仲間としての緊密な関係を築いていった。じつはこの看護師長たちが、製品選択のうえで主要な役割を担っているのである。メーカー側の顧客知識が増し、相互の信頼が築かれていくと、競合会社が参入することはほとんど不可能になった。その結果、メーカーの製品の売上は、浸透度のもっとも高い顧客においてさえ三五％以上も増加した。

運送会社の場合も、3PLサービスにおいて同じような状況を経験した。とくに業務担当者が顧客の施設内で仕事をしている場合の成果は顕著だった。

最後に、どちらの例でも供給側と顧客側の双方に大きな費用削減をもたらしたという共通点がある。医療用品メーカーも運送会社も、顧客と業務を連携させることによって費用を削減したのである。

## 関連サービスを管理する

製造業は、「関連サービスは、渋々提供してできるだけ追加料金を取るもの」という戦術的な見方からそろそろ脱するべきだろう。そのためには、関連サービスに内在する重要な戦略的機会を見つけることと、幅広く費用削減を考えることだ。以下は、関連サービス開発するための基本的要素である。

▼関連サービスは、会社の基本的な戦略的立場を変える力をもつ。このことは17章で見てきた。製品が汎用品化してしまっている会社にとって、これはとりわけ重要である。プロダクトマネジャーは関連サービスを注意深く設定することにより、顧客との関係を深めることができる。また、顧客の製品選択に強く影響を与えるので、競合他社の参入を効果的に阻止できる。

▼矛盾しているようだが、新しいサービスによって生じる変化が大きいほど、顧客の経営陣の関心を引くので、新しい顧客関係を売り込むことは容易である。トップのマネジャーはたいてい、関係を重視し、価値を買おうとするからである。大手のメーカーに単に電子部品を納めている会社と、そのメーカーとパートナーシップを結んで共同チームを作り、費用削減に協力し、次世代の製品を共同で設計している会社のちがいを考えてみよう。

▼プロダクトマネジャーは、関連サービスを利用して顧客のビジネスの変革を手助けし、価値創造に道を開くことができる。たとえば、例の医療用品メーカーは、ベンダー管理在庫システムを開発した後さらに、病院が経営する各地のクリニックをネットワークで結ぶ新しい配送サービスを提案した。病院だけではこの物流に対応できなかったからだ。多くの会社がこれと同様の状況で、３ＰＬサービスによるパ

ートナーシップを考えている。国際的なビジネス展開に必要な知識と能力を得るため、あるいは新分野に速やかに進出するためである。

▼関連サービスを、顧客別営業計画や顧客管理と統合することが重要である。顧客の新規事業の開発を支援するなどのサービスを行えば、こちらの顧客担当者や業務担当者と、顧客側の購買決定に関わるマネジャーたちのあいだに、自然に絆と信頼が生じる。ひとたびこの信頼関係ができると、顧客の製品選択にも自然な形で影響を与えられる。

▼戦略や競合の状況、また顧客管理などを広く考えることをせず、単なる利益センターとして関連サービスを行うのは危険を伴う。配送料で儲けようとしたために顧客を遠ざけてしまったサプライヤーがいい例である。

▼サービスパッケージに適合しない場合には（たとえば地理的に遠すぎるなど）、優良な顧客にも「ノー」と言う覚悟がいる。そういう場合のために、同様の価値が提供できる代替パッケージをいくつか用意しておく必要がある。

▼関連サービスを行っても経費が増加しないこともしばしばある。じゅうぶんに練られた関連サービスは、実際に費用を減らすことができる。医療用品メーカーの例を考えてみてほしい。ベンダー管理在庫サービスのために費用はかなり増えたが、配送、商品フロー、生産計画、在庫などの面で思いがけない経費節減ができたので、費用増加分以上に埋め合わせられた。またそれにくわえて、この新しいシステムは大きな売上増加をもたらした。運送会社の例でも同じである。

プロダクトマネジャーは、関連サービスを重要な収益レバーと考えなければならない。関連サービスをうまく使えば、迅速でしかも持続する戦略的顧客管理ができ、費用削減ももたらす。それだけでなく、製品の売上も驚くほど大きく伸びる。

**章のポイント!**

1 関連サービスは、主要顧客に対して価値を届ける重要な機会を提供する。基本的な戦略的立場を強め、競合企業の参入を防ぐこともできる。

2 関連サービスを補助的な利益センターと考えないようにしなければならない。関連サービスを主力の製品群と統合して、顧客にとって最大の価値を生み出すようにすることが重要である。さもないと重要な顧客の信頼を失う危険がある。

3 関連サービスは、最重要顧客との関係の発展経路を作るうえで不可欠である。

4 よく考えられた関連サービスは、主要顧客のために新しい価値と利益を生み出し、同時に自社の費用を減らし収益性を上げる。チャネルマッピングを行えば、一番の好機がどこにあるかがわかる。

5 関連サービスが自社の収益性に本当に貢献するかどうかは、全社的な財務の健全性と収益性で測られるべきである。利益センターにどれだけ貢献するかという狭いものさしで測ってはいけない。

**このあとは……☞**

第2部の各章では、利益を出すためにどう売るか、つまり収益性を上げる新しい売上の流れをどう生み出すか、主要顧客とのあいだに高い価値を生む関係をどう築くかについて述べてきた。第3部では、利益を出すためにどのように業務を行うか、また業務と拡大サプライチェーンのなかに強力な収益レバーをどう創り出すかについて述べていく。また第4部では、高い収益性を生み出して維持するために、会社をどのように経営し主導するかについて述べる。

# 第3部

# オペレーションは「利益」のために

サプライチェーンとは、社内の製品の動きやサービス提供を統制し、また会社とサプライヤーや顧客を結ぶ「業務の輪」である。ウォルマートのビジネスの中核である合理化された商品フローから、ソフトウェア会社の顧客サービスやサポートシステムのようなものまで、サプライチェーンもさまざまだ。ビジネスのちがいはあっても、どんな会社にも利益を伸ばすことに大きく関わるサプライチェーンがある。サプライチェーンがうまく働けば、顧客との緊密で生産的な関係を作り出すことができるし、売上と利益を大きく増やすこともできる。また参入障壁を築くことになるので、競合他社を締め出して高い利益を維持できる。

第3部の各章は、複数のサプライチェーンを並行させる必要性、それらの構築と管理、顧客関係との適合、サプライチェーンの生産性を最大にする管理法、などについて述べていく。また、実行力のあるマネジャーがサプライチェーン革新を行って、高い収益性と戦略優位を持続的に生じさせた実例を紹介する。

### 複数のサプライチェーンをもつことがなぜいいのか

**19章**では、主要顧客とのサプライチェーン統合が売上と利益の大幅な増加につながり、不適切な顧客との統合が利益を損なうこと、などについて説明する。**20章**では、製品と顧客のニーズに合わせた複数の並行サプライチェーンを、どのように開発し管理するかについて述べる。

### サプライチェーンと業務管理が、どのように費用削減、利益上昇につながるのか

**21章**では、多くの会社を悩ませている高コスト／低サービスのワナからどうやって抜け出すかについて説明する。**22章**では、一部の大手顧客からの、あるいは一部の製品に対する不安定な受注が、業務費を押し上げるということ。またこの問題に効果的に対処する方法について述べる。23章では、顧客満足を向上させ、いっぽうで費用を下げるような顧客サービスをどう作り出すかを説明する。**24章**では、生産サイクルタイムを数カ月から数日に縮小し、在庫と他の業務費を劇的に減らした実例を紹介する。

### サプライチェーン責任者が会社経営に影響力が大きい理由

**25章**では、サプライチェーン責任者は、費用管理からサプライチェーン生産性へと視野を広げることで、会社の収益性を劇的に向上させられるということを説明する。

# 19章

# ウォルマートのサプライチェーン管理

ウォルマートのサプライチェーンの考え方は、他社との関係でも応用していいのだろうか。ここにジレンマがある。

過去一〇年のあいだに、ウォルマートが主要なサプライヤー数社と協力して強力なサプライチェーンパートナーシップを作り上げたことは有名である。これらのサプライチェーンは、商品フローの効率を高め、その結果としてウォルマートの収益性を上げるように設計されたものだった。

多くの会社がその難題に応えた。さきがけとなったのは、よく知られているP&Gとの提携である。この提携にはベンダー管理在庫、カテゴリー管理が含まれ、それに伴い社内の変革も行われた。

P&Gは、ウォルマートの本社があるアーカンソー州ベントンビルに、顧客対応専門のチームまで常駐させている。このチームはひじょうに独創的なやり方で、(1)営業/マーケティング、(2)サプライチェーン管理、(3)IT、(4)財務、といったP&Gの主要な機能を果たしている。

当時このプロジェクトの中心的な存在だったP&Gの副社長は、ウォルマートのCFOが顧客側のキーパーソンだと考えた。P&Gが、ウォルマートの収益性を最大にすることを目標にするようになったからである。P&Gの経営陣は、自社のサプライチェーンをウォルマートのような大手の顧客に統合する、強固な顧客業務パートナーシップを創り上げる方法を学んでいった。顧客とのパートナーシップを作る必要性については、これまで多くの文献に書かれており、ほとんどの会社は少なくともこの分野で一つくらいはプロジェクトをもっている。しかしほとんどの会社がまだ決めかねているのは、その他の顧客をどうしたらいいのかということだ。

## 次は何をするべきか

他の顧客ともウォルマート式の関係を適用すればいいと考える会社が多い。いろいろな会社でよく「サプライチェーンの発展」というパワーポイントのスライドを見せられるのだが、それらにはこの考え方が暗黙のうちに表れている。

プレゼンテーションの一例を紹介すれば、会社はまずとくに動きのないサプライヤーとしてスタートする。それからことが起きてから対応する受身型のサプライヤーになり、それから効率的な対応ができるように成長し、効果的に顧客に働きかける先取り型のサプライヤーになり、最終的にサプライチェーンが売上と利益を押し上げる力を発揮するというものだ。

これは一見理にかなっているように見える。会社のサプライチェーン能力が時間と共に確実に向上していき、顧客とのあいだにこれまでになく効率的な業務統合を作り上げることができるようになるというわけである。

しかし問題は、ウォルマートのようなパートナーシップを開発するには、莫大な資源と経営陣の関与が必要になるということだ。また相手企業が前向きで革新的で、業務上の適合性も高くなくてはならない。

このアプローチを広げすぎれば、費用とストレスが増すばかりである。

## 均一なサプライチェーンから一歩踏み出す

以前は、小売業へ卸す業者のサプライチェーンのほとんどが、マス・マーケット向けの融通のきかないものだった。受注処理プロセスも均一的だった。顧客が受け取る価格リストは、注文の効率性にかかわらずどれも同じである。また実効ある予測はほとんど存在しなかった。大手の顧客に在庫の優先割り当てなどを提供することもあるが、それも例外的だった。たとえ非効率であっても、製品は顧客が要請した通りに届けられた。長いあいだ、ほとんどの業界においてこれが典型的なパターンだった。

最近は、小売業界自体が大きく変化しつつある。再編統合が盛んに行われており、数年以内には小売業トップ一〇社が、業界の売上の約半分を占めるだろうと言われている。小売業は、会社によって革新意欲も能力もさまざまだが、革新を進める会社は急激に伸びている。

多くの小売企業は、これまでずっと強大な購買パワーを誇ってきたので、いまだにサプライヤーに対して値引き圧力をかけることばかりを考え、プロセスを改革して収益性を上げるということを考えない。またいっぽうで、大手の小売企業がサプライヤーを整理する動きも見られる。サプライチェーン革新が実行でき、主要顧客に優先的な計らいのできる大手のサプライヤーとの関係を強め、その見返りに棚スペースを提供するのである。

この結果、大手のサプライヤーは苦しい状態に追い込まれている。最大顧客の増大するニーズには応えざるを得ず、いっぽうで小口顧客にも不釣り合いな資源を割いて対応している。こういう窮状で、各業界の大手サプライヤーは顧客関係と拡大サプライチェーンの見直しを考えざるを得なくなっている。

## サービス差別化の重要性

良質のサービスを合理的な費用で安定して提供するカギは、「サービス差別化」である。これは顧客のランクによって異なるサービス方針（注文処理期間、業務統合の程度）を設定するもので、これも重要な収益レバーである。会社はもちろんつねに約束を守るが、その約束は顧客によって異なるというわけだ。「サービス差別化」というコンセプトを理解すると、サプライチェーンに関してどのような方針を立てるのが適切かということが見えてくる。収益性管理を成功させるためには、差別化が重要である。費用構造や変革の取り組みを、顧客の潜在性に応じたものにできるからだ。潜在性が低いのに多くのサービスを要求する顧客に過剰投資をしたり、潜在性の高い未開拓顧客の獲得のためのサービスに投資をしなかったり、といった過ちを避けられる。

サービス差別化は、顧客にとっても利点がある。明解な基準をもつ安定したサービスに基づいて業務計画を作ることができるからだ。ただし各サプライヤーとの関係に、両社の同意に基づく独自のプロセスが作られるので、顧客側にはそれに対応できるだけの業務の統制が必要となる。

## サービス差別化マトリクス

表6「サービス差別化マトリクス」は、顧客関係を整理、構築するための方法を示している。このマト

**サービス差別化マトリクス**

| 顧客の規模 ＼ 顧客の変革に対する意欲と能力 | 低 | 高 |
|---|---|---|
| 大 | **統合顧客**<br>▶連携されたビジネス戦略とスコアカードを作る<br>・協調性と信頼性に基づく関係<br>▶プロセス主導の連携<br>・サプライ・デマンドチェーンを連携させる<br>・じゅうぶんな投資対効果が見込まれる場合は専用の資源を割り当てる | **戦略顧客**<br>▶連携された長期のビジネス戦略を作る<br>・３年から５年の長期の共同計画<br>・革新的な戦略<br>・リスクの共有<br>▶完全な統合<br>・サプライ・デマンドチェーンの統合（プロセスおよびシステム）<br>・専従の機能横断的チームを設ける<br>・顧客の視点で機会にアプローチする |
| 小 | **安定顧客**<br>▶信頼できるサービスを提供する<br>・安定していること<br>・費用効率が高いこと<br>▶製品やサービスの提供にメニュー方式を使う | **新興顧客**<br>▶機能面での優良なサービス<br>・柔軟性があること<br>・革新的であること<br>▶独自のニーズもある程度満たされる<br>▶拡張可能な画期的変革 |

表６

リクスで、縦軸は顧客の規模、横軸は変革に対する意欲と能力を表す。

このマトリクスには四つの象限がある。（１）戦略顧客――統合されたサプライチェーンパートナーシップを結ぶ意欲と能力のある主要顧客。（２）統合顧客――大手の重要な顧客だが、戦略顧客よりは小さいことが多い。そしてサプライチェーン改革に参加する意欲や能力も戦略顧客より少ない。（３）新興顧客――小規模ながら大変革新的で、たいていは急成長している。（４）安定顧客――小規模顧客で、一般的に大きな改革には消極的である。

これら各グループの顧客は、まったく異なる顧客関係とサプライチェーン構造を必要とする。

**戦略顧客**　この主要顧客のためには、高度な業務統合、各顧客に合わせた固有のプラン、業務の変革を行うべきで、それはとくに戦略とサプライチェーンにおいて明らかである。

まず戦略顧客とサプライヤーは、長期にわたる連携ビジネス戦略を開発するべきだ。これには普通、三〜五年の共同戦略計画および長期共同計画が含まれる。両者の関係は革新的なもので、リスクを共有することになる。

例を上げると、ある革新的な大規模小売業が大手の汎用品メーカーに新サービスを実験的にやってみてほしいと依頼した。この小売業者は、メーカーが製品を倉庫から流通センターに運び、そこから小売店に配達することが二度手間だと考えたのである。小売企業はメーカーに、流通センターを飛ばして倉庫から直接小売店に運び、費用を節減してはどうかと提案した。これは仕事の手順をすっかり変えるもので、しかも少数の大手小売業者にしか使えない方法だが、メーカー側はこの大事な顧客のために、独自のプロセス開発を行うことに喜んで同意した。

次に両社のサプライチェーンはプロセスとシステムの双方とも完全に統合されていなければならない。補充業務は連続的でなくてはならないので、散発的な発注ではなくベンダー管理在庫方式が多く使われる。また戦略顧客に対しては、顧客の業務構成やビジネスを理解して改善を行うために、いろいろな部門にまたがる顧客担当チームを作ってじゅうぶんな資源をあてるべきだ。

たとえば、新しいベンダー管理プロセスとシステムの開発に挑戦するサプライヤーもある。このシステムは、多くのサプライヤーのように顧客の流通センターに商品を届けたところで終わるのではなく、流通センターからさらに先の、製品が小売店の棚に並ぶまでを管理するものである。また別の革新的なサプライヤーは、ＲＦＩＤ（各商品につけられた超小型無線タグをスキャンして識別するもの）を使った新しい試みを始めている。この技術を使うと、顧客に卸した製品を追跡することができ、商品フロー全体を、店舗の棚に至るまで、観察、分析、管理する方法を開発することが可能である。

**統合顧客**　これも大切な顧客であり、以下のような点に配慮し、資源もじゅうぶんに投じる必要がある。統合顧客とのあいだには、連携したビジネス戦略とスコアカードを作るのがよい。ただ共同戦略計画は、戦略顧客の場合のように各社ごとに作る必要はない。計画の期間は戦略顧客よりも短く、おそらく一年ほどだが、関係は協調的で信頼性が高いものになる。

両社のサプライチェーンは連携していなければならないが、完全に統合している必要はない。サプライヤーは既存の内部プロセスを使って統合顧客からの注文に応じるのがよい。ベンダー管理在庫システムは費用削減の手段なので、これらの顧客にふさわしいだろう。しかし、サプライヤーが店舗の棚にいたるまで商品フローを管理する新方式は、統合顧客には不適当である。

**新興顧客**　これら小口顧客は、ひじょうに革新的で急成長していて、注目するに値する顧客群である。それは彼らが成長しているからでもあるが、サプライヤーにとって新しいシステムとプロセスを開発して試すのに、リスクの少ない好機を提供してくれるからでもある。システムやプロセスがうまくいけば、すぐに戦略顧客に応用できる。しかし新興顧客は比較的小さいので、投資額を抑える必要があるだろう。

新興顧客には、機能的にすぐれていて柔軟性のあるサービスを提供するとよい。費用を抑えるためにもそのサービスは、効率的でかなり標準化されたものがいいだろう。しかし、何かユニークな変革ニーズがあった場合、とくにそれを大口顧客に応用できそうな場合には、それに応えるのもいい。新興顧客は、サプライヤーをいやおうなしに革新的にしてくれるという意味で重要である。

**安定顧客**　安定顧客は、会社の規模に不釣り合いの大きな費用を生じていることが多い。多くは昔ながらの会社で、独特のプロセスをもっているからだ。たとえば電子メールで注文する代わりにファックスを送ってくる。また変わった配送仕様を指定することもある。

こういった会社との取引から収益を上げるには、明確な取り決めを盛り込んだ「サービスメニュー」を提供することである。たとえば、「さまざまなリードタイムごとの最小注文量」「注文を週一回にする」「配送は流通センターまでとする」などの取り決めである。こうすれば、確実で安定した費用効率のよいサービスが提供できる。これはサプライヤーにとっても顧客にとっても、取引の効率を確実なものにする。

安定顧客に対しては、移行戦略が必要かもしれない。すでに何社かの大手サプライヤーは、こういう顧客と直接取引するのをやめ、総合卸売業者を通して製品を提供することにしている。

## 他の業界でも同じ変化が起きている

小売業者とサプライヤーが経験しつつある著しい変化は、他の業界にも次々に起きている。優良なサービスを提供し、またエスカレートする顧客の要求を満たしながら、どうやって収益性を上げるかという一見不可能にも見えるジレンマに直面している他業界に、進化する小売サプライチェーンは一つのモデルを提供している。

### 章のポイント！

1　サービスの差別化、つまりそれぞれの顧客にふさわしい関係を提供することが、安定した優良なサービスを適正な費用で提供するカギである。

2 異なるカテゴリーの顧客に対し、高度に統合されたサプライチェーンから一定の距離を保つ取引まで、それぞれにふさわしい関係を結ぶのがよい。顧客を「規模」と「変革に対する意欲と能力」で分類する「サービス差別化マトリクス」を作ることが、このプロセスの重要な出発点だ。

3 サービス差別化プロセスの基本にあるのは、「すべての相手にすべてを提供することはできない」という、明快な戦略的決断である。均一な顧客サービスをすべての顧客に当てはめるのは、マス・マーケット時代で終わりだ。

4 P&Gがウォルマート社内に常駐させた統合顧客管理チームの構成を見てみよう。営業/マーケティング、サプライチェーン管理、IT、財務の各部門からの代表が集まっている。どれも、独創的な顧客サービス変革を生み出して管理するのに欠かせないメンバーである。主要顧客を担当する自社の顧客チームとくらべてみよう。

### このあとは……

サービス差別化というテーマは、第3部の最初の三章を通して追求していく。次章では、サプライチェーンを顧客や製品の状況に応じたものにするために、複数のサプライチェーンを、どのように費用を抑えながら作っていくかという話をする。

# 20章

# サプライチェーンが一つしかない？

サプライチェーンに関しては、一つよりも二つがよい。さらに三つかそれ以上あればベストである。そのわけを説明しよう。

何年か前、大手通信機器メーカーの、サプライチェーン担当の重役に会ったことがある。この会社は高価な電子交換機や通信ケーブルから、すでに旧世代の機器の交換部品まで、幅広い製品を作っている。会議室に終日こもって会社のサプライチェーンを検証し、効率改善を話し合った。経営陣は、サプライチェーンの仕組みを次のように説明した。まず工場で製品が作られる。製品は、たいていの場合トラックを満載にして、国内各地に散在する流通センターへ配送される。製品はそこに保管され、顧客の注文を待つ。

このプロセスについて話し合ううち、会社が一種類のサプライチェーンですべてをまかなっているのだとわかってきた。たとえばこの会社は、電子交換機の能力を高める小さな回路基板を製造しているが、これは三万ドル以上もする高価なものだ。この回路基板を工場から流通センターまで、ほかの低価格の製品と一緒に同じトラックで運んでいるのである。積み荷がトラック一台分たまるまで、出荷を待たされることも多い。

## サプライチェーンは二つあるほうがいい

私はすぐにこう思った。なぜ生産ラインの終点に社員を一人立たせておいて、できあがった回路基板をフェデックスの封筒に入れ、顧客に直接送付しないのだろう。これだけで会社は、在庫費とさらに高い輸送費を大幅に減らせる。こんなに小さくて高価な回路基板を、倉庫内のさまざまな場所を引きまわし、トラックが満杯になるまで待たせたあげく、国中の倉庫で眠らせておかなければならない理由はまったくない。

こんなことは当たり前の解決策のように見えるだろう。それではなぜ、何年ものあいだそのことにだれも気がつかなかったのだろう。

それは、この会社のサプライチェーンがずっと以前に設計されたからである。当時この会社は、いまとはまったくちがう製品を作っていた。ここのサプライチェーンは、電話線のように重くて低価格の製品を効率よく輸送するためのものだ。そういう製品は大量生産されるので、輸送費のほうが、在庫費よりもはるかに重要だった。だから製品をトラックに満載して効率よく運び、顧客に近い現地の倉庫に保管していたのである。

会社が小さくて高価な電子交換機の部品を作りはじめたときにも、会社は単純に既存のサプライチェーンを使えばいいと考えた。この思い込みのおかげで、会社は大変な費用を負担することになったのである。

こういう場合、二つのサプライチェーンがあれば都合がよい。体積が大きく安価な従来型製品のために一つ、小さくて高価な電子部品のためにもう一つ、まったく異なる二つのサプライチェーンが必要である。

流通センターやバーコードスキャナーなど、サプライチェーンに関わる施設や設備は寿命が長いものが多い。そのため多くの会社のサプライチェーンが、一〇～二〇年前の会社の業務ニーズに基づいて設計されたものである。この通信機器メーカーの問題の根本はそこにあった。多くの会社のサプライチェーンがうまくいっていない原因もおもにその点にある。

一種類のサプライチェーンですべての製品に対処できるということはない。それどころか、ほとんどの場合は非効率だ。

## サプライチェーンが三つあればさらによい

ある大手の衣料品小売企業のサプライチェーンニーズを考えてみよう。この会社は三つのタイプの商品を扱う。(1) 定番商品(白の下着など)、(2) 季節商品(ウールのスラックスなど)、(3) ファッション商品(おしゃれなブラウスなど)。これらはどれも、異なるサプライチェーンを必要とする。

**定番商品**　これは年間を通して安定して売れ、粗利は比較的小さい。売上予測は容易なので、商品はパイプを流れる水のように、サプライチェーンを流れていく。在庫はおもに店舗に保管し、予備の在庫を地域の流通センターに置いておく。こういう商品は効率のよい分量をトラックに積んで配送すればいい。

**季節商品**　季節商品はピーク時に大きな需要があり、その予測は難しい。小売業者は季節に先駆けて在庫を満たし、各店舗に送り出すペースを注意深く管理しなければならない。だがそれ以上に、こういう商品のサプライチェーンは複雑なものになる。

大型店は小型店より、季節商品や寿命の短い商品の在庫レベルを売上に比べて高く保っておける。実際、この会社の値下げ品の多くが小型店の在庫のライフサイクル後期の製品である。大型店と小型店はちがうサプライチェーンを必要としており、季節や商品ライフサイクルの終わりに近づくほど、その必要性は高まる。

**ファッション商品**　ファッション商品は需要が予測困難という特徴をもつ。商品は大当たりするかもしれないし、不発に終わるかもしれない。すぐに売れはじめるかもしれないし、季節の終わりにようやく売れはじめるかもしれない。これらの商品はひじょうに特殊なサプライチェーンを必要とする。

たとえば、スペイン風ファッションを中心とした衣料品店ザラは、二種類の調達方法をとっている。一定期間の商品の需要を、海の波のようなものと考えてみよう。すべての商品の需要には、安定した予測可能な部分がある（波の下の海水）。その上に、気まぐれで予測不能な需要が乗っている（波）。また、とりわけ気まぐれな需要をもつ商品もある（大波）。ファッション商品というのはその性質上、予測不能な大波の連続であり、いつ火がつくか、いつ流行からこぼれ落ちるかわからない。ザラはこの「波（需要の気まぐれな部分）」を、コストは高いが迅速な対応をする地元のベンダーから調達している。そして「波の下の海水（需要の安定した部分）」を東ヨーロッパのベンダーから、時間はかかるが低コストで調達している。こうして、双方の利点を取り入れているのである。

また、何をさておき経済性を考える必要がある。こんな例もみてみよう。ある大手の小売企業は、ファッション商品を東アジアから四八時間で調達できるサプライチェーンを作った。客が近所のショッピングセンターのこの会社の店で流行の服を一着買うと、そのデータは東アジアにある工場に送信される。この工場では半完成の製品を保管していて、その日のうちに客が買った製品と同じものを仕上げる。できあがった服はチャーター便で米国に送られ、専用の税関を通り、夜のうちに地元の店まで届けられて、買われた服が補充される。

こんなことをすれば、さぞ費用がかかると思うだろう。その通りである。この迅速なサプライチェーンを使うことによって服の値段は数ドル高くなる。しかしその増えた費用は、この服が生む利益の何分の一かにすぎない。そしてこのサプライチェーンがなければ、次の売上は失われてしまう。つまり、この方法は完全に理にかなっているのである。

## サプライチェーンが四つ以上あればそれが一番

ここまで、サプライチェーン差別化のいくつかの側面を見てきた。

▼**製品の特徴**　価値、体積（そのほか緊要かどうか、代替品があるかなどの特徴を付け加えてもいい）
▼**製品の需要**　定番か、季節性か、ファッション性か（他業界では他のカテゴリーも付け加えられる）
▼**時間**　季節あるいは製品ライフサイクルの、どのあたりにあるか（初期、中期、後期）
▼**店舗の種類**　大規模店か、小規模店か（さらに専門店、量販店なども付け加えられる）

そしてもう一つサプライチェーンを差別化する重要な要素がある。

### ▼顧客関係

前章で、顧客関係の種類に応じたサプライチェーンを作る「顧客サービスの差別化」について説明した。注文処理期間というのは、顧客が注文してから製品を受け取るまでの時間で、これはひじょうに重要な収益レバーの一つである（次章でこの注文処理期間をどのように体系的に管理するかをお話しする）。

簡単に言えば、大量の注文を定期的にしてくれる顧客は販売予測もしやすいので、それに報いるために、注文の納期を短くするべきだということだ。たまに注文する顧客の場合は、必要に応じて中央倉庫から商品を運んでこられるように、より長い納期にすべきだろう。そのような顧客がもっと早い納期を要求する場合は、顧客関係を一歩進んだものにしてもらう。

大事なことは、どの顧客に対しても注文処理期間の約束をきちんと守ることだ。ただしその約束は、顧客との関係によって異なる。同じことは、主要顧客とどの程度業務統合するかについても言える（このことは前章で説明した）。経済性の面からもマーケティングの面からも、異なる顧客関係には異なるサプライチェーンをもつことが理にかなっているのである。

## 将来のサプライチェーン

サプライチェーン管理には、根本的な変化が起こりつつある。マス・マーケットの時代、ほとんどの会社は、マス・マーケットに適した固定的な均一なサプライチェーンですべてをまかなっていた。なかにはサプライチェーンを二つ（通常の注文用と急な注文用）同時に使っていた会社もあったが、サプライチェーンはいったん定着すると、それ以後ほとんど変化しなかった。

以前のサプライチェーンが固定的だったのは、次の二つの理由による。（1）最近まで、サプライチェーンのITは動的管理ができなかった。（2）どの会社も同じ状況だったため、競争面での不利益がなかった。

しかし「プレシジョン・マーケット」の時代になると、状況は急速に変わりはじめる。サプライチェーンITは動的な管理能力をもち、適正な時点で適正な製品を適正なサプライチェーンに乗せることができるようになった。どの業界でも、各社が競争のなかから抜きんでるために、サプライチェーン改革に取り組みはじめている。

将来のサプライチェーンの、こんなイメージを思い浮かべてみてほしい。製品はサプライヤーから顧客まで、パイプとバルブと貯水池が組み合わさった「ネットワーク」のような形をしたサプライチェーンを通って流れていく。製品をどのように動かすかは、有能なサプライチェーンマネジャーが差別化の要素を計算に入れ、「高機能サプライチェーンITシステム」を使って決定する。

ITシステムは、まず各製品あるいは顧客の状況（製品がライフサイクルのどのあたりか、顧客の注文量、注文の安定度など）を特定する。これに基づいて、所定のサプライチェーンのなかからもっともふさわしいものを選んで商品フローを誘導する。状況が変化すれば、商品フローは他のもっとふさわしいサプライチェーンに移行する。製品が状況に応じて所定のフローを行き来することにより、サプライチェーンはより力強く機敏で費用効率の高いものとなる。

企業は今後このような複数の並行サプライチェーンを、柔軟で費用効率のよいやり方で展開するようになる。これらの革新的なサプライチェーンを使えば、それぞれの顧客の状況にぴったり合ったサービスパッケージを低価格で提供できるようになり、会社の収益性は急速に伸びるだろう。

やがて競争の圧力によって、ほとんどの会社が差別化された動的なサプライチェーンを取り入れるようになるだろう。そして先にそれを行った企業が、絶対的な優位に立つ。

## 章のポイント！

1 サプライチェーンの施設や設備などは、寿命が長いものがほとんどである。そのため、多くの会社のサプライチェーンはもはや、進化するビジネスニーズに適合していない。とくにたった一つの流通システムですべてをまかなっている会社には、非効率な部分がたくさんある。

2 先進的なソフトウェアを利用すれば、製品と顧客ニーズのどちらにも合うような、複数の並行サプライチェーンを作ることが可能である。

3 これらの複数の並行サプライチェーンは、新たに施設を建設するような資本投下を必要としない。むしろうまく管理されているサプライチェーンは、既存の施設を使っている。あらかじめ戦略と決定ルールを決めておいて、変化する製品と顧客のニーズに合わせて、既存の施設のなかで別々のチャネルに製品を動かすのである。これだけで費用は大幅に減り、利益幅が大きくなる。

4 製品と顧客に対する注意深い観察を怠らない。そうすればサプライチェーンは動的になり、つねに変化するビジネスニーズに合わせて、一つの戦略から別の戦略に製品を素早く移行させられる。

## このあとは……☞

前章では、顧客関係にふさわしいレベルのサプライチェーン統合を行うことをお話した。この章では、複数の並行サプライチェーンを創り出し、均一な顧客対応から、製品や顧客に応じた適切なアプローチがつねにできる態勢に移行する方法について述べた。次章では引き続きサービスの差別化について述べる。顧客の真のニーズに合った顧客サービス方針を開発し、同時に費用を削減する方法を説明しよう。

# 21章 顧客サービスのジレンマ

顧客サービスは、もっとも重要な収益レバーの一つであるにもかかわらず、もっとも理解されていない。顧客サービスを改善しながら費用を削減することは、そう難しいことではない。しかしそれにはまず、顧客サービスをどう定義するか、どう管理するかについて、重大な思い込みを正さなければならない。

## 二人の副社長のいら立ち

大手の工業製品メーカーの物流担当副社長の場合を見てみよう。彼は広範囲にわたる製品ラインと、全国各地にあるおびただしい数の倉庫の管理責任者である。彼が担当する顧客サービスにはいろいろと問題があり、しかも悪化の一途をたどっている。納期遵守率（注文品が期限内に配送完了した割合）がどんどん下がるので、彼は地域倉庫にますます多くの在庫を配送させた。倉庫は膨れ上がり、費用は高騰し、それでいて顧客サービスは低下するばかりだ。費用上昇とサービス低下の悪循環に陥ってしまったのである。

副社長は経営会議でこの問題を話し合った。営業・マーケティング担当の副社長が声を荒らげて言った。「うちの顧客サービスポリシーはまるで振り子だ。ある四半期には費用の増大に慌てふためいて在庫を削る。サービスが低下して顧客が怒る。次の四半期には倉庫を満杯にして、費用は手がつけられない状態になる。顧客はわれわれのサービスを信用しなくなって、納期をますます短めに設定してくる。顧客の要求を満たすことはさらに不可能になる。この悪循環からどうやって抜け出したらいいんだ！」

## サービスの差別化

多くの会社が「高騰する費用」と「トラブル続きの顧客サービス」というジレンマを抱えている。そしてマネジャーたちは、「費用とサービスの適正なバランス」を見つけるべく、必死に対応している。たしかに理にかなっているように見える。

だが問題は、均一なサービス基準と野放しの費用のバランスを取ろうとするマネジメントでは、収益性を大きく改善することはとてもできないということだ。

もっとも効果的な対処法は、「サービスの差別化」である。つまり適正な注文処理期間をそれぞれの顧客や製品に合わせて設定するのである。注文処理期間を適正に設定すれば、すべての顧客にほぼ完璧なサービスを適正な費用で提供できる。

こういう問題はごく一般的で、どの業界にも見られる。会社によっては、膨大な費用をかけて、万一必要が生じたときのための在庫を地方の倉庫に大量に保管しているところもある。また別のサービス業の会社は、設置技術者、保守技術者、ソフトウェアコンサルタントなど、費用のかかるサービス担当者を常勤させている。本章では、実際に在庫を抱える会社を例をあげてサービス差別化を説明するが、その原則はサービス業にもそのまま応用できる。

カギとなるのは、適切に差別化された注文処理期間をどう設定するかである。次に述べる三段階のプロセスを使えば、ひじょうに収益性の高いサービス差別化戦略を作ることができる。

## ステップ1——顧客の真のニーズを理解する

そんなことは簡単だ、顧客に尋ねればいい、と思うだろう。だが、顧客にどの程度の注文処理期間を望むかと尋ねることには問題がある。まず、顧客自身が真のニーズをわかっていないかもしれない。購買部門と業務部門が別になっているような会社ではなおさらである。真のニーズを理解していない場合、購買担当者は安全策をとって、できるだけ短い納期を要求するだろう。またサプライヤーの納期の約束を信用していない顧客の場合も、注文処理期間をどんどん短く要求するようになる。

もちろんどんな製品も同じ「完璧なサービスレベル」で提供されるべきである。ただし、異なる製品には異なる「注文処理期間」が必要だ。

医療用品の会社を例に取ろう。点滴溶剤のように、大量に必要で、顧客にとって不可欠で、顧客が保管するには費用がかかる製品は、注文処理期間は短くなくてはならない。しかし、納期がきちんと守られるのであれば、長めのリードタイムでじゅうぶん対応できる製品もある。たとえば特殊な形の包帯のように、回転が遅く顧客の保管庫にじゅうぶん予備がある製品、あるいは特定の外科医が使ってみようと考えている特別の外科用メスのように、使用するときがわかっている製品などである。

真の顧客ニーズを知る唯一の方法は、業務責任者が顧客企業を訪れて、製品の在庫や使用のパターンを観察し、顧客側の業務責任者と、適正な注文処理期間について共通の理解を深めることである。これには時間を投資しなければならないが、サービス改善と費用削減というひじょうに大きい見返りが得られる。

**ステップ2――注文処理期間を顧客関係に適合させる**　すべての顧客が同じように重要というわけではない。しかしほとんどの会社の配送方針に、そのことは反映されていない。どの会社の倉庫でも、重要な製品がすぐに必要だという差し迫った理由でもないかぎり「注文順に対応する」というのが基本方針である。

この方針の困る点は、最良顧客（ロイヤルティが高く、安定した大量注文をする重要顧客）の心証を悪くすることだ。たまにしか注文しない顧客が、いつものサプライヤーが在庫切れを起こしたというような理由で突然大口の注文をしてきたときなどに、最良顧客の注文処理期間が影響を受けるからである。

多くの会社には、受注処理にもサービスレベルの基準にも、重要顧客と散発的な顧客を区別するシステムがない。どちらの顧客にも同じ注文処理期間を約束するし、納期に製品を受け取れなかったのがどちらの顧客でも、そのサービスレベルは同じ尺度で測られる。だが、このことが会社のビジネスに与える影響は大きく異なるのである。

この問題を解決するには、営業とサプライチェーンの責任者が協力して、顧客をグループ化し、それぞれの顧客に適切な注文処理期間を設定することである。

**ステップ3――サプライチェーンを注文処理期間に適合させる**　製品や顧客の状況に応じた適切な注文処理期間を特定できたら、次にやることは、サプライチェーンをその注文処理期間に適合させることだ。そしてできるだけ低費用で完璧に近いサービスを生み出すようにする。

それには「顧客サービスマトリクス」作りから始めるとよい。これは顧客と製品を、コア（中核）か、ノンコア（非中核）かで、四つのグループに分類するものである。そして、各グループに適切なサービス

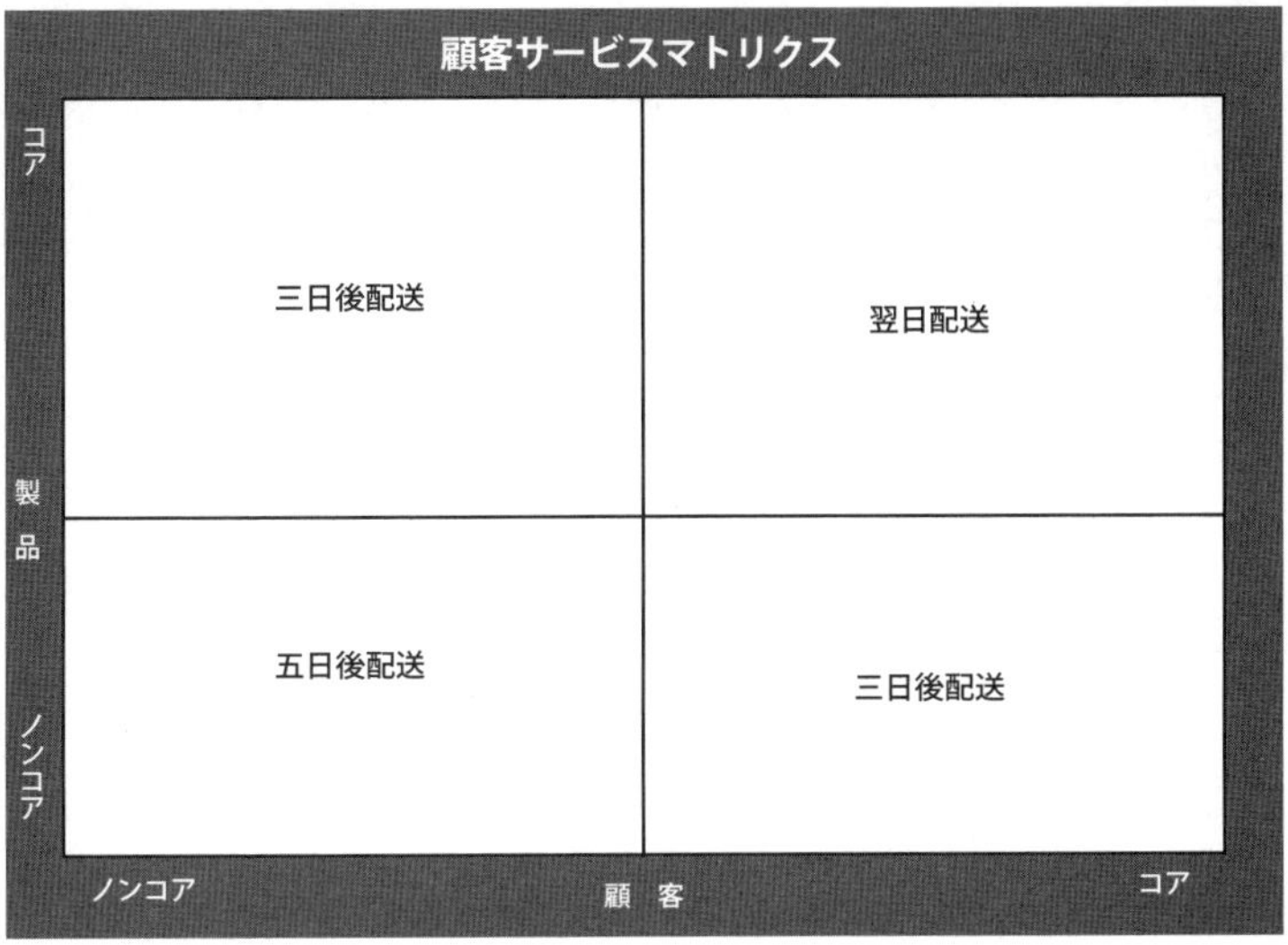


表7

間隔を決める。このマトリクスによって、営業責任者と業務責任者が何をめざして連携するべきかが見えてくる。

表7は、サービス間隔の例を示した顧客サービスマトリクスである。前に紹介した医療用品メーカーの例に戻って、このマトリクスの使い方を説明しよう。

**コア顧客／コア製品**　このコア／コアの象限は、重要製品が重要顧客によって注文されたということを意味する（たとえば、主要顧客病院が点滴溶剤を注文した）。この場合の注文処理期間は短くなくてはならない。顧客は医療現場に最小限の在庫しかもたず、欠品したときの損害はきわめて大きいからである。一般的にこういう製品は、顧客に近接した倉庫で保管するべきだろう。

**ノンコア顧客／コア製品**　これはたとえば、たまにしか注文しない顧客が、重要な点滴溶剤を注文したというような場合である。ここは顧客サービスの問題が一番発生しやすい象限だ。

こういうとき営業担当者は、ビジネスを発展させるいい機会と考えて、この散発的に注文する顧客に肩入れしがちである。しかし定期的に注文してくれる優良顧客と、散発的に大量の注文をする顧客の両方を満足させるだけの在庫をそれぞれに地域に維持しようとすれば、その費用は莫大になる。これら二つのカテゴリーの顧客を区別して優良顧客を優先的に扱わなければ、大事な顧客への供給が慢性的に不足するという事態を招く。こうして顧客サービスに問題が生じると、顧客は納期を短くするように要求しはじめるだろう。こうならないためには、散発的に注文してくるノンコア顧客には、合理的な範囲で長めの納期とする。表7の顧客サービスマトリクスの例では、コア製品の納入が、コア顧客は翌日配送であるのに対し、ノンコア顧客は三日後となっている。こうしておけば、散発的な顧客から突然の注文が来た場合にも、必要ならば地域の大きな倉庫から製品を取り寄せるだけの時間的余裕ができる。実際にはノンコア顧客の注文も、たいていの場合はもっと早く応じられるのだが、この時間的ゆとりがあるために「万が一のための」在庫を抱える費用負担を強いられることなく、納期をつねに守れる。

**コア顧客／ノンコア製品**　これは大手の顧客である病院が、新型の包帯を試してみたいと注文してきたような場合である。こういう場合に、不適切な納期だと高額の配送費が生じる。こういう注文では、たとえ最重要の顧客であっても、三日くらいの注文処理期間は受け入れるものである。包帯は院内にじゅうぶんな在庫があるし、注文の製品は絶対に不可欠なものではないからだ。この注文処理期間のゆとりによって、地元の倉庫の在庫を少なく抑えることができるし、必要なら地域の倉庫から取り寄せることもできる。

**ノンコア顧客／ノンコア製品**　特殊な包帯を、たまにしか注文しない顧客が注文してきたという場合である。このような場合は、地域の倉庫から地元の倉庫へ製品を配送するか、中央倉庫から直接配送できるように注文処理期間を設定すればいいだろう。顧客サービスマトリクスの例では、五日後配送となっている。この間隔を長く取っておけば、得意客には地元ないし地域の倉庫から優先的に配送しながら、散発的な顧客には地域ないし中央の倉庫から経済的に配送することができる。すべての地域倉庫に膨大な在庫を抱えることなく、確実に納期を守れる。費用を最小限にしながら、上質のサービスと期日厳守を維持できるわけだ。

## 顧客サービスの差別化は重要な収益レバー

サービスの差別化、つまり異なる顧客や製品に対してそれぞれ適切な納期を設定することにより、次のような点で高い収益性と決定的な競争優位性を手に入れることができる。

**1**　サービスレベル（約束をどのくらい守るか）は、ほぼ完璧なレベルに改善され、最重要顧客をしっかりと引きつけておくことができる。

**2**　散発的に注文する顧客も含め、ほぼすべての顧客は、少々長めでもあらかじめ決められた注文処理期間による信頼性の高いサービスのほうが、早いけれどあてにならないサービスよりもはるかによいと考えている。

**3** 営業担当者にとっては、一ランク上の顧客関係を売り込むチャンスである。注文は散発的だが潜在性のある顧客に、定期的に大口注文すればいまより納期は短くなると勧めることができる。

顧客サービスのジレンマ（高騰する費用とトラブル続きの顧客サービス）を解決するには、顧客が製品とサービスについて本当に望んでいるのはどんなことか、顧客関係、サプライチェーンの費用構造などを、注意深く考えてみることである。「サービスの差別化」は、多くの会社を悩ませている高費用と低サービスの悪循環に対する解決策である。これは、問題のある顧客や製品の多くを収益性の高いものに変える、決定的な収益レバーである。

## 章のポイント！

1 すぐれた顧客サービスの本質は、顧客に対して必ず約束を守ることである。

2 しかし収益性の高い賢い顧客サービスとは、顧客や製品によって異なる約束をすることである。そしてもちろんそれらの約束を守ること。

3 サービスが差別化された注文処理期間を作るときは、顧客の真のニーズ、実際の顧客関係、サプライチェーンの費用構造のバランスを考える必要がある。これらを連携させることにより、不採算の業務の多くを優良なビジネスに変える強力な収益レバーが生じる。

4　散発的な顧客も含めすべての顧客は、早い納期を約束しておいて守らない相手よりも、少し納期が遅くても信頼のおける間違いのないサービスを提供してくれる取引先を望んでいる。

## このあとは……☞

第3部の最初の三章は、低費用ですぐれたサービスが提供できるサプライチェーンをどのように作るかを説明した。次章は、主要顧客の発注パターンの波を減らして予測しやすくするために、顧客にどのように働きかけるかについて述べる。また、この収益レバーを使って、自社と顧客企業双方の費用削減をする方法についても述べる。

# 22章

# 商品フロー管理によって利益を生み出す

「商品フロー管理」は、収益を増やし主要顧客に利益をもたらす重要な収益レバーだ。その目的は、業務費をもっとも大きく押し上げている主要顧客の注文パターンに働きかけてそれを改善することである。

顧客の注文に一貫性がなく予測不能な場合、とくにそれが主要顧客のコア製品の注文やサービスニーズである場合は、万が一に備えて多くの在庫を抱えたり、サービス担当者の時間にゆとりをもたせたりしなければならない。多くの業務責任者は単純に、顧客の注文というのは絶対的なもので、それにできるだけ効率的に対応するのが自分の仕事だと考えている。これは費用のかかる思い込みである。

だが、トップ企業の業務担当者のなかには、顧客に働きかけて、発注をもっと規則的にしたり、注文量をより効率的に対応できるものにすることを考えた人たちがいる。彼らはそれによって商品フロー管理から大きな利益を得ている。この考え方は、サービスを受注するサービス産業にもそのまま適応できる（12章を参照）。

ある大手工業資材メーカーのケースから商品フロー管理の威力がわかる。

## ある工業資材メーカーのケース

この会社は設備を増設しなければならない状況に追い込まれていて、顧客からも製品の安定的納入を迫られていた。執行委員会は業務担当の上級副社長に権限を与え、現行の業務のすべてを徹底的に見直させることにした。副社長は、会社の事業を新たな視点で見るために、社内業務だけではなく、顧客やサプライヤーまで含む広範な商品フローに注目してみようと思った。

まず彼は、主要顧客企業数社を訪ね、自社の製品が顧客会社の搬入口に運び込まれた後どのように使われているのかを見学した。

そこで目にしたのは驚くべきことだった。大量の自社製品は、どの顧客企業でも規則正しく消費されていた。毎日、毎週ほとんど変動なく使われていたのである。しかしこれらの顧客の記録を見れば、発注パターンは驚くほど変動がある。

これらはみな主要顧客で、しかも製品は顧客企業の製造プロセスになくてはならないものだったから、発注があれば即座に対応しなければならない。そのため会社は地元の倉庫に大量の製品を常備しておかざるを得ない。さらに製造部門もこれらの顧客と製品を優先させるため、生産計画が混乱させられることもしばしばだった。それに突然大量の需要が発生すれば、工場は高い費用をかけてサプライヤーから緊急に材料を取り寄せなければならない。

サプライチェーンのなかのだれもが、この起きる必要のない緊急事態から大きな迷惑をこうむっており、会社が多大な費用を払っていたというのは、まさに驚きだった。

この状況を理解した副社長は、この問題がすべての顧客に共通なのか、それとも一部の顧客だけの問題なのかを知りたいと思った。彼はいくつか主要な製品を選び、代表的な地域のすべての顧客についてその発注パターンを調べた。

三カ月にわたる調査の結果、ほとんどの問題は少数の大口顧客が引き起こしていることがわかった。それ以外の大きな顧客が比較的安定的に発注してくれていたのはありがたいことだった。また小口顧客は互いに凹凸を埋め合ってくれているようだ。問題は、突然大量の発注をして製品の需要を急上昇させる主要顧客数社である。だがそれらは長年取引を続けている得意客ばかりだったから、副社長は頭を抱えた。

注文パターンの影響を追跡していくうちに、これらの需要のピークは、顧客のそのまた顧客からの注文によって増幅されるということがわかった。不安定なこれらの発注パターンは顧客の側にも大きな費用を発生させていた。

結局チャネルのなかのだれもが、基本的に不合理な注文パターンに何とか効率よく対応しようと必死になっていたのである。各企業のマネジャーは、応答時間を縮小すると報奨さえ与えられる。問題は発注パターンそのものなのだということを、このなかのだれひとり考えていなかった。

なぜこういう問題が埋もれたままになっているのだろうか。それは、問題が社内にあるのではなく、会社と会社の間隙《かんげき》に落ち込んでいるからである。だれもが、顧客の注文というのは「動かしようのない事実」と思っていて、できるだけ効率よくそれに対応するのが自分の仕事だと思い込んでいる。

## 問題を解決する

この問題を解決するのはいとも簡単に見える。発注を大幅に変動させているいくつかの大口顧客に、発注のしかたを正してもらえばいい。たしかにそれができれば、滞りが解消し、製品はチャネルの入口から出口まで、スムーズにペースを守って流れていくだろう。

だが副社長が考えたのは、それとはちがう解決法である。問題を生じさせている大手顧客数社に、比較的簡単な継続発注の契約を提案した。現在着実に大量消費されている製品を、所定の分量ずつ一週間おきに届けるというものである。ここで重要なのは、業務責任者が顧客企業の業務責任者と毎月会って、配送量に関して入念な確認と調整を行うと決めたことだ。また、予測外のニーズが発生した場合の緊急発注に備えた対応策も作った。

こうして、これらの重要顧客への商品フローは安定した。在庫は大幅に縮小され、製造工程も秩序を取り戻し、工場は材料の緊急発注をなくすことができた。

成果は驚くべきものだった。業務費は三五％以上削減され、在庫は半減し、会社は計画していた数百万ドルの設備投資が不要になった。また品不足はまったく起きなくなった。倉庫で必要となる人員が一定になったので人件費も大幅に減った。発注が安定したため、大量の製品は流通センターにストックされることなく、クロスドッキング方式で顧客ごとの配送に回される

また業務部門では、継続注文の取り決めのできた主要顧客には、それぞれの製品を専用のパレットに載せて送ればいいということに気がついた。顧客側はたくさんの箱がごちゃごちゃと送られてくるよりも必要な製品が見つけやすくなり、製品の受け取りも収納も楽になった。このような一見ささいな改善点も、顧客側で業務を行っている人たちには重大な利点となる。こうして、顧客側の取扱費用と在庫費も、プロセス全体で大きく削減されたのである。

発注パターンが予測可能になると、工場の生産計画も安定してきた。会社は、長期予測を示して原材料

の購入を確約し、その見返りとして価格引き下げと供給保証を得た。サプライチェーンに関わるだれもが大きな利益を得たのである。

会社の営業プロセスも思いがけない形で改善した。営業担当者たちは苦情処理から解放され、エンドユーザーに向けた営業に集中できるようになった。

また各地域の業務責任者、顧客側の購買担当者と業務責任者による定例業務検討会が設けられ、より生産的な営業、商品フローの効率などが集中的に話し合われた。こうして新たな人間関係と信頼が築かれていった結果、大手の顧客数社はこの会社の製品ラインの購買を大幅に増やした。

## なぜこういうことがもっと早くできなかったのか

この会社は質の高い経営で知られていた。またこの会社の顧客企業もサプライヤーもマネジメントのしっかりした会社である。それでもこの単純で当然とも思える解決策に気がつくのに何年もかかった。また以前、この会社の大手競合企業が同じような継続注文を導入しようとして失敗している。

この二つの重要な疑問について考えてみよう。(1)なぜ経営陣はこの問題に気づくのにこれほど長くかかったのか。(2)競合企業は失敗したのになぜこの会社は成功したのか。

業務担当副社長は変革を行うにあたって、どの会社の商品フロー管理のプロセスにもみられる三つの問題に向き合うことになった。

**1** 商品フローに改善の機会があるという認識、あるいは問題の根本的原因についての認識がこれまでまったくなかった。業務と製造の責任者は、顧客の発注、補充パターンは既定の事実で、こちらがコントロールできるものではないと考えており、それにうまく対応することに全力を上げていた。これまでの業務改善の努力は、この伝統的な内向きの視点でのみ行われていた。

顧客の発注パターンが変えられるということや、商品フロー管理によって会社の業績がさまざまな面で大きく改善するという発想は、この副社長が「すべてに疑問の目を向ける」と決心するまで、社内からも五〇〇社を超す顧客やサプライヤーからも出てこなかった。

**2** この会社にはひじょうに高度なＩＴ能力があったにもかかわらず、会社間の商品フローの費用に関するデータはなかった。副社長は、発注パターンとその費用を分析するためのデータを新たに集めなければならなかった。顧客やサプライヤーも同様に、彼らの業務分析や原価計算システムのなかに盲点があった。

**3** 継続発注システムを取り入れるためには、組織をあげての変革が必要で、それはマネジャーたちの仕事に大きな影響をおよぼすものだった。各地域担当の業務責任者は主要顧客と定期的に会って、サービス内容を検討し、継続発注の数量を調整することになった。施設管理責任者は、倉庫の再編成と縮小を行った。資材責任者は、出荷されてからの製品の使われ方を追跡調査した。購買責任者はサプライヤーと長期の購買契約を行い、代わりに価格引き下げと優先サービスの保証、緊急時の支援の約束を取りつけた。製造責任者は新しい需要パターンに合わせて、生産計画と手順を変更した。

## 競合企業はなぜうまくいかなかったのか

競合相手が失敗したのは、驚くにはあたらない。継続発注の交渉を単なるマーケティング計画の一つと考えたのが失策であり、三つの致命的な欠陥があった。（1）計画の対象とするべきは、消費が安定しているにもかかわらず発注パターンが安定しない主要顧客と製品である。しかしこの競合企業はその選別を行わず、対象を絞らない盛りだくさんのシステムを創り出した。（2）顧客の業務責任者とひんぱんなミーティングをもつことを考えなかった。したがって出荷の状況をつねにモニターして調整する対応メカニズムがなく、問題が生じる前に対処することもできなかった。（3）新たな状況で費用効率を上げるためには、物流施設の構成を変えたり、製造や供給のプロセスを見直す必要があったのに、そういう行動を取らなかった。

## 商品フロー管理は強力な収益レバー

商品フロー管理は強力な収益レバーである。収益を上げながら顧客サービスのレベルも上げられるし、いっぽうで主要顧客企業の効率や収益性にも貢献する。

前章で、注文処理期間と真の製品ニーズや顧客関係を適合させる方法を説明した。商品フロー管理から利益を得る最大の機会は当然ながら、前章で紹介した顧客サービスマトリクスの、コア顧客／コア製品の象限にある。ここは大手の顧客とのあいだに大量の商品フローが存在するところである。したがって発注パターンの変動が大きいと、在庫が増え、自社にとっても顧客企業にとっても業務費が大きくなる。つまり、ここに集中的に働きかければ最大の利益が得られるということだ。
主要顧客とのあいだに、双方の業務のしっかりした連携を生み出せば、顧客の発注パターンを大きく変えることができる。商品フロー管理は、自社と顧客企業にウィン・ウィンの状態をもたらす決定的な収益レバーである。

**章のポイント!**

1 商品フロー管理、つまり顧客の発注パターンを変動が少なく予測可能なものにすることによって、費用も収益も大きく変わってくる。また重要な顧客に同様の利点を提供できる。
2 主要顧客を絞り込み、その顧客が大量購入する製品に集中的に働きかければ、効果が最大になる。
3 ほとんどの会社の業務責任者は、顧客の発注パターンを既定の事実と考えており、それにできるだけうまく対応することに時間と資源を費やしている。業務責任者が顧客側の業務責任者と共に、発注パターンを整えて管理すれば、驚くほどの成果が得られる。
4 ほとんどの会社では、顧客の発注パターンに関する情報をマネジャーたちが知らない。発注パターン管理は重大な収益レバーであるのに、だれも管理していない。これもまたマス・マーケット時代の困った遺産である。

## このあとは……☜

顧客サービスは多くのマネジャーが考える以上に複雑なものである。だからこそ重大な収益レバーになる。すぐれた顧客サービスポリシーは、顧客満足を大いに高め、いっぽうで費用削減もできる。次章ではそのことをお話しする。

# 23章 顧客サービスを成功させる

エレベータがなかなか来ないとき、皆さんはどうするだろう。

何年か前、ある会社が本社ビルを建設した。ところが、エレベータが耐えがたいほど遅い。エレベータを設計し直すのは経費がかかりすぎる。どうすればいいだろうか。

しばらく考えたのちに、建築士が秀逸なアイデアを思いついた。ロビーとエレベータに鏡を設置したのである。人は鏡のなかの自分を眺めているあいだは、長い待ち時間にも案外耐えられるということがわかった。

最近は、多くの高層ビルがロビーやエレベータに、鏡や金属の反射板を取りつけている。

ディズニー・ワールドも同様の問題を抱えていた。アトラクションの入場待ちの列は、ときにひじょうに長くなることがある。子どもたちは退屈するし、大人たちもイライラする。ディズニーはこれをどう解決しただろうか。

ディズニーの顧客サービスグループは、この問題を長時間かけて検討し、人はどのくらいの時間、気を紛らわせる工夫がなくても待てるのかを科学的に割り出した。皆さんが「カリブの海賊」など人気アトラクションの前で待っていると、絶妙のタイミングでキャラクターが通りかかったり、ビデオが見られたり、鏡に自分が映ったりするだろう。こういう工夫は、その研究の結果をもとに設計されているのである。

ディズニーの顧客サービスエンジニアたちは、蛇のようにくねくねと曲がる並び方も考案した。こういう列のほうが、つねに前方に進んでいるという感覚がもちやすく、列の実際の長さが感じにくいのである。

また、抜群の顧客サービスを売りにしている、ある一流ホテルチェーンの例を紹介しよう。このホテルはすべての従業員に、顧客サービスのミスを補うために数百ドルを上司の許可なく使う権限を与えている。たとえばクリーニングに出した服が時間通りに仕上がらなかったとすると、服と一緒にワインが一本届けられたりする。

このホテルはこうしてトラブルをすぐれたサービスに変えるのである。

サウスウエスト航空にも同様の方針がある。現場の従業員は、顧客ニーズに応えるために就業ルールを多少曲げることを認められている。サウスウエストが低料金の航空会社であるにもかかわらず、顧客サービスに関してはトップクラスと認められているのには、そういうわけがある。

顧客サービスのトラブルをうまく解決できれば、その問題が起きなかったとき以上に、顧客ロイヤルティを得ることができる。問題が起きたときこそ、こちらの真価を示して顧客の信頼を獲得するチャンスなのである。

## 顧客サービスとは何か

ここで根本的な質問をしよう。顧客サービスとは果たして何なのか。どんな会社にも数え切れないほどの顧客サービスの基準がある。しかしそのなかで、本当に好ましい結果につながるものがどれだけあるだろうか。

たとえば、次のような顧客サービス基準を考えてみよう。あるコピー機メーカーは、顧客が修理依頼してきたときに、「最低九五％の顧客には二時間以内に技術者が訪問する」という方針を定めている。これは果たして、いい方針だろうか。

次のようなことを考える必要がある。

この方針は、サービスが必要になる問題をすべて同じように扱っている。故障で修理を呼ぶ場合もあるが、なかにはネームプレートが外れそうだというささいな補修の場合もある。またこの方針は、顧客と顧客のおかれた状態をすべて一律に扱っている。修理が必要なのは、大事な得意先企業の役員フロアにあるたった一台のコピー機かもしれないし、あるいは管理部門に何十台とあるコピー機のうちの一台かもしれない。

顧客がサービスに対して抱く悪印象はこれまでの経験の平均ではなく、「最悪の経験」に基づくものだ。たとえばコピー機メーカーがサービス方針を完璧に実行したとしても、五％の場合は顧客を失望させる。そしてそれも、四日待たされるのと、二時間よりわずかに遅かったというのでは、反応は大きく異なるだろう。また、このサービス基準は、問題が解決された時間ではなく、修理担当者が到着した時間を目標にしていることにお気づきだろうか？

この方針には顧客サービスに関する基本的な誤りがある。それはこの基準が会社側からの視点であって、顧客からの視点ではないということだ。業務上の基準であり、顧客側の状況を基準にしていない。

顧客サービスとは「顧客が何を経験するか」ということだろうか。いや厳密にはそうではない。顧客サービスとは「顧客の記憶にどう残るか」ということだ。

顧客サービスの判定結果は、顧客のその後の態度に容赦なく表れる。ディズニー・ワールドが実際に待ち時間を二〇％短縮することに成功したとしても、客の気持ちをそらして待ち時間の感じ方を変える工夫をしなかったなら、顧客の不満は爆発したにちがいない。つまり、現実にどうかではなく、顧客がどう感じるかが重要なのである。

## 製品の信頼性

次にこういうことも考えてみよう。このコピー機メーカーは素晴らしい品質プロセスを開発し、コピー機は大変信頼性の高いものになった。さてそのことは、顧客サービスにどのような影響を与えるだろうか。答えは意外なものだ。製品の信頼性が高まるということは、簡単に直る問題が減っていくということである。残った問題はもっとも面倒なもので、修理は時間もかかるし難しい。だが顧客はこういうトラブルを経験すると、全体的なサービスが実際には著しく改善しているにも関わらず、サービスが低下したと感じてしまう。

それではどうしたらいいのだろう。できることはいくつかある。

**1　顧客のサービスに対する「感じ方」を調整する**　ある会社は、実際にどんなサービスをしたかを記したレポートカードを各顧客に示している。こうすることで、ときおり起こる問題はそのまま、ときおり起こる問題なのだと受けとめてもらえる。

**2　問題の発生を防ぐ**　ある会社は、どの部分を予防的にメンテナンスすれば問題発生を減らせるのか研究している。また別の会社は、機械に自己診断の能力をもたせる工夫をしている。なかには、問題が発生しそうな状況を察知すると、顧客の手を煩わさずサービスの要請までやってくれる機械もある。

**3　製品を修理しやすくする**　修理に時間がかかる根本的な原因が、必要部品がすぐに入手できないことだというケースも多い。ある大手コピー機メーカーの副社長は、「ワッシャーの壁」というものを作った。彼は、製品設計の技術者たちが、それぞれの製品に独自のワッシャーを指定していることに気づいたのである。このことが各地の予備部品在庫に大きな問題を生じさせていた。また修理にひじょうに時間がかかる原因もここにあった。彼はすべての特殊ワッシャーを集めさせ、それをオフィスの壁一面に貼りつけていった。最終的に、壁には一〇〇〇個を超すワッシャーが並んだという。副社長は、設計技術者たちを呼んでこのワッシャーの壁を見せた。これを見て驚愕した技術者たちは、すぐに製品の再設計に取りかかり、どの製品にもできるかぎり共通の部品が使えるようにした。その結果、顧客がサービスを依頼してから機械修理が完了するまでの時間は驚くほど改善した。また在庫費も一気に縮小したという。

## 製品が入手可能であることが顧客サービスだろうか

小売業では、顧客サービスの基準をどうするかということがつねに問題になる。ほとんどの小売店には何千種類もの商品があり、それを常時揃えておくというのは費用もかかるし困難である。またたとえ商品があっても、それが棚の適切な場所になければ顧客は取り出せない。小売業において顧客サービスを測る正しい尺度とは何だろうか。

答えは欠品があるかないかというような単純なことではなく、顧客の実際のニーズによって複雑に変わってくる。どんな業界でも、顧客のニーズをじゅうぶんに深く追求しないために不必要な費用を生じさせている例が多い。

たいていの小売店では、顧客はごく一般的なニーズをもって店にやってくる。たとえば、「巻き尺がいる」「プラスチック容器がほしい」「手ごろな値段のテレビが買いたい」といったニーズである。多くの店には顧客のニーズに合う商品が二〜四種類あるが、顧客はそれが何種類であろうがとくに気にかけない。そのなかの一つが品切れであってもじゅうぶんに満足して買い物を済ませるだろう。工業資材メーカーにも同様の状況がありうる。

小売店の場合は六〇％以上がこういう種類の顧客であるし、工業資材メーカーの状況もほぼ同じである。こういう場合に適切な方法は、8章でも説明したが、代替品グループを作ることである。しかしこれらの企業のほとんどは、特定の製品が必ず入手可能であることが顧客サービスの基準だと考えている。これはひじょうに費用がかかるばかりでなく、顧客が適切な代替品を見つけて購入できるようにする有効な仕組みが作り出せない。この仕組みがないことが、多くの企業で顧客サービスに問題を生じさせ、大きな在庫費を生んでいるのである。

サービス業や工場には、顧客サービスに関するまた別の誤解がみられる。たとえば一般的な病院の場合、「品切れ」という言葉は、病院内の保管庫かあるいは少なくとも病棟のどこか一カ所で何かの製品がなくなったということを意味する。しかしこの病院にはいろいろな場所に同じ製品が大量に保管されている。

本当の問題は、病院中に分散しているその製品を探すメカニズムがないことなのである。

この問題は、医療用品サプライヤーにとっては大きなチャンスでもある。保管庫と各病棟を含めたベンダー管理在庫システムを取り入れれば、病棟間で製品を融通し合うことができる。品切れは解消され、医療現場の在庫も少なくて済む。このことはベンダー在庫管理のあまり知られていない大きな利点である。

## 効果的な顧客サービス

顧客企業のマネジャーがどんな顧客サービスを有効と考えるかは、そのマネジャーのレベルによってまったくちがう。

高い注文処理率とか迅速な対応といった昔ながらの顧客サービスを向上させることしか考えていない会社は、深刻な危機に直面している。競合会社が重要顧客の上層部に、顧客側の収益性を大きく改善する独創的なサービスパッケージを提供したら、ビジネスを奪われてしまうだろう。たとえ顧客側の現場のマネジャーたちを満足させていたとしても、上層部の満足を得られなければやはりビジネスを失うのである。

顧客サービスは、良好な顧客関係の出発点ともなれば終焉地点ともなる。これは重要な収益レバーであるにもかかわらず、正しく理解されていないことが多い。成功のカギは、顧客がそのサービスを実際にどう感じているかを、きちんと考えることである。また、その顧客の感じ方をどのように作り出し管理するかを独創的に考えることだ。注意深く分析すれば、顧客サービスを成功させることができる。ただし素早く動くことだ。競合企業に後れを取ってはいけない。

## 章のポイント❗

1　顧客サービスは良好な顧客関係の出発点ともなれば終焉地点ともなる。しかしビジネスの領域のなかでもっとも理解されていない領域の一つである。

2　サービスに対する悪印象は、平均的な経験ではなく「最悪の経験」（たとえそれがめったに起こらないものであっても）に基づいている。しかし、顧客の感じ方は、さまざまな方法を用いて形作ることができる。

3　顧客サービスの判定結果は、顧客のその後の態度に容赦なく表れる。顧客サービスのもっとも適切な基準は、実際に顧客が「何を経験したか」「どう感じたか」、そして「その後の顧客の態度」である。業務上何が達成されたかではない。みなさんの会社の顧客サービス基準は何を測るようにできているだろうか。

4　顧客サービスを改善しながら費用を下げるカギは、製品の設計など一見無関係に思えるところにあることが多い。「エレベータホールの鏡」や「ワッシャーの壁」などの例について考えてみよう。

### このあとは……☞

第3部のこの章までは、効果的なサービス差別化プログラムの作り方、サプライチェーンを真の顧客ニーズと顧客関係に適合させること、顧客の発注パターンを管理して費用を下げること、顧客サービスに対する顧客の感じ方をどう形作り管理するかなどについて述べてきた。これらはどれも費用を下げて収益性を上げる重要な収益レバーである。

次章では、生産費を下げ、柔軟性と市場対応能力を向上させる「受注生産方式」について、それをどう作り出すかを説明する。また最後の章では、収益性を上げるための業務管理について述べる。

24章

# 受注生産方式で儲ける

数年前、ある大手の家電メーカーが製造プロセスの改革を行い、レンジや冷蔵庫、その他白物家電の生産サイクルタイムを、四カ月から三日に縮小した。この革新的な新プロセスの導入に、費用はまったくかからなかった。それどころか開始直後からキャッシュを生み出した。

この会社は何をしたのだろうか。どうやってそんなことができたのだろう。

じつはこの改革の重大な最初の一歩は、何年も前に踏み出されていた。経営陣は社内に、革新の企業文化を作り出そうと考え、マネジャーたちに仕事の新しいやり方を見つけるように指示していた。さまざまな試みを自由にやらせ、たまに起こる失敗も改革プロセスの一部として受け入れた。これが会社に究極の競争力を生み出すことになった。

製造担当副社長はこの改革プロセスの一環として、新しい製造方式を求めて世界中を探した。ニュージーランドのある会社が効率的な新しい製造方式を開発したことを知った彼は、この方式を会社に取り入れた。これが「受注生産方式」で、これはやがてこの家電メーカーを目覚ましい成功に導く。現在ではさまざまな業界がこの方式を取り入れている。しかし追随する多くの企業には、この家電メーカーの成功の基盤となった主要な要素が欠けている。

## 伝統的な生産方式

以前この家電メーカーでは、在庫分を製造するというマス・マーケット時代からの伝統的な生産方式をとっていた。各製品は四カ月に一度大量に生産される。売上予測をたてて生産量を決め、次の製造時期まで在庫が保たれるだけの製品を作るのである。

売上予測は複雑なプロセスによって作成される。製造が始まる四カ月前、営業担当者、主要顧客の幹部、各地区の営業責任者が集まって見積りを作る。この見積りは地域業務担当者と地域責任者がチェックして調整を行う。それから価格設定責任者と販売管理担当者がさらにそれをチェックする。製造開始六〇日前になると、見積りは売上予測に組み込まれ、それはさらに営業担当副社長、プロダクトマネジャー、マーケティング担当副社長の審査を受け、調整される。そして三〇日前に、製造チームが生産計画と数量を設定する。

問題はこの三〇日前の時点で市場の状況がすでに変わってしまっていることで、それはだれもが知っていた。スケジュールも生産量も的外れである。しかし予測プロセスはあまりに複雑に入り組んでいるため、生産プランを直前に変更することはとても不可能だった。結果的に、慢性的に膨れ上がる在庫や欠品によるサービス低下が繰り返された。毎月の予測に、一二の部門から八七人の社員が関わって、三人年（三人が一年間になす仕事量）を費やしているのにである。

## 受注生産プロセス

受注生産プロセスの中心にある考え方は、「製品群」の販売量を正確に予測することはできても、その製品群のなかのどの製品ミックスが売れるかまで正確に見積もることはできないという認識である。たとえば、レンジ事業の一つの製品群には、色や機能がちがう四種類の製品が含まれる。各製品の売上は月によって最大二五％ほど変動するので、予測は大変難しい。しかし、製品群全体を見れば月々の売上変動は三％に満たない。両者の変動幅は大きく異なる。

この事実がはっきりしたとき、製造担当副社長は、製造プロセスを再編成することを決心した。各製品を四カ月ごとにまとめて四カ月分製造するのではなく、一定の生産能力をつねに各製品群のために使うことにした。次に、製品群のなかの製品ミックスを毎日変えることのできる製造プロセスを開発させた。これにより、四カ月分の生産計画を一カ月前に設定するシステムから、リアルタイムの需要をもとにして、毎日製品ミックスを変更する生産システムに転換することができた。

## 営業の懸念に対処する

この時点で、営業チームは不安を感じていた。需要が予想を越えて高まったときに、新しいシステムはそれに応じられるのだろうかと心配したのである。生産能力の問題はなさそうだが、必要な部品は大丈夫なのだろうか。

このもっともな懸念を解消するため、製造部門は部品在庫を増やすことにした。どんな製品でも、生産をすぐに五割増しできる。これで営業チームは納得した。

しかし、それでどうして部品在庫が溢れてしまわなかったのだろうか。

製造担当副社長は、生産に使われるすべての部品について慎重に調べてみた。製品群のなかですべてに共通な部品もあったが、その他の部品は一つか二つの特定の製品にだけ使われていた（前章の「ワッシャーの壁」を思い出すだろう）。

副社長は設計技術者に、製品の再設計に全力を上げるように命じた。すべての製品にできるだけたくさん共通の部品が使われるようにしたのである。これによって部品在庫は劇的に減少した（また顧客サービスも向上し、経費も削減された）。

製品を再設計したことによる影響はきわめて大きかった。たとえば、レンジ事業には九つの製品群がある。仮に生産量が五割増えても対応できるようにするための特殊部品の在庫費用は、およそ七五万ドルである。これだけを余分に在庫しておけば、受注生産システムが実施できた。こうして、完成品在庫を約一四〇〇万ドル減らし、半分にしたのである。

設計技術者がさらに設計の変更を進めると、レンジの部品在庫費七五万ドルは三〇万ドルにまで減り、完成品在庫の残り一四〇〇万ドルは八〇〇万ドルに減少した。冷蔵庫など白物家電の事業も、同様の成果を収めた。

この強力な収益レバーが会社全体の最終利益に与えた影響は驚くべきものだった。期日内に注文に対応できる割合は、六〇％以下だったのが九五％以上に上昇した。会社全体の完成品の在庫は、一億ドルから三五〇〇万ドルに減り、莫大なキャッシュを生み出した。倉庫費は三〇％減った。最小生産単位数は、二〇〇台だったのが、いまや一台である。生産スケジュールの変更停止期間は、三〇日から三日になった。

経営陣はこの新しいプロセスを、実に慎重な行き届いたやり方で実行した。生産プロセスを変えるなどの大規模な変革を行うたびに、仕掛品在庫を設け、新しい生産プロセスが安定して微調整がすむまでにしばらく時間がかかったとしても、受注に支障が起きないようにした。そして、ひとたび生産が軌道に乗ると、その予備の製品を含め在庫を一気に減らした。

## 並行して変革を行う

この家電メーカーは、受注生産方式の効果を高めるため、いくつかの関連する分野で並行して変革を実行している。

▼まず重要なことは、すべての主要なマネジャーの報酬を、次の二つの尺度に基づく実績に応じたものにしたことである。(1) 売上高利益率（収益性）、(2) 納期遵守率。

▼主要サプライヤーと緊密な連携を図った。まず主要サプライヤー五社を選び、それらの会社が受注生産方式を取り入れられるように支援した。これによってサプライヤーもまた、部品在庫を九カ月で六〇％減らすことができた。またとりわけ重要だったのはサプライヤーの数を一三〇〇社から四〇〇社に減らしたことだ。残った会社に影響力と連携を強められるようにしたのである。主要なサプライヤーからは技術者を招いて、製品再設計にも参加してもらった。

▼流通センターの数を二六カ所から三カ所に減らした。以前は各流通センターがそれぞれの地域を担当し、数カ月分の全製品を保管していた。新しいシステムでは、各センターが三つある工場の一つずつを担当

する。三つの工場はそれぞれ異なる事業（たとえばレンジ事業）に対応しているので、各流通センターは一種類の製品のみを保管する。そのため全国の需要の動向にもよく目が届くようになった。この新しい流通形態と、効率のよい受注生産方式によって、完成品の在庫はほぼすべて姿を消したのである。

▼地域の流通センターを廃止した後、地域ごとのクロスドックが作られた。三カ所の流通センターからはこの地域の小規模なクロスドックに製品が送られてくる。ここで製品は直接配送トラックに積み替えられる。これによって配送効率が高まり、受注応答時間が短縮された。新しい製造と配送のシステムは効率的で、注文処理期間は、製造と配送の時間を含めて、たったの六日間である。

▼会社はまた、主要顧客と連携して、顧客側の効率を高める工夫もした。これまでこれらの顧客は、約一六週間分の製品を在庫していた。それを二週間分に減らしたところ、在庫費は著しく減少した。また最大の顧客数社からは、毎週定期的に注文を受けるようにした。これによってさらに注文の予測が立ちやすくなり安定性が増した。

## 変革を成功させたおもな要因

経営陣は今回の経験を振り返って、以下のような成功のコツを語ってくれた。

1　営業担当者が新しいプロセスに違和感をもたないように、彼らを巻き込んで変革を進める。

2　変革プロセスと報酬制度を連動させることはきわめて重要である。

3 変革プロセスは自己資金でまかなう。「だから思い切ってやる！」

4 新しいプロセスは段階的に実行する。今回の場合は生産サイクルタイムを一二〇日から、三週間、一週間と減らしていって、最後に三日にした。

5 変革に協力するというサプライヤーの決意が不可欠である。「協力したくないサプライヤーがいれば、ほかのサプライヤーを探したほうがいい」

6 サプライヤーの力を借りること。「サプライヤーはわれわれが思っている以上に柔軟だ。これまでわれわれは彼らを資源として活用してこなかっただけだ」

## 最後のアドバイス

経営陣の一人は、成功の秘訣をこのように話した。「完璧な状態をめざして改革を先延ばしにするよりも、継続的に改善していくほうがいい。分析に固執して動きが取れない状態に陥らないようにすることだ」

彼は、他の会社がプロセスを分析しすぎて失敗するケースをいくつも見てきたという。「実行することによって学ぶ」、それがどんな変革プロセスでも重要である。この会社には、「改革を進めるという強い決意」「理にかなった新しいことを試そうという意欲」「新しいプロセスのすべての側面を理解する能力」があった。それらが収益性を急成長させ、成功を持続させたのである。

## 章のポイント！

1 このメーカーの古い生産システムは、マス・マーケットの時代に開発されたものである。この時代は、比較的種類の少ない規格品が、安定した需要のもとに生産されていた。このシステムでは、現代のプレシジョン・マーケットの時代の需要にまったく対応できない。

2 「受注生産方式」はこの新しい時代のビジネスニーズに応えるものとしてよく考えられている。このシステム成功のカギは、需要がより安定している「製品群」に生産能力を割り当て、新しい方法によって、めまぐるしく変化する市場の需要に各製品群の製品ミックスを日々適合させたことである。

3 新しい生産システムは、製品デザイン、サプライヤーとの関係、顧客との関係、サプライチェーンの構造など、関連する広い範囲に影響をおよぼした。それによって会社は、すっかり新しいビジネス体系を作り上げることができた。

4 全社の報酬制度を、いくつかの共通の尺度によって連携させることがきわめて重要だ。このことについては次章で詳しく見ていく。また、この変革プロセスが自己資金によるもので、スタート当初からキャッシュを生み出したことにも注目したい。

5 この会社の変革の方針について考えてみよう。「完璧な状態をめざして改革を先延ばしにするよりも継続的に改善していくほうがいい。分析に固執して動きが取れない状態に陥らないように」これは分析精度七〇%で行動を起こす決断力の素晴らしい実例である。

**このあとは……☞**

第3部の最終章は業務とサプライチェーンに注目し、会社の収益性を最大にするためにそれらをどう活性化するかを説明する。

# 25章

# サプライチェーンの生産性を向上させる

今日のサプライチェーン管理の最大の問題は何だろうか。

多くの企業における最大の問題は、サプライチェーン組織の役割が狭く規定されすぎていることである。サプライチェーン責任者はたいてい、旧来のロジスティクス責任者と同じ働き方をしていて、業務費を抑制することしか考えていない。担当者がこういう状態の会社では、巨額の潜在的利益が失われている。

ＭＩＴでサプライチェーン担当のエグゼクティブたちを指導するとき、私はときどき「このなかにロジスティクスの責任者はいますか」という質問をする。全員の手が上がる。次に「サプライチェーンの責任者は？」と尋ねると、再び全員の手が上がる。

それから私は「ではその両者のちがいは何ですか」と尋ねる。たいていの場合、参加者たちは戸惑ったような表情をする。しかし彼らにとって、これはきわめて重要な質問なのである。この質問の答えには彼らの会社の収益性がかかっている。

ロジスティクスとサプライチェーン管理のちがいは決定的なものだ。ロジスティクス責任者は顧客の注文を既定の事実と捉え、それにかかる業務費を最小にすることに関心を向ける。しかしサプライチェーン責任者の視野はもっと広い。サプライヤーから始まり、社内を通って、製品を最終的に使用する顧客まで、商品フローのあらゆる部分の収益性管理に積極的に関わる。このちがいは大きく、会社の利益に大きなインパクトをもたらす。

根本的な問題は、サプライチェーン管理に関わる重要な要素の多くが、サプライチェーン組織の外にあるということだ。それらの要素は他部門によって管理されているか、あるいはまったく管理されていない（このほうが普通である）。そのために、多くのサプライチェーン責任者は、自分が直接コントロールできる「変数」だけを管理していればいいと単純に思ってしまう。

## ロジスティクスからサプライチェーン管理へ

最近、大企業のサプライチェーン管理の責任者を対象にしたアンケート調査結果を検討する機会があった。「サプライチェーンの重要な課題」の上位に挙げられていたのが、「サプライチェーンの可視性の改善」といった業務に関する項目で、私はここに問題があると思った。

サプライチェーンの可視性はたしかにサプライチェーンの重要な問題の一つだ。入庫状況、配送、顧客在庫などに関するより正確な情報が得られれば、費用の削減につながる。しかしこれらはじりじりと起こる性質の変化であって、パラダイムシフトを伴う改革ではない。

まず何より、サプライチェーン責任者は「サプライチェーンの生産性」に責任をもつべきである。つまり、サプライチェーンに託された資産の収益力と生産性につねに目を配って管理するべきであり、これは単なる費用管理とはちがう。この重大な責任はこれまでのロジスティクスの域をはるかに超えるものだ。売上と費用の両方に責任をもち、それらが会社の収益性にどうつながるかまで考えなければならない。

サプライチェーンの生産性は、在庫などのサプライチェーン資産の収益力の尺度で、投下資本利益率（ROIC）と呼ばれる指標によって測られる。たとえば、ある地域における一つの製品の在庫が一〇〇ドルで、一年のうちに二〇ドルの純利益をもたらすとすると、投下資本利益率は大変良好で二〇％である。これは会社にとって「利益の小島」だ。しかし別の製品は、同じく在庫が一〇〇ドルだが、年間一〇ドルの損失を出す。こういうものが「赤字の海」を形成している。

こういう簡単な比率は、前章で説明した収益マップを使えば、すべての顧客と製品に関して、普通のパソコンで二～三カ月もあれば計算できる。出てきた数字は会社の収益性パターンも示しているが、そこからサプライチェーン資産の収益力の状況を読みとることもできる。つまりサプライチェーンが実際にどのような業績を上げているのかがわかる。

会社の事業の二〇～三〇％しか利益を上げていないとすると、当然のことながらサプライチェーン資産（および業務費）の大半が非生産的だということになる。これはサプライチェーンの大問題であり、抜本的な改革を行う絶好の機会があるということでもある。にもかかわらず、ほとんどのサプライチェーン担当者が、それが最重要課題だと理解していないのは驚きだ。自分の仕事だとさえ考えていない！

次のような例がよくある。サプライチェーン責任者が努力して在庫を二〇％削減した。しかしこれらの資産は不採算の事業のものだった。彼は喜ぶべきなのだろうか。それは担当者が自分の仕事をどのように定義しているかによる。従来のロジスティクス責任者のように仕事をしているとすると、彼にはおそらく問題そのものが見えていないので、効率が改善したことを喜ぶにちがいない。しかし本物のサプライチェーン責任者であれば、全体の状況が見えているので、大事な仕事はここからだと考えるだろう。

ほとんどの会社にとって、サプライチェーン生産性を改善するもっとも効果的な近道は、販売される商品ミックスを、会社の業務能力に合わせたものに変えることである。売上はどれも同じではない。売上によって、高い収益性を生むものも、実際に儲けを減らしてしまうものもある。この差は驚くほど大きい。しかし、サプライチェーン生産性を決定するこのもっとも重要な収益レバーに体系的に働きかける努力はほとんど行われていない（6章参照）。

ほとんどの営業担当者の報酬制度は、「売上最大化」あるいは「総利益最大化」をめざして作られている。実際にはこのどちらも、大きな業務費を含めた真の収益性をまったく反映していない。これが多くの会社でサプライチェーン生産性が上がらない本当の原因である。この問題に対処する責任を認識していないサプライチェーン責任者が、会社に大きな費用をもたらしている。

この現実に向き合うサプライチェーン責任者は、選択を迫られることになる。これまで通り内向きに、商品フローの可視化や費用管理などの伝統的なロジスティクスの仕事を続けるか、あるいはそこから一歩踏み出して、サプライチェーン資産の生産性を最大化する大きなチャンスに賭けるか、という選択である。後者を選択すれば、ときには費用が縮小するが、ときに収益の流れが変わり、突出した売上増加に伴う費用増もある。

だが必ず起こる変化は、重要な新しい価値を共に創り出すため、他部門のマネジャーたちと緊密に連携するようになることだ。

以前、サプライチェーン責任者たちと話し合いをしたことがあるが、そのときこんなことに気がついた。彼らは、自分の仕事が会社の戦略やビジネスにおいて重要な役割を果たしているのだろうか、会社のために本当に貢献しているのだろうかということを気にしていた。

サプライチェーン責任者はしばしば、自分は単にだれかが考えて決めた事業のための、サービス機能の管理者にすぎないと考えている。だから、問題の多い事業の要請にできるだけ対応することしかできないと思ってしまうのである。しかし心の底では、費用やサービス目標を満たすことだけでなく、より会社に貢献できればと考えている。

## サプライチェーンの生産性を上げる5ステップ

有能なサプライチェーン責任者たちと一緒に仕事をした経験から、その役割を単なる費用管理からサプライチェーン生産性管理に広げるためには、次の五つのステップが重要であるということがわかった。

**1** せまい意味のロジスティクスではなく、サプライチェーン管理の中核となる「サプライチェーン生産性」に責任をもつことを**決心する**。託された資産の収益力向上を、自分の仕事の中心に据えるのである。次に社内外を見渡して、このプロセスにはどんな人たちが関わっているのかを見きわめる。もしかすると、会社にきちんとした「収益性管理プロセス」がない可能性もある。そういう会社は、だれもが予算を達成していれば資産の生産性は最大になるという単純な、そして誤った思い込みをもっている。

**2** 自社のサプライチェーン生産性を**分析する**。収益マップを作るプロセスが社内にないなら、自分で考案すればいい。次のことを可能にするモデルを作成するだけである。(1)すべての製品、注文、顧客ごとの在庫がわかり、(2)これらの在庫資産それぞれから生み出される売上と純利益がわかり、

（3）以上をもとに、各製品、注文、顧客ごとの投下資本利益率のデータベースを、七〇％の精度で作れるもの。詳しくは6章を参考にしてほしい。このデータベースは、サプライチェーンの各要素の資産生産性を示している。これを見れば、何が有効な収益レバーかすぐにわかる。営業やマーケティングのマネジャーたちもこの情報には強い関心を示すにちがいない。

**3** 営業やマーケティングの責任者と協力して、組織的に投下資本利益率を高める取り組みを始め、そこにおいて**リーダーシップを発揮する**。取り組む要点はおもに次のようなものだ。（1）顧客選択、（2）顧客関係の選択（一定の距離を保つ関係か、業務パートナーシップか）、（3）営業プロセスの選択（訪問営業か内勤営業か）、（4）サービス差別化（それぞれの顧客、製品ごとにちがう注文処理期間）、（5）製品ライフサイクル管理（ライフサイクル後期の製品の在庫をどこでいつ打ち切るか）、（6）商品フロー管理。（本書の第2部、第3部を参照）。これらの主要な要素は、顧客プラニングや顧客管理プロセスに統合されることになる。このプロセスを営業やマーケティングに任せてしまわず、サプライチェーン担当者がくわわることが重要である。顧客プラニングや顧客管理プロセスは、何にもましてサプライチェーンの生産性と業務費を大きく左右するからだ。このプロセスで中心的な役割を果たさなければ、サプライチェーン担当者は単に対応するだけの役割から抜け出せない。

**4** サプライチェーン能力によって、自社を競合他社から**差別化する**。これはサプライチェーン生産性にも会社の収益性にも、大きな影響を与える。現在多くの企業が、サプライヤーを四〇〜六〇％も減らしている。勝ち残ったサプライヤーは、たちまち市場シェアが大幅に増える。ビジネスの増加を勝ち取るのか、すべてを失うかは、前向きの変革を顧客にもたらす能力があるかどうかで決まる。どうすれば顧客企業の収益性を高められるかを知っているサプライヤーが、競争を勝ち抜く。現在これが市場シェアを増やすもっとも早く確実な方法だ。そしてこれは、何よりもサプライチェーン管理の問題なのである。すぐれたサプライチェーン責任者は、顧客社内のプロセスや経済的状況を詳細に知っていて、主要顧客と共に「業務パートナーシップ」を作り出すことができる。つまり顧客側の在庫回転率を高め、製品をそれが必要とされる場所に直接届くようにし、顧客の収益性が上がるような情報を提供するのである。これらはみなサプライチェーン能力であり、会社の売上、費用削減、持続する戦略優位の獲得に大きく貢献する。

## 5

社内および顧客企業において**変革管理を行う**。サプライチェーン生産性を最大にするには、質の良い情報が必要なのはもちろんだが、一番重要なのはすぐれた変革管理である。社内の場合は、投下資本利益率に関する詳細な全体像を作ること、それに収益性管理と投下資本利益率改善のプログラムを、他部門の責任者と協力して作成することが必要だろう。主要顧客企業内でも、自社の場合と同じように、顧客側の収益性と自社製品における顧客側の投下資本利益率の理解を深めること、それに顧客企業のおもだったマネジャーたちに変革と改善のための効率的なプログラムにくわわってもらうことが必要になる。つまり主要顧客企業内で収益性管理プログラムを作り出すのである。

## サプライチェーン生産性を管理する

ロジスティクスからサプライチェーン管理への移行に必要なのは、視野を広げることにつきる。

▼狭い費用管理からサプライチェーン生産性へ視野を広げる。
▼マネジメントの関心を、サプライチェーン業務から会社全体の活動に広げる。
▼仕事の範囲を、自社の業務だけでなく顧客やサプライヤーの業務にまで広げる。

つまり、自分の仕事の枠を広げるということだ。

サプライチェーン生産性をあげるためには、だれよりもサプライチェーン責任者が収益性管理と変革管理のエキスパートでなければならない。これらの能力を身につけたサプライチェーン責任者は、会社の将来に関わる決定的な役割を果たすことになる。

**章のポイント！**

1　ロジスティクスとサプライチェーン管理の大きなちがいについて考えてみよう。前者は費用管理だけに注目するものだが、後者はサプライチェーン全体の資産生産性まで視野に入れる。

2　サプライチェーン生産性を増すための確実な方法は、営業が業務能力に適したビジネスを取り込むことである。また売上を急伸させる一番の方法は、サプライチェーンチームが主要顧客との業務パートナーシップを作り上げることだ。しかし多くの会社で、営業と業務は高い壁で仕切られていて、全体的な予算を通してしかつながりがない。これもマス・マーケット時代の大きな負の遺産である。

3 社内を統合するのに一番いい方法は、収益性や投下資本利益率などの包括的尺度を作り、収益性を最大にするために関連部門の責任者が協力することだ。プレシジョン・マーケットの時代に成功するためには、こういうことがぜひ必要である。

4 他部門のマネジャーと連携して会社の収益性を管理するための、投下資本利益率の情報が会社にあるだろうか。もしないなら、先頭に立ってそれを作成してはどうか。データは七〇％の精度があれば収益性を高めるのにじゅうぶんだし、作成にそれほど時間はかからない。

## このあとは……

第1部、第2部はそれぞれ、収益性向上をめざす考え方と営業について説明した。また第3部は収益性向上のための業務について述べた。最後の第4部は、収益性を最大にする高パフォーマンスの組織を作るためのリーダーシップについて述べる。

# 第4部

# リーダーシップは「利益」のために

何よりも、企業というのは人である。効果的なマネジメントこそが、会社の収益性と業績を最大にする究極のカギだ。経営陣のリーダーシップと、有能な管理職チームなしには、どんな収益性向上の取り組みも役に立たない。

効果的な収益性管理プロセスを形作る基本要素は、「変革管理」「有能な管理職層」、それに「マネジャー個人のリーダーシップ」である。第４部では、社内および顧客やサプライヤーにおけるパラダイムシフトの管理、有能な管理職チームの育成、企業文化の変革管理などについて述べる。そして最後に、どうしたら有能なマネジャー、リーダーになれるかについて述べようと思う。

### マネジャーはどのようにパラダイムシフトを主導すればよいか

**26 章**では、飛躍的変化の本質について説明し、どうしたら危機に陥る前に効果的に組織を革新できるかを述べる。**27 章**では、変革管理のおもだった型について述べ、それぞれを成功させるための方法を説明する。**28 章**では、前向きの変化を一気に起こすための有効な変革管理能力を、どう身につけるかを説明する。

### 顧客やサプライヤーに大きな変革を起こすにはどうすればいいか

**29 章**では、顧客企業内の変革を含む大規模なプロセス改革をどう展開していくかについて述べ、苦戦している会社の例を紹介する。**30 章**では、収益性と競争的立場を改善するために、サプライヤーのもつ深い専門性を活用する方法を述べる。

### 有能な管理職チームを作り出すもっとも有効な方法

**31 章**では、マネジャーが１レベル下の仕事をしているという状態が会社をマヒさせ、収益性最大化を阻んでいることを述べる。**32 章**では、有能で行動力のある管理職チームを作るためのおもなステップについて述べる。**33 章**では、変化する業界の状況に対応するための、効果的な行動トレーニングプログラムを開発する方法について述べる。またそれを行うことによって企業文化のパラダイムシフトを起こす方法についても説明する。

### すぐれたマネジャーやリーダーになるにはどうすればいいか

**34 章**では、ＣＩＯの仕事がテクノロジーを扱うことから、既存のプロセスを改善すること、さらには根本的に新しい方式の業務を支えるテクノロジーを展開することへと変わってきていることと、ＣＩＯが担うべき新しい役割について述べる。**35 章**では、有能なマネジャーであるための主要な能力について述べ、どうすればそれを伸ばすことができるかを説明する。**36 章**では、リーダーシップとはどういうものかの概略を述べ、どうすれば有能なリーダーになれるかを説明する。

# 26章

# パラダイムシフトに挑戦する

最近、元教え子からメールをもらった。彼女は大手の企業でサプライチェーン改革に取り組んでいる。メールには、「意外だったのは、ハードの部分は比較的簡単に解決できたのに、ソフトの問題が一番困難だったことです」とあった。これはどういう意味なのだろうか。

彼女は、会社の収益性を改善するために事業の基本的なやり方を見直すプロジェクトにくわわっていた。会社とサプライヤーをつなぐ新しいシステムを開発することは、知恵を絞らなければならない難しい問題だが、解決可能なものだった。本当に難しかったのは、他のマネジャーをこの改革に巻き込んで、長くやってきた仕事のやり方を変えさせ、新しいシステムを受け入れてもらうことだったという。彼女が経験しているような大規模な変革管理のプロセスは、マネジャーとしてのキャリアのなかでも、もっとも重要で挑戦しがいのある仕事である。

数年前、GEは重要な社内調査を行った。いくつかのプロジェクトを分析し、プロジェクトの規模とその投下資本利益率の関係を調べたのである。その結果、大規模な投資は小さい投資よりも、はるかに投下資本利益率が大きいということがわかった。その理由は、大きいプロジェクトの場合は仕事のやり方が根本的に変わり、パラダイムシフトが起こるからである。それに対し小さいプロジェクトは、利益は上がっても低めの利益率にとどまった。現行の業務プロセスの手直し程度だと、少しずつしか変わっていかない。この調査の結果を受けて、GEの経営陣は企業文化を変えることを決めた。GEのマネジャーたちは、プロジェクトの企画を提出すると、ビジネスのやり方を根本から改善するようなもっと多額の費用がかかる企画を作って出直すようにと言われるのである。

## パラダイムシフト

ビジネスにおいてパラダイムシフトはきわめて重要である。収益性を大幅に向上させて、会社をすっかり新しく生まれ変わらせるには、人々の考え方が大きく変わらなければならない。しかし、会社がとくに危機に瀕していないときにこれを行うのはひじょうに難しい。パラダイムシフトを起こすのと、現行の事業を徐々に改善していくのとはまったくちがう。

「パラダイムシフト管理の参考書はありませんか」と聞かれることがよくあるが、そういうとき私は、相手の意表をつくこんな本を紹介する。故トーマス・クーンの『科学革命の構造』である。この本はビジネススクールの博士課程レベルでは必読書であるが、書店の一般向けの棚にはまず置いてないし、そもそもビジネスに関する本でもない。

これは、クーンの科学史研究から生まれた本である。これが発表されるまでは、科学における知の構築は、科学的な方法を中心とした直線的なプロセスであると一般に信じられていた。科学者が仮説を作り出し、次にそれを実証することによって、知が構築されていくと考えられていたのである。しかし科学史のなかで実際にどんなことが起こってきたかを詳細に調べたクーンは、そういう考え方が事実とはまったく異なると断定した。

クーンが発見したのは、科学における知の構築プロセスには、ときおり大きな揺れを伴って前進する時期があるということだった。実際には、ほとんどの科学はクーンが「パラダイム」と呼ぶ広範な「暗黙の説明的枠組み」の脈絡のなかにある。太陽が地球の周りをまわっているとするアリストテレス理論は、パラダイムの一例である。

科学は一つのパラダイムのなかで、そのパラダイムと矛盾しないように結論づけられる。有効とされる実験はそのパラダイムを支えるもので、一般的にはそれをさらに向上発展させるものである。クーンはこういう科学を「通常科学《ノーマル・サイエンス》」と呼ぶ。科学者のコミュニティはあるパラダイムの周りに一つの文化を形成する。パラダイムに合わない実験を拒絶し、その実験をする科学者をのけものにするのである。一番いい例はガリレオだ。当時のパラダイムに反抗したために、命まで失うところだった。

やがて時代が移り、一般に信じられているパラダイムが不完全であることを示す実験結果が出はじめる。クーンはこれを「異常科学」と呼ぶ。このとき何が起きるかというと、その新しい証拠は無視され、科学者のコミュニティは何事もなかったかのようにふるまう。さらに時がたつにつれ、古いパラダイムが間違っているという証拠が次々と積み重なっていく。だがそれらもやはり無視される。

そしてついに、一人の科学者が包括的な新しいパラダイムを提案する。この新しい理論的枠組みは、「古いパラダイムが説明したことのすべて」および「すべての異常科学」を完全に説明できたときにのみ、受け入れられる。さらに新しいパラダイムは、「通常科学」の指針になるだけの有効性をもつように、詳細がじゅうぶんに明らかになっていなければならない。

しかし、こうなった時点でもまだ、変化のプロセスは政治的であり、理論的ではない。視野の広い科学者たちが新しいパラダイムに惹かれていくいっぽうで、古いパラダイムにしがみつく人たちもいる。

コペルニクスがついにアリストテレスのパラダイムを覆すまでには、こういうことが起きていたのである。アインシュタインがニュートンのパラダイムを覆したときも同じだ。これが「パラダイムシフト」である。クーンはこの変革の過程を詳細に解説している。

## 科学革命から学べること

クーンが科学の世界で見出したことは、ビジネスの世界でも日々起きている。マネジャーが、市場フォーカス、ベンダー統合、製造プロセスなどにおいてパラダイムシフトを起こそうとすると、「これがうちのやり方だ」という壁にぶつかる。この壁は、科学の世界でクーンが説明した科学者コミュニティのパラダイムと同じものである。

クーンが描き出した科学のプロセスと同様に、危機が明らかに目前に迫っているのでないかぎり、「仕事のやり方をすっかり変えれば利益が向上する」という証拠をただ見せただけでは、パラダイムシフトはなかなか起こらない。クーンの「異常科学」が無視されたのと同じようにその証拠も無視されるだろう。

第1部でお話しした、デルの有名な受注生産方式がどのように完成したかを考えてみてほしい。大成功をおさめたデルの新しいシステムは、だれかがホワイトボードで説明した投資効果の可能性に経営陣が納得して、「ではビジネスのやり方を変えよう」ということになったわけではない。

デルは生産したパソコンモデルが大失敗して巨額の損失をこうむり、キャッシュが底をつくという窮地に追い込まれていた。会社を生き返らせるためには、部品在庫をできるだけ早くキャッシュ化するしかなかった。業務責任者たちは、部品在庫なしで業務を行う方法を見つけるように命じられた。この不可能とも思える仕事に取り組むうちに、彼らはいまや有名になった受注生産方式の新モデルを完成させたのである。もしデルが会社存続の危機にさらされていなかったとしたら、経営陣はこの新しいシステムを提案されても、おそらく即座に却下していただろう。

## 危機に陥る前に変革を行う

では、危機に陥る前にパラダイムシフトを生じさせるにはどうしたらいいだろうか。クーンの発見に、多くのビジネスの実例を考え合わせると、三つの主要なポイントが見えてくる。

**1　パラダイムシフトを起こさなければ、どんな窮地に陥るかを、総合的に立証する**　旧来のビジネス手法がうまくいっていない証拠（主要顧客への販売が落ち込んでいるなど）を示したり、別の方法（新規顧客獲得に資源を移行させるなど）をすれば利益率がよくなることを示すだけでは不十分である。変革を行うしか選択肢がないこと、現在足元に火が迫っているわけではないが、刻々と危機に向かっているということが立証できなければ、組織はなかなか動こうとしない。しかし、選択肢が完全になくなってしまってからでは、多くの場合、変革に取り組むには遅すぎるのである。

**2　新しいパラダイムの包括的かつ具体的な詳細をきちんと作り上げる**　人は抽象概念に基づいて現在の仕事のやり方を変えることはない。新しいパラダイムには、変化に伴って起きる日々の行動の指針となるように、具体的で実行可能な変革の道筋が示されていなければならない。

こういう場合には「ショーケース・プロジェクト」という手法が有効である。ショーケースというのは、変革を取り入れる確約をせずに、新しいビジネスのやり方をデモンストレーションの形で試すことである。たとえば、前述の医療用品メーカーは、革新的な業務パートナーシップの開発を始めたころ、カナダの地方にある小さな病院でショーケース・プロジェクトを行った（17章参照）。この具体的な経験は、システムが実行可能であるという強力な証拠となった。カナダのこの小さな病院は、それ以来北米でもっとも訪問客の多い病院となった。新しいプロセスに興味をもつ病院経営者が、いたるところから見学に訪れるからである。

また、ある自動車部品の卸売会社もひじょうに先進的な会社である。「つねに実験を怠らない」というのが会社の一貫した方針で、何百もの店舗のうちのどこかで、何かしら新しいビジネス手法を試している。どれかの実験が成功すれば、その手法をたちまち全社に展開させる。うまくいかなければ中止して、速やかに次の実験に移る。ただし、一時にビジネス全体の〇・一％以上が、リスクを冒すことのないようにしている。それでもこういうやり方をすれば、きわめて迅速にまた効率的に変革を行うことができるのである。

これまでの経験から、次のようなことが変革を成功させるカギだと考える。まず、比較的小口の、優秀で革新的な顧客企業（あるいはサプライヤー）を選び、そこで実験的に新しい方式を実行する。ただしその場合、その顧客あるいはサプライヤーにとって、こちらが重要なサプライヤーないし顧客でなければならない。大事なのは、すべての要素が変革を成功させるのに有利な条件であることだ。そしてこの新しい取り組みが完成されるまでは、最大顧客に働きかけたいという誘惑を退けなければいけない。新しい収益レバーや革新的なビジネス手法を試すショーケースのために、製品ライン、販売地域、流通センターを選ぶときも同じである。

### 3　辛抱強く時期が来るのを待つ

パラダイムシフトが起こるためにはいくつか特定の条件が必要である。ある一定人数以上のマネジャーが、変革の必要性と新しいパラダイムの有効性を最終的に理解するまで、何度も変革が拒絶されるかもしれない。それにめげずに変革の必要性を説きつづけることが重要だ。しかしパラダイムシフトがいつ起きるかに関しては、柔軟でなければならない。一つひとつの「戦闘」の結果にではなく、「戦争」に勝利することに注目しよう。

大規模な変革プロセスを行うことになったときには、これを高い山に登るようなものだと考えるとよい。途中にいくつかの「ベースキャンプ」を作ることが大事で、これが結果を左右する。こういう工夫によって、変革プロセスを体系的に効率的に進めることができる（次章で、これをどのように行うかを詳細に説明する）。

## 経営陣への教訓

パラダイムシフトを起こすうえで、経営陣の果たす役割はきわめて重要である。まず社内に変化に親しむ文化を作り出す必要がある。標準的な手法にかたくなに固執するのではなく、ショーケースや実験を奨励すれば、変革はだんだんと勢いづいてくる。

企業文化は、リーダーたちの行動や姿勢の反映であることが多い。リーダーが、革新的なビジネス手法を試す必要があることを大らかに受け入れ、小さなつまずきを失敗ではなく学習の機会と受け止めるなら、パラダイムシフトに前向きに取り組む企業文化が育ってくる。

考え、実行することによって新しいことを学ぼうとする経営陣と、彼らを取り巻く視野の広い企業文化、それが企業にとって最大の資産である。長い目で見れば、洞察力のあるリーダーたちのこういう姿勢が、会社の成功を確実なものにする。

**章のポイント!**

1 パラダイムシフトは必ず起こせる。ただしそのプロセスは、ビジネスを徐々に改善していくこととはまったく異なる。

2 仕事のやり方を変えようとして「これがうちのやり方」という壁にぶつかったことがあるだろうか。あるとすれば、それはごく普通のことである。これは革新的なマネジャーが直面する最大の難問だ。

3 パラダイムシフトのプロセスでもっとも見逃されやすいキーポイントは、新しいビジネスのやり方を、日常業務の指針となるように、具体的に詳細に示す必要があるということだ。どう変えるべきなのかを完全に理解しないかぎり、人々は古いやり方を手放そうとしない。

4 経営陣がすべき重要な仕事の一つは、変化に親しむ組織、前向きの変化をつねに求めて取り入れる組織を作り上げることだ。これが持続する成功につながり、高い収益性を維持する秘訣だ。

## このあとは……☞

この第4部は、収益性向上をめざすリーダーシップについて述べていく。最初の五章は、変革（社内の変革と顧客やサプライヤーを含めた変革）管理に注目して述べる。その後の三章は、収益性管理に欠かせない組織の能力をどのように作り上げるかを説明する。最後の三章はどうすれば有能なマネジャーやリーダーになれるかについて述べる。

# 27章 変革管理

私は変革管理を考えるとき、四つのイメージが思い浮かぶ。「庭」「砂の城」「山」それに「皿の上のスパゲティ」である。では一つずつ説明しよう。

## 庭

最初のイメージは「庭」である。このイメージを与えてくれたのは私の義母だ。大変賢い人で、「結婚というのは庭のようなものだ」と言った。庭と同じで、つねに世話をして手入れをしてやらなければ、草ぼうぼうになってしまうというのである。

私も庭いじりが好きなので、彼女のいう通りだと思う。どんな美しい庭にも、その背後には驚くほど多くの労働がある。苗を植え、肥料をやり、絶え間なく雑草を抜かなければならない。ガーデニングの名人は、庭をもっとよくするにはどうすればいいかを絶えず考えているものだ。そして、定期的に草木を移し替えたり、新しいものをくわえたり、古いものを取り除いたりして庭の外見や構成を変えるのである。

ここには二つの重要なポイントがある。まず、庭は「つねに改良していないと、たちまち悪い状態になる」ということ。次に、庭がある程度よい状態のときでないと、さらによくする方法は見えないし、かなりよい状態のときでないと最高に素晴らしいものにする方法は見えてこないということだ。

みなさんのビジネスも、庭と似ていないだろうか。みなさんは、絶えず雑草を抜き、状態を調整し、さらによくするように努力しているだろうか。あるいは、どんな顧客にどんな製品やサービスを売るべきかを考えることなく、「うちのやり方」をただ繰り返しているだけだろうか。

すぐれたビジネスは美しい庭と同じで、単に現状を保つだけでも絶え間ない手入れを必要とする。不可欠でありながら見落とされることが多いのは、絶えず雑草を抜くプロセスである。ビジネスが発展し、市場が変化するにつれ、顧客、製品、サービスのなかには収益性と可能性を失っていくものがある。こういう雑草は抜いてやらなければならない。そういうプロセスが業務の一部として継続的に行われて初めて、可能性に満ちた新たな取り組みの芽が伸び、会社全体が健やかに保てるのである。

たとえばデルの「ライフサイクル後期の製品を売り切るプロセス」は、デルの最大の強みの一つと考えられている。これがビジネスの成否を分けているのである。つねに雑草を抜く努力を怠れば、多くの会社のように全事業の三〇～四〇％が完全に不採算という状況に落ち込む。そうなってしまうと、利益が劇的に改善するとわかっていても、不採算事業からの売上を諦めることが難しくなる。そうならないように、収益性管理を継続的に行い、絶えず雑草を抜くシステムを取り入れることがのぞましい。

## 砂の城

二つめのイメージは「砂の城」である。砂の城を築くプロセスを思い浮かべてほしい。まず砂を積み上げる。高く積み上げると、サラサラと崩れ落ちる。再び積み上げる。また崩れ落ちる。しかしそのうちに、城は形をなしはじめる。ときどき一部が大きく壊れると、そこを直すついでに少し形を改良する。また砂を積む。また崩れる。そして最終的に砂の城は完成する。その形はおそらく、作りはじめたときのイメージとはずいぶんちがったものになっているだろう。それは城作りのあいだに起こった状況に合わせて、計画を変える必要があったからである。

これを多くの会社の、ビジネスケースを使うプロセスと比べてみよう。ビジネスケースを作って投資を要請するには、さまざまな費用、価値創造のプロセス、プロジェクトがもたらす利益など、すべてを明確に書き出さなければならない。こういうビジネスケースは、既存のプロセスのために新しい機械を導入する場合のように、すべての要素が明らかな状況においてのみ意味をもつ。にもかかわらず、その時点で明確なデータを得ることが不可能な場合にも、ビジネスケースがよく使われている。これは間違いである。そういう不確実な状況はむしろ、砂の城を築くプロセスに似ているのである。

私は一九九〇年代の初めに、大手通信会社をはじめいくつかのハイテク企業に、新しいテクノロジーへの投資に関するコンサルティングをしたことがある。現代のわれわれにとってもっとも重要な革新的技術が開発されたときでさえ、そのプロジェクトはビジネスケースによって審査された。つまりプロジェクトの企画が通らなかったかもしれないのである。驚くべきことではないか。

携帯電話やパソコンのことを考えてみてほしい。大手の通信会社が携帯電話ネットワークの開発を決断したとき、高校生たちが校内で携帯電話を使うことまで考えただろうか。パソコンのビジネスケースが作られたとき、引退した世代までが、電話を使う代わりにパソコンで一日に何度もメールを送り合うことを想定しただろうか。顧客の使用時間の計算上の価値はいったいどれだけにするのだろうか。どんな市場規模を出すのだろうか。たとえそんな数字を出せたとしても、そもそもそれをだれが信じただろうか。

これらの偉大なビジネスが立ち上がるプロセスというのは、砂の城を作るようなものである。砂を積み上げ、こぼれ落ちるのを眺め、さらに砂を積み上げ、大きく崩れ落ちる事態を経験する。最後に市場が形をなし、投資がようやくはっきりと正当化されるまで、それが続くのである。こういう場合には、たとえ明快なしっかりした根拠のある価値創造プロセスや利益率の数字がなくても、長期にわたって市場開発の促進をテコ入れしなければならない。そして小さな、あるいはときに大規模な後退が起こっても、それらを市場開発プロセスに織り込まれたものとして受け入れていく必要がある。

曖昧で不確かな状況においては、可能性のある市場にたくさんの探りを入れながら学んでいくという状態が必然的に生じる。ここで本当に重要なのは、その市場がどう発展するかを、どれだけ早く効果的に見きわめられるかである。

ある市場が会社の戦略的スイート・スポットに入っているなら、砂を積み上げる作業を始めたほうがいい。そしてときおりの失敗はプロセスの自然な一部であることを忘れないでほしい。このような重大な判断をビジネスケースなどに任せていては、会社は市場から置き去りにされるだけだ。

## 山

変革の三つめのイメージは「山」である。高山に登ることを思い浮かべてみよう。プロセスのなかでもっとも重要な部分は、登攀ルートの途中にいくつか、生命線となるベースキャンプを設置することである。まず適切な立地を選び、兵站を組織し連携させ、登攀のためだけでなく下山のためにもじゅうぶんな必需品を準備しておく。このベースキャンプがあれば、登山者が一息ついて高度に順応することもできるし、一つ上のベースキャンプへ向かうための、状況に合ったルートを落ち着いて選ぶこともできる。

ところが、多くの大規模な変革管理のプロセスは、めざすべき目標と成功時の見返りにばかり意識が集中していて、そこまでのプロセスにじゅうぶん注意が払われない。そういう場合に犯しやすい誤りが三つある。

**1** プロセスの途中にベースキャンプを設けずに、最終的なゴールに一気にたどり着こうとする。こういうやり方は好ましくないだけでなく、まず成功しない。変革の最終的な形を決めてしまう前に、新しいビジネスのやり方を少しずつ試してみる必要がある。また業務の機能がちがえば変革が進む早さもちがうので、機能部門同士の連携は必須である。試みを実行するためにも、部門間のペース調整のためにも、ベースキャンプが必要で、これがなければうまくいかない。

**2** 最初のベースキャンプを、最終ゴールと間違えてしまう場合がある。変革も登山と同じように、困難続きで苦しいものだ。目標に向かっていくらかでも前進すると、それで目標を達成したかのように思いたくなる。変革プログラムに、どのくらい変革が進めば完成かという明快な定義が欠けている場合が多い。

**3** 麓《ふもと》近くのベースキャンプにたどり着いた際に、進展の少なさにやる気を削がれる場合がある。こういう状況は、変革プロセスがきちんと考えられて体系化されていない場合、あるいは社員がそう思えない場合に起こる。明確な構成をもった変革プロセスであれば、一つのベースキャンプに到達するたびに、新しい状況に順応、適応し、その上で先に進むことができる。大規模な組織的変革によくみられる根本的な問題は、経営陣が変革プロセスを一かゼロかのように単純に考えていることである。極めるべき山頂を選ぶと、そこからの眺めを思い描くことに熱中してしまう。しかし実際に成否を分けるものは、「変革を体系化し管理するプロセス」である。つまり道の途中に適切なベースキャンプを設けることにほかならない。

## 皿の上のスパゲティ

変革のイメージの最後は、「皿の上のスパゲティ」。これまで述べた三つのイメージを取り入れなかった会社が手にするものがこれである。

多くのマネジャーが盛りだくさんの変革に取り組んでいて、それぞれは潜在的メリットがあるものの、全体的に見るとまさに皿に盛られたスパゲティだ。こんなふうにしてしまってはいけない。

変革の取り組みはほぼすべてが、次の三つのカテゴリーのどれかに当てはまる。「絶えず雑草を抜くこと（庭）」「戦略的市場開発（砂の城）」「大規模な組織的変革（山）」の三つである。これらは本質が異なり、マネジメントも管理プロセスも結果の表れ方も異なるが、この三つのすべてが不可欠である。有能な経営者ならこの三つを同時に行って、変革をつねに更新していくプログラムを展開できるだろう。それが今日、明日、さらに将来に向けて会社を発展させていくことになる。

## 章のポイント！

1　変革管理については、おもな三つのタイプの変革についてよく考えるといい。「絶えず雑草を抜くこと（庭）」「戦略的市場開発（砂の城）」「大規模な組織的変革（山）」の三つである。これらはまったく異なるもので、それぞれの管理プロセスが必要になる。

2　絶えず雑草を抜く作業の重要性は見落とされることが多く、ここから「赤字の海」が生まれる。収益性管理とは、会社全体を連携させて、そもそも雑草が生えないようにすることである。

3　戦略的市場開発において、ビジネスケースによる判断はまったく不適当である。市場の変化が起きたとき、小規模の競合会社が機敏に動くことができるいっぽうで、大手の企業が対応に苦慮する理由はビジネスケースを使おうとするからだ。

4　マネジャーたちはたいてい大規模な変革を指揮したいと思っている。足跡を残し、次のレベルに昇進するにふさわしい能力を示すことができるからだ。しかし多くのマネジャーが失敗する。それは変革のプロセスを注意深く分析しないからである。成功のカギは、しっかり計画されたベースキャンプを変革の道筋にいくつか設定することである。

## このあとは……

第4部の最初の章は、パラダイムシフトについて説明した。この章は異なるタイプの変革をどのように管理するかを述べた。次章では、有能なチェンジ・マネジャーになる方法をお話しする。

# 28章

# 有能なチェンジ・マネジャー

こういう状況で、みなさんはどう行動するだろうか。

ある重要な市場セグメントの売上目標を設定するという大きな仕事を任された。しかし分析をしてみると、その営業プロセス自体に欠陥があることが明らかだった。そのプロセスは大量の不採算事業を生み出しており、根本的に作り変える必要がある。

しかし他のマネジャーや部門責任者に、彼らが何年もやってきたことが非生産的で、しかもそれに気づかなかったのだということをどうやって納得させればいいだろう。拒絶されたらどうするか。だれに話をするべきか。だれにメールを書くべきか。何と言えばいいのか。どうやってもいい結果になりそうもないこの状態を、どう乗り切ればいいのか。

私は、コラムの読者、かつての教え子、エグゼクティブ研修の参加者、コンサルティングをしている会社のマネジャーなどから、毎週のようにこういう質問を受ける。よりよい方法が見えていながら、会社を変えることの難しさにいら立ちを覚えている人たちだ。だが、たとえすぐれた洞察力があっても、実際に変化をもたらすことができなければ、マネジャーとしてはやはり能力不足なのである。

では質問の形を変えよう。社員としてのあなたの責任とは何か。

質問は簡単で自明のように思える。しかしすべての根源的な問いがそうであるように、この問いも簡単でもなければ自明でもない。上司に命じられたことをすることだろうか。では、もっといい方法があることがわかっているのに、上司が譲歩しないときはどうするか？　自分は変革が必要だと思っても、上司にこれまで通りのことをやっていればいいと言われたら？

私ならこの問いにこう答える。「社員の責任は長期にわたって会社の収益性を最大にすることである」。効果的に変革管理を行うためには、まずこの意味を正しく理解しなければならない。

ほとんどの会社に必要なのは「長期的視野で新しい変革を取り入れていくこと」と、「株主が求める短期の結果を安定して出していくこと」のバランスである。まるで、飛行機のプロペラを飛行中に取り替えるようなものだと思うかもしれないが、結局はこのバランスをうまく取ることが、仕事の満足感と成功を手にしながら、会社の収益性を向上させる秘訣である。

## 組織に組み込まれている仕事のやり方

何よりもまず、企業というのは人間が作るものである。資産生産性も利益もその他のどんな指標も、社内にいる人間が信じ、考え、行動したことの結果である。人々が組織で働くことができるのは、こうすればうまくいくという考え方や行動のしかたが組織に組み込まれているからである。たとえば、どんな顧客を相手にどのように製品を売ればいいかがわかるようになっている。こういった考え方や行動の型は組織にしっかりと根づいているので、それを変えるのはそう簡単ではない。これらはあまりに当たり前になっていて、外からは見えないが、暗黙裡に「うちのやり方」として行われている。

これは実際には強みであって決して弱点ではない。こういう仕組みがなければ会社は混乱に陥る。だれもがいちいち次に何をしたらいいのかと戸惑っていては、動きが取れない。しかし時代は移り変わる。会社もそれに呼応して変わらねばならない。問題は「うちのやり方」の仕組みが頑強で、なかなか変わらないことだ。それが社内に根づいた不採算性の大もとになっている。

多くのマネジャーが変革に取り組もうとして失敗するのは、彼らが一時しのぎの変化管理、つまり現行の業務プロセスを調整する仕事に慣れているからである。それよりはるかに抜本的な改革も、それと同じやり方でやろうとする。この章の初めに紹介したマネジャーたちが直面しているのはこういう状況である。そのときだけの変化を管理するのと、パラダイムシフトの実現とでは、根本的にちがうプロセスが必要になる。

第4部の最初の章で、パラダイムシフトの重要性について述べ、パラダイムシフトとは会社に根づいている暗黙の方針や仕組みを転換させることだという説明をした。また変革管理を成功させる原則もいくつか紹介した。この章は、「うちのやり方」を効果的に変化させるための、日々の行動に的を絞って説明しようと思う。

## 「うちのやり方」を変える

大規模な変革管理は複雑で困難なプロセスだ。だからどんな管理プロセスにおいても、「長期にわたって会社の収益性を最大にする」という目標をつねに見失わないようにしなくてはいけない。この目標を達成するために、次の「効果的な変革プロセス作成の7法則」を参考にしてほしい。

**法則1——根底にある問題を見きわめる**　会社の方針や主要な組織構造には、会社の歴史が反映されていることが多い。会社をよく知ろうと思ったら、それが五~一〇年前にどんな状態だったかを見るといい。会社が現在やっていることはおそらく、そのころの状況に対応した方針の延長である。それらの方針がほとんどチェックされることもなく存在し、しかも深く浸透した影響力をもっているのではないだろうか。

　この暗黙の方針と仕組みを分析してみれば、「うちのやり方」と現在の状況が求めるものが、なぜこうもかけ離れてしまったのかがわかる。古いやり方もおそらく悪いわけではないだろう。ただ時代に合わないだけだ。ビジネスニーズが変化したために、このギャップが大きくなったということを体系的に説明できれば、変革プロセスは政治的色彩が薄まりより受け入れやすいものになる。

　全国的に知られたある専門店の例を上げよう。この会社は二~三年前までずっと業界トップだった。市場シェアが大変高く、最良の立地に多くの店舗をもっていたので、顧客は他店よりも先にこの店に行く。製品と在庫管理の責任者は、製品ライフサイクル管理や品揃えの計画など、もっと競争の激しい業界のマネジャーが日々行わなければならないような難しい判断をする必要があまりなかった。その結果、いくらか自己満足に陥っていたのだろう。売上が堅調なのは、店舗の立地がよいからだとは思わず、自分たちの商品化計画がすぐれているからだと思い込んでいた。そして数年後、本当に商品化能力に長《た》けた野心的な競争相手が参入してきたとき、この専門店はみるまにシェアを奪われていったのである。

　この専門店の商品化決定プロセスはお粗末なものだったが、市場を独占していたころにはそれでじゅうぶんだった。その商品化決定プロセスと、市場の競争が激しくなった時点で生じた新しいビジネスニーズとのあいだにギャップが広がっていったのである。この古いプロセスは業務の基礎をなしていて社内に完全に浸透していたため、そこに問題があるということに、ほとんどのマネジャーが気づいていなかった。会社はあれよあれよというあいだに、会社の存続さえ危ぶまれる事態に直面していた。

**法則2――人間関係作りを、それが必要になる前から始める**　これは決定的に重要である。この章の初めに、あるマネジャーが営業プロセスを分析して問題があることに気づいたという話をした。この状況の根本的な問題は、分析が終わった時点では、すでに変革プロセスを始めるには遅すぎるということである。

多忙なマネジャーたちにとって、他部門の主要なマネジャーたちとの関係作りを、それが必要となる前から始めるというのはなかなか難しいことだ。しかしこういう人間関係ができているということが、大規模な変革管理を成功させるうえでの重要な前提である。

用船業界には「ランチに三回誘うまでは、商売の話をするな」という古い格言があるが、これには一理ある。またこれは効果的なマネジメントの秘訣でもある。実りある人間関係は、きちんとしたミーティングなどではなく、ランチや仕事の後の付き合いなど、うちとけた機会に作られる。肩肘を張らない場のほうが、相手の希望や懸念などを聞きやすいからだ。そういう知識をもとにして、相手の役に立つ道を探ることができる。あるいは他部門の変革の取り組みとこちらの取り組みを統合させて双方に利点があるようにし、結びつきを強めることもできる。

人間関係の強力なネットワークがあり、相手の変革プログラムにも協力してきたのであれば、他部門のマネジャーたちは、こちらの大規模な変革に理解と協力を惜しまないだろう。

**法則3――分析に多くの人を巻き込む**　限定的な変革プロジェクトの場合は、マネジャー一人で分析を行うか、ごく少人数のチームに分析をやらせることが多い。それからビジネスケースを作成して、他の人々を納得させようとする。だが、パラダムシフトを伴う大規模な変革プロジェクトの場合には、これではうまくいかない。初めの分析の段階から、広範囲の他部門マネジャーに参加してもらう必要がある。その理由は次の二点だ。

まず、他部門のマネジャーもそれぞれ、重要なニーズや考え方をもっている。だから取り組みを成功させるためには、それらをうまく調整しなければならない。他部門のニーズを取り込むことによって、プロジェクトはより一層実効あるものになる。

次に、抜本的な変革が必要だというデータを、他部門のマネジャーが自分の目でたしかめる必要がある。長いあいだにできあがった暗黙の構造を崩して新しいやり方を立ち上げるには、時間とじゅうぶんな理解が必要だ。この最初の分析プロセスを経ないかぎり、多くのマネジャーはたとえ頭で変革の必要性を理解しても、なかなか積極的に基本的な仕事のやり方を変えようとはしないだろう。また、これも重要なことだが、経営陣は、変革の影響がおよぶ現場の社員がどの程度納得しているかを気にする。だから関わる人たちをじゅうぶんに納得させることは、経営陣のプロジェクトに対する支持にも大きく影響する。

**法則4――「ショーケース」を作る**　「ショーケース・プロジェクト」というのは、新しいビジネス手法の可能性を探るための小規模プロジェクトである。たとえば新しい営業プロセスなら、小さい販売区域のどこか一つで試してみるとか、二～三の小口顧客で試してみるといい。会社全体の利益を危険にさらすことなく、実践によって学びながら、新しいビジネスプロセスの開発ができる。また他のマネジャーたちに見てもらい批評してもらうこともできる。

**法則5——目的は戦争に勝つことで、一つひとつの戦闘に勝つことではない**　ビジネスの決断というのは、単独で一か八かのように行われることはほとんどなく、たいていは連鎖的になされるものである。

パラダイムシフトを伴う取り組みでは、「機が熟す」ということが大事である。変革を主張しても、しばらくはその主張に逆行するような決断がなされるかもしれない。しかしやがてその方向が正しいという証拠が積み重なって、みなが納得するときが来る。新しい考え方が浸透するには、時間と忍耐が必要なのである。

**法則6——いくつかのボールでゲームをする**　変革プロジェクトはそれぞれ独自のリズムをもつ。組織にまだ変化を消化するだけの準備がないために、動きが止まってしまうこともある。そこで無理に進めようとすると、組織が反撃に転じることがある。

コツは、いくつかの変革プロジェクトを同時に進行させることである。そうすれば一つが立ち止まっても、ほかのプロジェクトを推し進めることができる。そのプロジェクトが行き詰まるころには最初のプロジェクトが進む準備ができているかもしれない。いくつかのプロジェクトが同時進行していれば、時が熟していないのにあせって無理な決断をしなくてすむ。

一つの抜本的な問題に、異なる側面から取り組む複数のプロジェクトを並行して行うことは、とりわけ有効である。一つのプロジェクトが成功した場合に、他のプロジェクトが成功する可能性も高くなる

**法則7——変化を定着させる**　変化が定着するかどうかは、最終的には経営陣にかかっている。つまり経

営陣が、プランニング、資源配分、それに一番重要な報酬制度を積極的に見直して社員の行動を変化させ、会社を積極的に新しい方向に動かそうとするかどうかによる。それができれば、会社は新しいパラダイムをしっかりと根づかせることができる。そうでなければ、古いやり方にもどっていくだろう。

抜本的なパラダイムシフトを管理する卓越した能力があり、会社の長期にわたる収益性を最大にする方向を選択できる人が、経営者という立場にふさわしい人である。

## 章のポイント！

1 社員としての責任の第一は、会社の長期にわたる収益性を最大にすること。本書の目的は、それを達成するためのロードマップを提供することである。

2 どんな会社にも、「うちのやり方」と呼ばれる頑強なビジネス手法が組み込まれている。これらは最初に開発されたときには理にかなっていた。しかし問題は、世の中が変わっても、このやり方が社内に居座りつづけることである。パラダイムシフトを起こそうとするマネジャーには、これがフラストレーションのもとになる。

3 有能なチェンジ・マネジャーになるには、他部門のマネジャーたちとのあいだに事前によい関係を作っておくことが重要である。忙しい人は、そんなことはとても無理だと思うかもしれないが、こういう人間関係は、変革の実効を上げるために欠かせない重要なものである。そして長期にわたってそれがものをいう。

4 人間関係を作るなら、勤務時間外がベストで、ビジネスの問題を話し合う定例会議などでないほうがいい。先月は、他部門のマネジャーたちと何回ランチを共にしただろうか。仕事帰りにつき合ったことは何回あるだろうか？　そのときには仕事の話をしただろうか。あるいは単にいろいろな話をして仲良くなっただろうか。

## このあとは……

この章では、どうすれば自社において有能なチェンジ・マネジャーになれるかということを述べた。次の二章では、どのように顧客やサプライヤーの変革を管理するかを説明する。

いいだろうか。

# 29章 顧客のなかにパラダイムシフトを起こす

顧客がこちらのビジョンを理解して同意してくれても、まったく協力してくれないとしたらどうすればいいだろうか。

## 「製品を売る」のと「変革を売る」のはちがう

製品を販売する方法と、顧客業務パートナーシップのようなプロセス改革を売り込む方法には、大きなちがいがある。

製品の場合は、製品開発、市場開発、営業のプロセスが何十年にもわたってしっかりできあがっている。（1）市場調査を行う、（2）製品特性を市場セグメントに適合させる、（3）価格弾力性（価格の変動が需要に与える影響の度合い）と需要特性を調べる、（4）アーリーアダプターを特定する、（5）購買中枢集団（購買プロセスで何らかの役割を果たす人たち）を調べる、（6）キャズムを越える、と続くプロセスである。

プロセス改革を顧客に売り込むことは、これとは本質的にちがう。新製品の販売が顧客に少しずつ変化を起こすのに対し、会社間のプロセス改革を売り込むことは顧客やサプライヤーにパラダイムシフトを起こすことである。

顧客側にパラダイムシフトを起こすためのよく知られたツールなどはほとんどないので、多くのマネジャーは、それを体系的に行うのではなく場当たり的に対応している。しかし顧客側に根本的な変化を起こさせるのも、新しい製品を売り込むのと同じくらい体系的にできるのである。

顧客に変革を売り込むプロセスを複雑にしている問題は三つある。（1）顧客に変革を働きかけながら、いっぽうで自社の他部門にもこの変革を納得させなければならないという問題、（2）多くの会社で顧客関係の領域は営業と購買部門が管理していて、変革の主体であり受益者でもある両社の業務責任者が締め出されてしまいがちだということ、（3）業務責任者の多くが、関係作りに働きかけることに不慣れだということ、である。

## ゼロサムの関係を、ノンゼロサムに変える

顧客企業に変化を起こさせることも社内の変革と同じように困難が多いが、成功すれば大きな見返りが得られる。たとえば顧客業務パートナーシップを行うためには顧客側のパラダイムシフトが不可欠だが、それをうまく立ち上げることができれば、両社にとって大幅な収益性向上につながる。すでに優秀なサプライヤーは、顧客業務パートナーシップによって、主要顧客に売上と収益性の大幅増をもたらしている。

顧客側に大規模な変革を起こさせることの難しさ（チャンスでもある）は、従来の「ゼロサム」関係を「ノンゼロサム」関係に転換させる点にある。ゼロサム関係においては、いっぽうの損失が他方の利益に

なる。しかしノンゼロサム関係では、双方が協力することによって最終的にどちらも得をする。

従来の顧客・サプライヤー関係は本質的に、完全なゼロサムである。こちらが価格を上げれば顧客は費用が増える。こちらが儲かっただけ顧客の儲けは減る。社内に浸透した「うちのやり方」の根底にある動機は、ゼロサム（相手の儲けを減らしてこちらが得をするようにする）の考え方だ。本質的にノンゼロサム（両方の会社に利益になるようにする）の業務パートナーシップや、商品フロー管理などに、パラダイムシフトが進まないのはそういう理由である。これもまたマス・マーケットの時代の厄介な遺産ということができる。

## あるマネジャーの話

一人のマネジャーが、パラダイムシフトを成功させた経緯とその際のストレスを書きつづって送ってくれた。「多くの組織が、自分のところはパラダイムシフトを迅速に達成できると思っています……ところが顧客の何社かがプロセスの変更に難色を示したとたん、その変革がどう考えても一番いいとわかっていても、プロジェクトはそこで立ち消えになってしまいます」

この洞察に富んだメールを読んだ私は、そのマネジャーに連絡を取って話を聞いた。彼は、どんな問題に直面したのかを詳しく語ってくれた。

彼の会社は大型板ガラスを運送するビジネスを行っている。扱いにくく高価で、しかも危険な商品である。会社は革新的な研究開発により、製品をより早く安全に取り扱うことのできる新しいシステムを作り上げた。これによってメーカーも運送業者も、また製品を受け取る顧客も、共に費用削減ができる。また、旧来のシステムでは製品の扱いが難しく危険だったので、その仕事ができる熟練の社員が限られていて、顧客ニーズにこたえられなかったのだが、新しいシステムを使えばその問題も解消される。

新しいシステムは、板ガラス運送会社にも顧客企業にも、最終的に大きな見返りをもたらす。しかし製品の扱い方を変えなければならず、各企業の施設や設備に小規模な変更が必要だった。

変革を取引先に売り込む責任者だったこのマネジャーが、メーカーや届け先を訪ねると、これらの顧客は新システムの利点を理解して同意してくれる。しかしそれを実際に取り入れることは拒否する。これが、メールをくれたマネジャーがいら立ちを覚えた点だった。

マネジャーの話を聞いてわかったのは、この変革がおもにこの運送会社の社内で開発されたということである。そしてそれを、顧客企業の物流担当者に売り込もうとしていた。そもそも物流担当者の責任は、自社の運送費用を抑えることであって、製品取り扱いの費用を下げることではない。製品取り扱いの費用は業務部門の予算に含まれる。このシステムが導入されれば、業務部門が利益を得るいっぽうで、物流担当者は運送費用の上昇という不利益をこうむることになる。だから最終的に自社にきわめて有利でも、物流担当者は変革に反対したわけである。

パラダイムシフトを顧客にうまく売り込むには、これとはまったく別のやり方が必要だ。

## 顧客にパラダイムシフトを起こさせる5ステップ

パラダイムシフトを売り込む場合は製品を売るのとちがって、アーリーアダプターの顧客に受け入れてもらうのにかなりの時間を要する。しかしアーリーアダプターの数がある程度増えると情勢は一気に変わり、売り込みのプロセスはずっとスムーズに進みはじめる。顧客におけるパラダイムシフトは、次の五つの段階をたどって体系的に生じさせることができる。

**1　早い段階で関係作りを行う**　顧客に業務変革を売り込む仕事を任されたら、業務責任者が最初に行うべきもっとも大事なことは、顧客企業側の業務担当者との関係を、早い段階で築くことである。

社内の日々の仕事で手いっぱいの業務責任者にとって、これは難しいことである。しかしほとんどの生産的な変革というのは、顧客やサプライヤーの業務担当者との腹を割った話し合いから生まれてくる。彼らは業務担当者同士、相手の仕事のこともよく理解できるし、互いの効率や収益性を高めたいという職業意識をもっている。関係を築くうちに、相手企業の業務責任者のなかで、だれが一番革新的で、変化に対して寛容かということも見きわめられる。

**2　チャネルマップ作り**　16章で説明した顧客とのあいだの体系的なチャネルマップは、二つの点で重要である。一つは明白だが、もう一つの点は見えにくいかもしれない。まず、会社間のチャネルマップがあると、プロセス改革が双方にもたらす潜在的な価値がおもにどこにあるかを、体系的に見きわめることができる。

もう一つは、チャネルマップ作りの過程そのものが、営業プロセスに大変役立つということである。実効あるチャネルマップを作るためには、サプライヤーから顧客企業に至る商品フローのなかの多くの担当者と会って話し合わなければならない。これらの話し合いから、重要な費用情報が明らかになる。またこれを行ううちに、他のマネジャーたちの変革に対する関心や意欲を測ることができる。この情報（だれが変革を支援してくれそうか、だれが抵抗しそうか）は、変革プロセスの枠組みを作るうえでも、変革プログラムをどのように形作ったらいいかを決めるうえでも貴重である。また長い話し合いのやりとりのなかで、この変革の互いの利点を顧客やサプライヤーに説明することができ、その後の営業プロセスの基礎固めができる。

**3**

**ショーケース・プロジェクト**　パラダイムシフトを効果的に起こすには、古いパラダイムよりもすぐれていて、日々の実際的な行動の指針となるだけの詳細を備えた、新しい包括的なパラダイムを作り出すことである。第４部の初めに述べた「ショーケース」は、そのデモンストレーションとしてきわめて有効である。

**4**

**顧客ロードマップ**　新しい製品を生み出すときには、市場マップ作りが重要となる。マーケティングはこれをもとに、製品のアーリーアダプターとそれに続く購買層を特定してそこに的を絞る。会社間のプロセス変革においても、同様の作業が有効である。業務責任者は、営業やマーケティング分野の成功例から学ぶとよいだろう。どの顧客にどの順番で的を絞り変革を売り込むかというロードマップを作るのである。ただしプロセス変革においては、顧客を絞り込む仕事は、製品の販売よりももう少し複雑である。特定の顧客にしか当てはまらない種類の変革もあるし、一定数を越える顧客が一定地域に固まっていなければならない場合もあるからだ。

たとえば、前に紹介した板ガラス運送会社の場合は、新しい取り扱いシステムを導入する相手は、できるだけ大掛かりな設備や施設の変更を必要としない会社と決めた。そして、おもに地元に製品を販売している大口顧客で、互いに近距離にある会社をいくつか選んだ（こういう会社は、費用全体に占める取扱手数料の割合が比較的高い）。この会社の顧客ロードマップには、顧客側の潜在的見返り、新しいものを取り入れる姿勢、業務上の相性などが考慮された。変革によってあまり不都合が起こらず一番大きな利益を享受できる進取的な顧客から始め、少しずつ受け入れてくれる顧客を増やす、というロードマップが作られたのである。

### 5　忍耐と多様化

パラダイムシフトは政治的な面が強く、単に経済的な面だけでは測れない。サプライヤーの提案がどれほど説得力のあるものでも、顧客社内の力関係のために抵抗が生じることもある。たとえ顧客側の多くの業務担当者たちが変革に賛成であっても、うまくいかないこともある。

だが顧客は、予期せぬときに態度を変えて変革に前向きになることもある。だからいくつかの顧客に、同時進行で変革を売り込んでいくのがよい。そしてプロセスのさまざまな段階にある多様な顧客と関係を保っておくべきだろう。新しいパラダイムが着実に勢いを増していって、やがて臨界点に到達し、市場に幅広く受け入れられるようにするのが目的である。

## 顧客のパラダイムシフトから得られるもの

顧客企業にパラダイムシフトを体系的に生じさせることは、じゅうぶんに可能である。ただ、そのプロセスはあまり理解されていない。顧客側にパラダイムシフトを起こすプロセスをマスターすれば、大幅な収益性向上と強固な参入障壁を長期にわたって手にすることができる。

**章のポイント！**

1 プロセスの変革を顧客に売り込むことは、新製品を売り込むのとはまったく異なる。

2 顧客業務パートナーシップのような、会社を主要顧客と統合するようなプロセス変革は、売上向上、費用削減、強力な参入障壁などすべての面で最高の結果をもたらす。

3 すぐれた変革管理がみなそうであるように、顧客側の同じ立場のマネジャーたちと、実際に必要が起きる前によい人間関係を作っておくことがきわめて重要である。

4 もっとも重要な二五社の顧客について考えてみよう。自社の業務責任者の何人が、それら顧客企業の業務責任者と長期にわたって近しい関係をもっているだろうか。過去三カ月に何回会いに行ったり電話で話したりしただろうか。それらの話し合いは、日々の問題解決のためだっただろうか。あるいは単に親交を深めるためのものだっただろうか。

**このあとは……**

この章はプロセス改革を主要顧客にどのように売り込み、顧客のなかにどのように変革を起こすかについて説明した。次章では、主要サプライヤーにどのように変革を起こすか、サプライヤーを貴重な資源として活用するにはどうするかを説明する。

## 30章

# サプライヤーを資源として活用する

数年前に、ある大手の家電メーカーを訪ねたことがある。この会社はすでに紹介した受注生産方式のパイオニアである。

製造部門の責任者が、「うちのサプライヤーは、われわれのもっとも貴重な資源の一つです」と言った。そのことに、サプライヤーを巻き込んだ新しいシステムを開発して初めて気づいたのだという。その際に、このメーカーの主要なサプライヤーは、受注生産方式を速やかに自社の業務に取り入れ、サイクルタイムを大幅に縮め、チャネル全体にいくつもの収益性の源を作り出して、メーカー側のマネジャーを驚かせた。さらに、メーカーの業務プロセスのなかの、重要な改善点を数多く指摘してくれたという。

のちにある大手電子機器メーカーの購買担当の重役に会ったときにも、この「サプライヤーが最大の資源」という言葉を思い出したものだ。この電子機器メーカーは、サプライヤーと協力すれば双方にとって利益になる点がいくつかあるとわかっていたにもかかわらず行動に移せていなかった。サプライヤーを組み入れるところまでこの取り組みを進めるだけの資源がない、というのがその理由だった。

コンサルティングを進めるうち、この購買担当のチームは、自分たちがサプライヤーのためにプロジェクトを企画し、その実行もこと細かに指導しなければならないと思い込んでいたことに気がついた。そしてミーティングの終わりごろには、もっと有効な別の方向がはっきり見えてきた。サプライヤーのために具体的なプロジェクトの詳細を決めるのではなく、サプライヤーを資源として活用すればいいということである。

そのためにメーカー側のマネジャーたちがすべきことは二つあった。まず自社のニーズを特定し、社内プロセスにどれくらい柔軟性があるかを見きわめた。次に何社か主要なサプライヤーに、プロジェクトにくわわってもらい、画期的でしかも合理的なやり方でプロジェクトをリードしてもらいたいと依頼した。また、現在共同で行っている業務を分析して、より効率的な方法を提案してほしいと頼んだのである。

サプライヤーのほとんどは、この機器メーカーを重要顧客と考えていたので、顧客のための価値を生み出し、その見返りにビジネスを増やすことができるような新しい方法を日ごろから模索していた。だからメーカー側が彼らの意向を探ってみると、その多くは、サプライチェーン変革に共同で取り組むということに対して前向きで、そのために資源を割く準備もあった。メーカー側は単に、サプライヤーはそういう取り組みに関心がないだろうと思い込み、サプライヤーのほうでは、メーカー側はそういう提案を受け入れないだろうと思い込んでいただけだったのである。

こういう重大な誤解は、多くの会社に見られる。このメーカーは、サプライヤーを資源として活用すると決断したことによって、サプライヤー管理に使える自社の資源が限られていても、強力なプロセスを立ち上げることができた。顧客側にもサプライヤー側にも大きな収益性向上の可能性がもたらされたのである。

## 敵対する相手からパートナーへ

ほとんどの顧客企業とサプライヤーとの関係は、表面には表れないものの、敵対的な「ゼロサム関係」である。サプライヤー管理および購買担当者の仕事は、できるだけ安く仕入れることと、納期遵守率に問題があったときには、サプライヤーに罰則を課して教育することだと考えている。サプライヤーに働きかけて、効率的な共同業務プロセスのために、問題の発見と改善に協力してもらうということをやっている企業はほとんどない。

サプライヤーを資源として活用する革新的なサプライヤー管理を行えば、旧来の敵対的な関係を越えて、双方に大幅な収益性改善をもたらす緊密な関係に移行することができる。

日本では、サプライヤー管理は重要なマネジメント機能の一つとされている。サプライヤーは「隠れた工場」と考えられているのである。こういう考え方は、米国企業にはみられない。

たいていの会社では、資材や部品の購入費用は、社内の製造や組み立てによる付加価値をはるかに上回る。したがって社内のプロジェクトよりもサプライヤー関連のプロジェクトのほうがずっと高率のリターンが得られるのに、人材も資源も社内のプロジェクトのほうにより多く割り当てられている。

社内のプロジェクト、たとえば商品フローを合理化するために製造工程を再設計するというようなプロジェクトは包括的で統制の取れたものである。経営陣はまず、プロセスマッピングのようなテクニックを使って体系的な情報を得る。ところがそれとは対照的に、サプライヤー管理プロジェクトは人員も不十分で、どちらかというと場当たり的で、思い込み（サプライヤーは敵方、あるいは躾けるべき相手といった考え方）が多い。体系的に情報を集めて、双方に利益のある包括的なプロセスの再設計ができるようになっていない（17章参照）。

いくつかの業界で、とくに汎用品を大手の小売業者に卸している企業など革新的なサプライヤーは、この難題に積極的に取り組みはじめた。顧客の重要性と変革に対する意欲と能力に応じ、各顧客に異なるレベルの業務統合を提供するサプライヤーもある（19章参照）。

こういう進んだ業務パートナーシップを行うすぐれたサプライヤーは、表立ってではないにしろ、敵対的な関係を変えようとしない顧客が不利になるように計らい、双方が利益を得る関係を作ることのできる顧客に有利になるように計らう。そうやって自らを資源として活用してもらえる状況を探し、双方に利をもたらす変革を生み出している。一方的にサプライヤー管理をしようとする顧客は相手にしないのである。

## 成功に欠かせない3要素

効果的なサプライヤー管理プロセスを作り出すために、とくに大切な要素が三つある。「パートナーの選択」「関係の構築」「契約」である。

**パートナーの選択**　サプライヤー管理プロジェクトが失敗する原因の多くは、パートナーにふさわしいサプライヤー選びに注意を払わないことだ。革新的で強固なパートナーシップを得るためには、次のような五つの要素が必要である。

**▼真の新しい価値**　この価値は測定され、両社によって認められ、公正に分配されるものでなければなら

ない。これは初めに支持してくれたマネジャーたちがいなくなった後もパートナーシップが存続していくために、欠かせないプロセスである。

**▼相互補完的な特色や能力**　パートナーシップが長期にわたって続くためには、双方が適合しているいっぽうで、適度なゆとりもなくてはならない。

**▼戦略的連携**　主要サプライヤーと強固なパートナーシップができてくると、競合する他のサプライヤーとの関係が変わってくる。これはサプライヤーにとっても同じで、他の顧客との関係が変わる。

**▼パートナーシップに対する意欲**　両社とも、社内にパートナーシップに関する意見対立があってはならない。

**▼実行力**　両社とも長期にわたってその意図を貫くだけの能力がなければならない。それが互いのパートナーとなる資格である。

よくあるのは、最初にアプローチしてきたサプライヤーを、適合性や関係持続の能力をよく吟味せずにパートナーにしてしまうことである。これはたいていの場合、早々に失敗に終わる。そして最初にこういう目立つ失敗をすると、サプライヤーとのパートナーシップの取り組み自体が、完全に頓挫してしまうことになりかねない。こちらから進んでパートナーを慎重に選ぶことが重要である。

**関係の構築**　関係構築には、すぐれた手腕と相手への理解が必要である。過去のわだかまりを乗り越えるのに何カ月もかかることもよくあるからだ。ある会社の副社長はこう言った。「関係作りの基礎は忍耐と根気だ。両方の会社が相手のビジネスを学ばなければならない」

また、互いの信頼関係が完全なものにならなければ、パートナーシップは確立できないと思い込んでいるマネジャーもいるが、これは必ずしもそうとは限らない。敵対的な緊張関係が長く続いていたような場合には、互いの利益がはっきりしている緊密な業務連携から始めることができる。最初は警戒感を伴った信頼関係から始まっても、時とともに次第に信頼が深まっていく。相手を利用して利益を得ようとしてもいいことは何もないということが、互いにわかってくるからである。

**契約**　革新的なパートナーシップができたら、契約を交わすことが重要だ。効果的な契約を作成するには理論だけでなく巧みな技術も必要だ。生産的な関係は相互に利益となる新しい形で発展していくものである。契約が本当に効力をもつためには、互いを制限するのではなく解放するものでなければならない。

契約に関する説明は込み入った話になってしまうので、ここでは基本的な法則だけ学んで参考にしてほしい。よい契約とは、関係を継続的に深めて双方に価値を生む方法を見つけることを促す、効果的なインセンティブが含まれるものだ。またいっぽうで「関係解消に関する条項」も含まれていなければならない。これは関係が終結したり、別のパートナーを得る必要ができたときに生じる現状回復方法を具体的に決めたものである。

顧客側がサプライヤーの供給ネットワークを丹念に調べて、原料や部品の調達に協力する余地がないかを探ってみると、いろいろな方法が見つかるものだ。そういう協力を行えば、費用を下げ、継続的に安定した納入が確保できる。

たとえば、あるメーカー数社は主要なサプライヤーと覚書を交わし、サプライヤーが特定の高価な原料を前払いで購入する場合のリスクを引き受けることを、そのなかで明記している。

またある電子機器メーカーは、プラスチックの仕入れ契約のなかに、サプライヤーも含めた。サプライヤーがプラスチックを仕入れる際に、取扱高が足りず価格低減やよい納入条件が得られなくなるのを避けるためである。つまりメーカーが、材料の最終的な購買者は自分だということを契約書に明記して、サプライヤーがよい条件でプラスチックを購入できるようにしたのである。それらのサプライヤーは、最終的にメーカーの製品に使われるすべての部品を、それに応じた低価格で提供することに同意した。こうしてメーカーの費用と収益性は大きく改善した。

## サプライヤーは隠れた資源

サプライヤーは貴重な隠れた資源かもしれない。サプライヤー管理が敵対的な色彩を帯びていれば、サプライヤーもそれに応じた対応しかしないだろう。しかし変革と価値創造に注目して考えれば、サプライヤーとの関係から大きな利益改善と成功に向けた道が開けるのである。

### 章のポイント！

1 取り組みの初期には、どのサプライヤーをパートナーに選ぶかがとくに重要である。

2 契約は、互いの信頼が築かれるような形に作られなければならない。またそれをもとに、双方の収益性改善を継続的に生じる革新的なプロセスが作られるべきだ。

3　みなさんの会社のサプライヤー関係は、基本的に敵対的だろうか、それとも建設的だろうか。サプライヤーの仕事ぶりに欠陥があった場合のペナルティルールが明快になっているだろうか。またそのサプライヤーと共同で問題の根本的原因を探って解決するような管理プロセスをもっているだろうか。

4　サプライヤーには、洞察力のあるマネジャーが多くいるものである。過去三カ月のあいだに、主要なサプライヤーに、共同業務プロセスの見直しや収益性改善のための費用削減に力を貸してほしいと、頼んだことがあっただろうか。あるいは彼らの効率性と収益性を改善するのに、こちらが何か協力できないかと尋ねたことがあっただろうか。

**このあとは……**

ここまでの五章は、パラダイムシフトをどのように主導し管理するかということを述べてきた。次の三章は、会社の収益性改善に的を絞ったすぐれた組織をどうやって作るかということをお話しする。

# 31章 適切なレベルのマネジメント

みなさんは一つ下のレベルのマネジャーをやっていないだろうか。

収益性を大幅に上げるためのパラダイムシフトに他のマネジャーたちを巻き込んでいくのはなかなか困難で、多くのマネジャーがストレスを感じている。その根底にある問題はたいてい、彼らが一つ下のレベルの仕事をしていることである。

数年前、ある大手通信会社のCEOは、部下のマネジャーたちが変革を率先して管理するだけの能力があるように見えない、といって悩んでいた。会社は新たな競合相手の参入や市場の変化に直面しており、業務の効率化、市場開発、競争的立場などの大規模な改善が早急に必要だった。

しかし部下のマネジャーたちは、日々の細かな業務に追われて、根本的な変革を考えたり管理したりする時間がないようだ。そのうえ彼らは「被害者意識」をもっているように見える。競合企業が侵略してくるのに、組織が停滞しているので自分たちは身動きが取れないと思っているようである。

この会社の組織を観察し、またマネジャーたちを面談してみると、ある問題が浮かび上がってきた。それは、以前から他の多くの会社にも見られる状況なのだが、各マネジャーが一レベル下のマネジャーがするべき仕事をしているのである。副社長が部門長の仕事をし、部門長が部課長の仕事をし、部課長が現場主任の仕事をしている。

複数の階層のマネジャーが同じ内容の仕事に注意を集中するということが、会社中で起こっている。また、ほとんどのマネジャーが、自分の部下は細かく監督してやらなければ仕事ができないと思っている。よく調べてみると、部下の仕事のかなりの部分が、上司の質問に答えるための情報収集作業であって、実際に何かを生み出す仕事ではない。

こういう状態が当たり前になっていてだれもそれが変だと気づかない。これが会社をマヒさせているのである。

## より効率的なマネジメント

マネジャーたちが一つ下のレベルの仕事をしてしまうというのは、じつは無理もない。彼らはその仕事がうまくできたために、上のレベルに昇進したからだ。以前うまくできた仕事を引き続きやるのが、彼らにとっては一番楽である。問題は、昇進したマネジャーに、新しいレベルのマネジメントがいままでとどうちがうかを理解させるための、明確な再訓練や研修がないことである。ほとんどの場合、彼らが自然に会得するだろうと単純に考えられている。

実際には、各レベルのマネジメントは、求められるスキルや行動、視野に入れる時間軸などがまったく異なる。レベルによってマネジメントの目的が大きく変化するからである。このちがいを理解しているマネジャーは新しい立場でも成功し、引き続き速やかに昇進していく。日常業務にただ埋没してしまうマネジャーは、なぜそうなのかよく理解できないまま、被害者意識や無力感に陥ることが多い。

異なるレベルのマネジメントは、基本的にちがう仕事なのである。

**▼部課長**　部門内の各機能分野を監督し業務を行う。効率的な業務の遂行とプロセス改良に責任をもち、比較的短い時間軸で仕事を行う。

**▼部門長**　部門の責任者である。部門内の人材の有効な活用と育成を監視するのが仕事の半分。残りの半分は、部門の業務を大きく改良する業務再編と、共同で会社の収益改善をめざすために他部門の長と連携を図る仕事である。「共同で改善する」というのは「共同管理する」というのとはまったくちがう。部門長はおもに中期的な時間軸で仕事をする。

**▼副社長**　副社長は会社の将来に責任をもつ。就業時間のほとんどを、他の副社長たちと協力して、収益性改善と変革の更新のための総合的なプログラムを開発し、それらを監督することにあてるべきだ。これには、収益性パターン、市場機会、マネジメント効率などを測定して把握するという仕事も含まれる。副社長は現在の会社の経営だけを考えていてはいけない。むしろ会社をよりよい形に生まれ変わらせることを考えなければならない。これには緊密な連携とチームワーク、それに長期の展望が欠かせない。

そんなことは当然だと思うかもしれない。では、ちょっと想像してみてほしい。社内の各マネジャーが先週行った仕事をすべてビデオに収める。これを社外の第三者に渡して、それぞれのマネジャーが上記の行動に時間を使ったか、細かく調べてもらう。

どんな結果が出るだろうか。各レベルのマネジャーはどれだけの時間を収益性改善の変革イニシアチブのために使い、どれだけの時間を日々の管理業務に費やしただろうか。こうやって想像してみるだけで、彼らが適正なレベルでマネジャーをしているかどうかはすぐにわかる。

最近私は、よく知られた資本金数十億ドルの会社の経営陣の一人と夕食を共にした。彼は自分の会社の業務担当マネジャーたちについて懸念があると言った。業務部門は伝統的に内部の人材を昇進させることが多い。したがってマネジャーの多くは日常業務はこなせる。しかし仕事の基本を変えるようなプロセスの改革にはなかなか目を向けようとしない。まさにこの組織では、だれもが自分のレベルの一つ下のマネジャーを務めているのである。

この会社の場合、この問題が会社全体で起きていないというのが興味深い。営業やマーケティングの責任者は適正なレベルで効率的に仕事をしていて、一番の問題は業務部だった。別の会社では、業務部は問題がないのに、営業やマーケティング部が問題だということもある。一レベル下のマネジャーを務めてしまうという傾向が、特定の部門で起きて他の部門で起きないということはしばしばある。

## 在庫が管理プロセスの問題を見えなくしている

ジャスト・イン・タイム在庫管理方式の目的は、単に在庫レベルを下げることではない。むしろ在庫が根本的問題の「かくれみの」に使われないようにするという意味がある。在庫をなくしてしまうと、プロセスの質や連携の問題が露わになるのである。沼地を干上がらせれば切り株が見えてくるようなものだ。

過剰な在庫が無数の問題を覆い隠してしまうように、マネジャーが一レベル下の仕事をしていると、たくさんの管理プロセスの問題が見えなくなる。沼地を干し上げるには、マネジャーが自分のレベルにふさわしい仕事にしっかり集中することである。それができると、上司から指示されなくても、業務プロセスをうまく働かせるために、あるいは長期的効果のある改善を行うために、どんな変革を行わなければならないかが明らかになってくる。

マネジャーが一つ下のレベルの仕事をしていると、その影響は広く周辺におよぶ。その本人がマネジャーとして無能になるばかりでなく、その人と協力して変革を起こすはずの他のマネジャーたちの能力も発揮できない。組織は動きが取れなくなり、問題がどこにあるのか見えなくなってしまう。マネジャーの関心が新しい収益性改善の取り組みや変革管理に向けられないことによる機会費用に、だれも気づかない。

このことはほとんどの会社で起こっている。そして、だれもその隠れた原因に気づいていない。

これまでも何度か述べてきたが、トップ企業の優秀なマネジャーたちは、市場を調査してターゲットとする顧客を選び、その特定の顧客と緊密な協調関係を築いて急速に売上と利益を伸ばしている。またそれ以外の顧客との関係は、慎重に収益レバーを選び一定の距離を置いたものにしている。

このプロセスを行うには、社内のすべてのレベルで高度な連携が必要である。各副社長は新たな可能性をコンセプトにしてそれを進展させるために、緊密に連携しなければならない。各部門長は市場セグメントやターゲット顧客を見直し、統合された顧客開発プロセスを作り上げるために互いに協力しなければならない。部課長は他の部門の部課長と、分散業務チームとして協力する必要がある。

マネジャーたちが一レベル下の仕事をしていては、新たなパラダイムにおいて成功することはまず望めない。日常業務に没頭していれば、新しい仕事のやり方を作り出すためのビジョンも能力も失われていく。古いやり方では効率が悪いというだけではない。新しいやり方で成功する機会を逸していることがより大きな問題なのである。会社はどんどん後れを取っていく。

## マネジメント効率を管理する

ではそういう問題を解決するために、企業のトップはどうすればいいだろうか。次にあげるのは、組織が能力を発揮できるようにするための三つの行動ステップである。

**1　部下のマネジャーたちの実際の仕事ぶりを調べる**　これは二段階に分けて行う。まずマネジャーたちに自分の仕事をリストアップさせる。そしてその各項目にどのくらいの時間を使っているかを見積もらせる。次に、二〜三週間、実際に時間を測ってその認識が正しかったかをチェックさせる。

続いて、社内のあるいは社外の人を招いて評価ミーティングを開く。マネジャーは自分の仕事リストを見て、一レベル下のマネジャーがするべきなのにリストに入っている仕事と、しなければならない重要な仕事なのにリストに入っていない仕事を特定していく。上下のレベルのマネジャーの行動は互いに影響するので、この作業を一緒に行うと効果がある。次にグループはプロセス改善行動計画を作り、同様のミーティングを六カ月後、一年後に再び行う。こうすると変化が確実に起こり、新しいマネジメントの形が持続していく。

**2　仕事を再定義する**　各レベルのマネジャーの職務を定義し直す。新しい職務記述書を作り、マネジャーが日常業務に使う時間と、変化をもたらすために使う時間の割合を、明確に記載する。時間の割合を規定することはひじょうに重要である。どんな職務記述書にも、仕事の方法を改善するという項目がある。しかし「どのくらいの時間をかけて」それを行うかが書かれないかぎり、変革の取り組みはいつも日常業務に押し出されてしまう。

たとえばこんな例を考えてみよう。あるマネジャーが非生産的な仕事に多大な時間を費やさなければならないとする。大事なことにもっと時間を使えるように、部下を一人雇う必要がある。この新たな費用によって予算はオーバーするし、マネジャーが始める新しい仕事の成果を測るのは難しい。しかしときとしてこれが素晴らしい結果に結びつくのである。

また多くの会社では、営業責任者が行っている管理業務を、本社の管理業務担当者何人かに肩代わりさせれば、営業チームの人数が二五～三〇％増えるのに等しい効果が期待できる。

## 3 新しい役割に的を絞ったトレーニング

マネジャーが昇格したときには、新しい役割の課題に的を絞った短期の教育が必要である。それによって、新しい仕事の目的がどれほど前の仕事とちがうかをしっかり理解させられる。マネジャーは昇格するにつれ会社の業務のエキスパートになっていくが、より重要なことは、会社の将来を作り上げることに関心を移していくということである。社内あるいは社外の人材によって就業時間の使い方を定期的にチェックしてもらうことはぜひ必要である。いつの間にか一つ下のレベルの仕事をしていても、自分ではなかなか気がつかないからである。

## 組織全体の生産性が増す

マネジャーが自分のレベルにふさわしいマネジメントを理解してきちんと実践するようになると、その部下たちもずっと有能になってくる。その結果、業績は速やかに改善される。組織全体がより創造的、生産的になり、収益性も向上するだろう。

また同時に、マネジャーのストレスは目に見えて改善される。

ストレスを生む要素は二つある。仕事が本質的にストレスの多いものである場合と、自分がコントロールできないと感じる場合で、後者がより深刻である。たとえば救急治療室の医師の仕事はひじょうに大変だが、彼らにはかなり裁量の余地がある。工場の組み立てラインで働く労働者の場合は、仕事は決まり切った内容で、裁量の余地はまったくない。こういう組み立てラインの労働者より医師のほうがストレスが少ないということもよくある。

一つ下のレベルの仕事をするマネジャーは、部下を過剰に管理してしまう。部下のマネジャーたちは裁量の余地を奪われるためストレスを覚え、停滞感、無力感、被害者意識を感じる。前に話した通信会社のCEOが社内に見ていたのは、こういった状態である。

経営陣は、すべてのマネジャーが自分のレベルにふさわしい仕事をするように指導しなくてはならない。そうすれば現在だけでなく将来にわたっても、会社の収益性と業績を大きく改善することができる。

## 章のポイント！

1　一つ下のレベルの仕事をしてしまうのは無理もないことだ。多くのマネジャーは無意識のうちに、過去に成功したやり方を続けてしまう。しかしそれが組織をマヒさせ、本人の昇格を頭打ちにし、収益性管理を阻害する。

2　多くの会社には、昇格したマネジャーに新しい仕事のオリエンテーションを行う明確なプロセスがない。これはとくに新しい部門長（収益性管理の中心となる）や副社長（会社を将来に向けて方向づける責任がある）の場合に問題となる。

3　過去二カ月の自分の行動を考えてみよう。就業時間のどのくらいの割合が日々の管理業務に使われただろうか。収益性管理に関して他のマネジャーと連携を図るために、あるいは三〜五年後の会社の位置づけを見直す仕事に、どれくらいの時間を使っただろうか。部下の場合はどうだろう。上司は？　同僚は？　こういうことを二〜三時間使ってきちんと考えてみると、会社全体の効率が七〇%程度の精度でわかる。

4　同じ会社のなかで、ある部門長は適正なレベルで仕事をしているのに、他の部門長は一レベル下のマネジメントをしているということはよくある。

**このあとは……☞**

この章では、適正なレベルでのマネジメントについて述べた。次章では、組織の生産性や収益性に主要な役割を果たす管理職層の能力をいかに伸ばすかということを述べる。

# 32章

# ミドル・マネジャーの能力を引き上げよ

会社の収益性を最大にするためにCEOにできるもっとも重要な仕事は何か。それは、副社長、部門長、部課長などの管理職層の能力を、創造的に、体系的に、妥協を許さずに伸ばすことである。管理職層の能力は、企業の業績のもっとも重要な要素である。

CEOがどれほど有望なイニシアチブを決断したとしても、それが成功するか失敗するかは、ひとえに管理職層の能力にかかっている。それに、もし管理職チームが能力を最大に発揮しているのなら、自分たちで最適なイニシアチブを生み出すだろうし、それを実行するあいだも、つねに状況に適応させて改善していくだろう。

ある大手自動車メーカーの管理職層について書かれた文を読んだことがある。そのなかで記憶に残っているのが「凍りついたミドル」という言葉だ。これが意味するところは、経営陣がどんなイニシアチブを決断しても、管理職チームの意欲のなさと能力のなさによって、それが次第に勢いを失い、やがて頓挫してしまうということである。その結果この会社は、海外の競合相手に大きな市場シェアを奪われ、いまもなお再建に苦しんでいる。

教育の世界でよく知られていることは、学校システムの質は大部分が校長の質によって決まるということとだ。よい校長がいればいい結果が出る。教師がよくても校長が悪ければいい結果は出ない。すべてにおいて管理職がちがいを生むのである。

## イニシアチブの開発と部下の能力育成、どちらにより多くの時間を使うか

自分の会社の三カ月間の典型的な状態を思い浮かべてみよう。経営陣の時間は、次の三つの行動にどのくらいの割合で使われているだろうか。(1)新しい戦略イニシアチブの開発、(2)業務管理、(3)管理職層の能力育成。ほとんどの場合、最初の二つに使われる時間が圧倒的に多いのではないだろうか。

しかし、最初の二分野で成功するためのもっとも重要なカギは、管理職層の能力を育成することである。それには二つの理由がある。

まず、ほぼすべての主要な戦略イニシアチブは管理職層によって実行されるということ。会社を取り巻く状況の変化に応じてイニシアチブを適合させられるかどうかは、管理職の柔軟性とリーダーシップによるところが大きい。

次に、有能な管理職は業績もよく、高い収益性を維持しているので、上司が日常業務に口を挟みたくならずにすむ。したがってその上司は下のレベルのマネジメントをすることもない。また、じゅうぶんに機能している管理職チームなら、収益性改善と新たな機会獲得のための取り組みを次々にうち出すだろう。このように、管理職層の優秀さこそが、すぐれた業績のカギなのである。

前章では、レベルにふさわしくないマネジメントが生み出す問題について述べた。そういうマネジメントが招くもっとも重大な結果は、トップマネジャーが部下のマネジャーの体系的な育成に時間と関心を割

くことができないことである。

## 管理職育成にかかわる問題

根本的な問題は、「リーダーシップ」のような管理職の能力が、つかみにくい概念であることだ。したがって、管理職能力育成の体系的プログラムをどういうものにするかを特定することも難しい。

企業によっては、マネジメントの重要なテーマに関する単発の短いコースを、社内あるいは社外で実施するという形を取っている。これらはある程度役には立つが、決してじゅうぶんとは言えない。多くの場合マネジャーは忙しすぎて自分の個人的成長に多くの時間を割くことができない。コースの内容が自分の仕事に直接関係がなければ、なおさらそれに時間を使おうと思わないだろう。長期の包括的なエグゼクティブ教育コースに参加できるのは、少数の幸運なマネジャーに限られている。

経営陣はたいてい、経験を積ませて建設的な評価を与えていけば、マネジャーたちが自分で仕事のやり方を見出していくだろうと単純に考えている。もちろんとくに有能なマネジャーであれば、こういう状況でも伸びていくが、多くは管理業務をこなす毎日に落ち着いてしまい、たまに大きな問題が生じた場合に指揮を取る程度となる。

だがこの状況は変えることができる。実際にトップ企業の多くは、管理職層の能力育成を最優先課題としている。そういう企業で働いたマネジャーは、会社を辞めた後もその感覚を維持していて、新しい職場でも、仕事のやり方を分析し改善する方法を体系的に部下に教えている。また部下にもそのまた部下に知識を伝えていくように指導する。これらトップ企業のマネジャーたちが、転職にあたって引く手あまたなのはそういうわけである。

## 管理職層の優秀さの核になるもの

ハーバード・ビジネススクールの伝説的ともいえる偉大な教師、故C・ローランド・クリステンセン教授は、長年にわたり博士課程のコースを事例研究によって教えていた。このコースのなかで教授が述べたある見解は、大変説得力がある。

教授は、「すぐれた教育コースというものは、最高のミュージカルのようなものだ」と言ったのである。観客がそのミュージカルのメロディを二つか三つ口ずさみながら帰宅し、それがいつまでも心に残るなら、そのミュージカルは大成功である。同様に、あるコースに出席した人が、その分野で一番大事な考え方を二つか三つ深く理解し、それを長期にわたって有効に活用できたなら、そのコースは大成功である。

教育コースを開発するうえで一番の課題は、その二つか三つのもっとも重要な基本的概念をはっきり特定することにつきる。このことを理解していれば、その二つか三つの重要な考え方を受講者が深く理解できるように、コースの教材を考案すればいいということになる。そういうすぐれたコースに参加した人々は、コースで学んだメロディをその後もずっと口ずさんでいくだろう。

この「二つか三つのメロディ」の法則は、マネジメントにも当てはまる。すぐれた管理職を生み出すもっとも重要な「二つか三つのメロディ」とは何だろうか。私は次の三つがその候補だと思う。(1)適切なレベルのマネジメント、(2)連携の取れた収益性管理、(3)教育としてのマネジメント、の三つである。

## 適切なレベルのマネジメントを行う

多くの会社で、さまざまなビジネスのやり方が見られる理由は、三〜五年ほど前に必要だったこと、現在必要なこと、三〜五年後に必要なことが入り混ざっているからである。ほとんどの場合、このおよそ五〇%は過去のニーズ、三〇%は現在のニーズであり、将来のニーズに対応しているのはよくて二〇%である。これはきわめて深刻な問題だ。将来の成功に向けて大規模な変革を開発して実行するのには、長ければ五年はかかるからである。

この問題の第一の原因は、管理職層に組織的なリーダーシップがないことで、それは適切なレベルのマネジメントが行われていないことに根ざしている。マネジャーは組織のヒエラルキーを昇るにつれ、その関心が、会社をいまの状態のまま（あるいは従来通りに）管理するということから、会社の将来を形作るということに次第に移っていく必要がある。そしてマネジャーは各レベルで、そのレベルにふさわしい変革管理とリーダーシップを次々に学んで実践していかなければならない。そうすれば副社長レベルに到達したときに、マネジメントの「マイスター」になれるのである。

## 連携の取れた収益性管理

ビジネスの世界には、会社の各機能部分が順調に働いていれば、つまり営業が最大の売上をあげ、業務が費用を最小に抑えていれば、会社は可能なかぎり利益を上げられるという思い込みが行き渡っている。しかし実際には、まったくそんなことはない。この本の主要なテーマはこの問題である。

管理職層のなかでもとくに部門長レベルのマネジャーが、会社の事業に関してより広い視野をもつことが重要である。事業のどの部分が収益性が高く、どの部分が低いのかを把握するために、互いに連携しなければならない。またさらに大事なことは、なぜそうなのかを理解することである。市場はつねに変化しているので、収益性を最大にするという目標は「動く的」のようなものだ。

事業の収益性の状態を正しく理解するためには、収益マップ作りが不可欠である。理由は二つある。まず一つは当然ながら、赤字の海のなかに頭を出している利益の小島がどこにあるのかを、収益マップが教えてくれることだ。また、この状況を組織的に変えていくためのプランをどう作り出せばいいかも、収益マップは示してくれる。またもう一つの理由は、収益マップを作るプロセス自体が重要だということだ。管理職チーム全体が、収益性を上げるためにこれからどのように連携すべきかがわかるし、それぞれのマネジャーの活動がどのように影響し合うのかも見えてくる。またとくに重要なことは、政治的意図のない共同行動計画を作る基盤ができることである。

共通の視点や実行計画ができていないと各部門が主導権争いを始めることがあり、こういう状況につきものの非生産的な政治的画策が伴う。このような主導権争いは、いわゆる「凍りついたミドル」という状態を作り出し、会社の進展は止まってしまう。

## 教育としてのマネジメント

すぐれたマネジメントの本質はすぐれた教育である。新たな変革を生み出せるのも、昇格の階段を上がれるのも、部下に自分で仕事をこなす能力があってこそだ。日常業務にばかり関わっていなければならないのであれば、おそらく根本的な問題は、部下のマネジャーたちの教育ができていないということである。昇進するにつれ、マネジメントの重点は部下を管理することから、部下を教育して伸ばすことに移っていくべきだ。一部の会社を除き、ＣＥＯ自ら管理職教育に携わることはふつうないので、これは副社長以下のレベルで行わなければならない。

すぐれた教育は一朝一夕にできるものではない。一流の大学のもっとも熱心で優秀な学生たちでさえ、何かを学ぶには一学期かそれ以上の時間がかかる。以下は、管理職教育だけでなく大学教育にも応用できる教育の基本である。

**重要な点が明確であること**　大学教授と同じようにマネジャーも、専門領域について知っているだけでなく、それを部下にどう教えるかも知ってなくてはならない。重要な最初のステップは、すぐれた仕事をするためのカギとなる「二つか三つのメロディ」を特定することである。一般的にそれらのカギは、「ＨＯＷ（どうやるか）」ではなく「ＷＨＹ（なぜそうするのか）」だろう。

**理解を豊かなものにする**　すぐれたコースでは、「二つか三つの基本的な概念」を強調し例証するために、大量の教材が用意される。詳細な情報がたくさんあれば、主要な考え方の理解が促進され、知識全体がより記憶に残りやすくなる。

**主体的な学習**　効果的な学習は段階的に起こるものだ。まず、学習者に核となる考え方が示される。学習者はそれを適用しようとしてつまずき、まだ理解が足りないことに気づく。こうして学習意欲が高まり、学習プロセスが自然に繰り返される。もっとも有効なコースはこのように構成されている。定期的なテストは、進歩した部分とまだ学習の必要な部分を明らかにするという意味で有効である。対照的なのは、単に部下に指示を与えて、そのままほっておくという教育で、これが多くの会社で行われているやり方である。

## 部下のマネジャーにマネジメントを教える

マネジャーのもっとも重要な仕事は、部下のマネジャーにマネジメントを教えることだ。管理職層の有能さが、企業全体の業績を上げるためのもっとも重要な要素だからである。しかしどれだけの経営陣がこのことを、最優先課題であるだけでなく、ビジネスの中核をなすプロセスであり、注意深く計測、分析してつねに改善する必要があるということを認識しているだろうか。

優秀な管理職層に欠かせない要素、つまり「適正なレベルでマネジメントを行うこと」「連携の取れた収益性管理」「教育としてのマネジメント」などは、組織的に開発してつねに改善していかなければならない。これが企業全体の業績を一気にもち上げる、究極の「収益レバー」である。

### 章のポイント！

1 有能な管理職を育てることは、もっとも重要な収益レバーの一つである。しかし多くの企業で、このプロセスは経営陣に最優先課題として扱われていない。

2 優秀な管理職層は、通常のビジネスプロセスの副産物として自然に生じるものではない。たとえば業務検討会とかプロジェクトのマイルストーン評価などをやるだけでは不十分である

3 管理職層の優秀さは、収益性管理と深く関連している。収益性管理の中核は、部門長間の緊密な連携だからである。

4 管理職層の優秀さを支える三つの土台は、「適切なレベルでのマネジメント」「連携の取れた収益性管理」それに「教育としてのマネジメント」である。

5 すぐれた教育を行うには、単に深い知識をもっているだけではなく、その深い知識をすぐれた教育プランと結びつけることができなければならない。みなさんの会社には、部下を優秀なマネジャーに育てるための、しっかりした教育プランが整っているだろうか。みなさん自身はそういうプランをもっているだろうか。

**このあとは……**

この章も引き続き、組織の能力というテーマで述べてきた。次章はこのテーマのまとめとして、会社の文化を変えるためにどのように行動トレーニングを取り入れるかということを述べる。企業文化変革は、マネジャーが直面するもっとも困難な仕事の一つである。

# 33章

# 企業文化変革のための行動トレーニング

最近、ある大手のハイテク企業の副社長から、経営者はどうやって「成長の企業文化」を作り出せばいいのだろうかと聞かれた。この会社は難局を脱しつつあったが、この賢明な副社長は、部下のマネジャーたちに収益性の向上をつねに意識させるにはどうしたらいいかと悩んでいた。

企業文化を変えることの難しさを感じている経営者はたくさんいる。ある大手の通信会社の社長と話をしたとき、彼はこう言った。「さらに自由化が進むこれからの時代を生き抜くためには、会社の文化が変わっていく必要がある。経営陣は考え方も行動もすっかり変えなければならない。そのために自分にできることは何だろう。マネジャー全員に文書を送ることだろうか。それともスピーチをすべきか」

会社がもつ潜在的な収益力を引き出そうとする経営陣にとって障害となるのが、企業文化が容易に変わらないことである。変革管理は多岐にわたるが、そのなかでもっともやっかいな問題が企業文化を変えることである。ここで「企業文化」というのはマネジャーたちの仕事のやり方のことで、何にもっとも注目するか、仕事をどのようにこなすか、どのように周囲と協力するかといったことが含まれる。このハイテク企業の副社長も、通信会社社長も、企業文化を変える必要を語っている。

企業文化変革を成功させるために、マネジャーは次の二つのことをしなければならない。（1）仕事の新しいやり方を見出し、それを取り入れて習得する、(2) 新しいプロセスに熟達する。

また企業文化変革はマネジャー全員が一緒に進めていくのがよい。新しい協力の方法が見出されるにつれ、互いを変化させることになり、よい方向に循環が起きる。

企業文化変革のプロセスは時間がかかる。経営陣は有能な教師でなければならない。そのためには、効果的な教育計画を作ることである。

## 効果的な行動トレーニング

通信会社の社長は、他企業が変革管理に成功しているのを見て、収益性管理プロセスを中心とした「行動トレーニングプログラム」を作成することにした。できあがったプログラムはうまく構成されていて、具体的な行動目標を備えている。成果の上がらない一般的なトレーニングプログラムとはまったくちがうものだ。この会社のトレーニングプログラムがどういうものかを見ていこう。

この会社は最近、顧客と直接関わる機能を、地域別市場圏に再編成した。各市場圏はおよそ五〇人の、マーケティング、業務、財務のマネジャーたちが担当し、グループ副社長によって率いられている。それぞれの市場圏のマネジャーが一つになって、市場開発、競争への対応、収益性管理のための計画作成を、緊密に連携された一つのチームとして行う。これは会社にとって画期的な試みだった。

社長は九カ月の「行動トレーニングプログラム」を計画し、各市場圏のトップマネジャーたちを集めた一日～一日半ほどのオフサイト・ミーティングを毎月行った。また市場圏ごとの研修をグループ副社長が主導し、会社や業界を熟知しマネジメント教育プロセスに詳しい外部の専門家を招いて、共に指導に当たった。

研修は、選び抜かれた実例とディスカッションの組み合わせで行われ、毎回、市場圏別に変革と発展のための計画が練り上げられていく。

各グループは、収益性、競争、市場開発、戦略など、毎回一つずつビジネスの重要テーマに関する教材をもとにしてディスカッションを行った。ただし話し合いはすべて、自社の実際の事業に的を絞って行われた。

各月の研修の合間に、各グループは前回学んだことを活かして新しい計画の関連部分を開発する。翌月の研修では、全体の半分の時間を費やして、できあがった計画についての報告と討論が行われ、改善がなされる。後の半分の時間には新たな教材を学び、次の計画の課題について学習が行われた。

このプログラムの最大の成果は、会社の新しい状況にふさわしい具体的な計画が、自社のマネジャーたちによって作られたということだ。この行動トレーニングプログラムの目的は「新計画の作成」であるということを、社長は初めから明確に打ち出していた。しかしこの研修からは、貴重な副産物が得られた。企業文化の総体的な変化である。話し合いや学習を行う過程で、目標が一点に絞られ、強い目的意識と危機意識が生じた。これらは、単に漠然とした「企業文化の変革」などという目標を掲げてみても、まず達成できない変化だった。

この行動トレーニングプログラムは、本書に述べられている収益性管理の概要にしたがっている。以下は、各回の研修プログラムである。

**一カ月目　ビジネスブロック**　グループはそれぞれの市場圏を市場セグメントに分割し、それをビジネスブロックと名づけた。これは郊外とか都心といった特徴を共有する地域の集まりである。これまでは州別とか地方別といった広い範囲で見ていたので、これは新しい視点である。

**二カ月目　収益性のベースライン**　各ビジネスブロックの資産利益率を使って、スプレッドシートによる精度七〇％の収益性分析を行った。その結果見えてきたものは、「赤字の海の利益の小島」だった。

**三カ月目　競合相手の侵攻**　グループは各ビジネスブロックの競合他社を注意深く調べた。各競合企業がどの部分に侵攻を試みるか、それによってこちらはどれだけのビジネスを失うかを推測した。これを収益性のスプレッドシートを使ってモデル化すると、数社の抜け目ない競合相手がこちらの「利益の小島」を狙っているということがはっきりした。

**四カ月目　市場開発**　各グループは、それぞれのビジネスブロックに市場開発プランを当てはめ、競争相手の行動を計算にいれて、収益性を見積もった。マーケティングの資源を広範囲に行き渡らせるのではなく、最大の見返りのある場所に集中させるのがよいということがわかった。

**五カ月目　戦略代替案と資源**　もっとも重要なビジネスブロックにおいて、競争の状況と市場機会に関して理解したことを反映させて、戦略代替案を作成した。また資源をどこに集中させるかを見直し、いくつかの新しいサービスを市場開発と連携させて考案した。さらに、それら各代替案が収益にどのくらい影響するか、資源がどのくらい必要かなどを見積もった。

**六カ月目　戦略の選択**　どの事業群を積極的に進めるか、どの部分の限界収益改善に的を絞るか、積極的投資に値しないのはどの事業群かなどを見きわめた（この会社はこれまですべての分野に、ベースラインのサービスを提供していた）。そして詳細な見積りを作成し、資源配分の予算を作り上げた。

**七カ月目　企業のニーズと調整をする**　各市場圏の主要マネジャーが、見積りと資源のニーズをもちより、会社のもつ要件との折り合いを探った。必要に応じ会社のニーズに合わせて計画の調整を行った。

**八カ月目　実行**　グループは目標達成のための、おもな実行ステップを決定した。機能分野の責任者がどのように協調するかを具体的に決め、各自の責任事項をくわえた大まかな日程表を作成した。

**九カ月目　最終プラン**　最終回には、各市場圏のそれぞれのマネジャーが、グループ全体の計画の枠組みのなかで部門ごとの計画を作成した。これで計画作成は完了である。

## リーダーシップと筋肉記憶

この「行動トレーニング」のプロセスは、企業文化の変革、実態に沿った計画作り、部門間の連携など、いろいろな面においてきわめて有効だった。また、さまざまな持続的能力がもたらされるという成果もあった。

**効果的なリーダーシップ**　各グループ副社長は、部下の主要マネジャーおよびスタッフと共にすべてのセッションに参加した。これはひじょうに重要だった。毎回、新たな分析の結果が発表されるからだ。こうして全員が参加してグループの総意を形成し、また同時にグループの総意がメンバーの意見を形作っていった。数カ月がすぎ、新しい計画ができあがるにしたがって、新たな連携のしかたを全員が深く理解するようになったことも重要だった。最初に抵抗を示していたマネジャーたちも、次第に考え方が変わっていった。グループ副社長は、部下のマネジャーたちをリアルタイムでコーチし、フィードバックを与え、成長させることができた。また同時に、副社長も部下の意見に耳を傾け、彼らの見方から学んでいった。

**実効ある計画**　チームは、これまでとは根本的にちがうやり方で市場圏を分析し、強力な総合計画を作り上げた。新しい計画は、それぞれの市場圏のもっとも優秀なマネジャーによる共通の理解と分析が活かされていて、少人数のプランニング担当者だけで作る計画とは比較にならないほどすぐれたものだった。この計画は古い計画の手直しなどではなく、新しい時代に完全に適合している。また会社の収益レバーと、事業のすべての側面の潜在的な収益性を把握したうえで作られている。

**効果的なチームワーク**　実効ある計画ができたことにくわえ、各グループのマネジャーはみな、自分たちのビジネスに関して、その可能性もリスクも含めて詳細に、共通の理解を得ることができた。彼らはすぐに会社の収益性改善のために協調して行動するようになった。

**筋肉記憶**　一〇回にわたる研修のあいだに、各グループは収益性管理の理解が、「筋肉記憶」のように身体に染みついた。筋肉記憶というのはピアノやゴルフなどの練習に関して使われる言葉である。練習の効果を維持するためには、何をすべきかを理解しただけではダメで、また何度かうまくいったという程度でも不十分である。筋肉が訓練されて毎回正しくできるようになるまで練習しなければならない。

従来の企業研修の典型的な欠点は、テクニックは教えるが、継続的な成功に必要な筋肉記憶を形成しないという点である。しかし「行動トレーニング」は、深い理解とチームワークのほかに、効果的な変化を起こすのに必要な筋肉記憶をも作り出した。初回に立派な計画を作るだけでなく、収益性管理を行うのに必要な持続的能力を生み出したのである。行動トレーニングがもたらした包括的な分析と理解を基盤として、この後はもっと短い時間でさらに有効な計画を創り出していけるだろう。

## 企業文化の変革が起きる

経験からいうと、企業文化の変革が起きるのに必要な時間は、最良の環境において四～五カ月というところである。効果的な変革プロセスがあれば、この期間でマネジャーたちの仕事のやり方をすっかり新しくすることができる。

企業文化の変革管理は、マネジメントの他の側面に比べて特別に難しいわけではないが、まったく異なるマネジメント手法とアプローチを必要とする。効果的な変化をもたらすための明快な道筋はいくつかあり、要する時間もわかっている。「行動トレーニング」はもっとも有効な手法の一つであり、企業文化をその本質から変化させ、持続的な効果を即座にもたらしてくれる。

## 章のポイント！

1 企業文化を変えるというのが、経営者が直面するもっとも難しい課題の一つである。早くても四～六カ月はかかる。しかしどうすればうまくいくか、その方法はわかっている。

2 企業文化の変革を成功させるには二つのことが必要だ。新しいビジネスのやり方に関する知識と筋肉記憶を与えることである。「行動トレーニング」は、必要な知識を与え、新しい仕事のプロセスを熟練の域に達するまで練習できるように作られている。

3 「行動トレーニング」は具体的な成果、たとえば新しい計画作成などと結びつけることが重要である。それによって研修プロセスの焦点が定まり、緊急性と現実感が生まれる。

4 経営陣と部下のマネジャーたちがこの文化変革プロセスを一緒に進めれば、最高の結果が生まれる。緊密な連携と柔軟性のある結びつきの強いチームが作られるからである。

### このあとは……☞

第４部の最初の五章では、パラダイムシフトの管理について述べた。続く三章では、収益性管理に欠かせない生産性の高い組織をどのように作るかについて述べた。最後の三章では、有能なマネジャーやリーダーになるにはどうすればいいか、お話ししよう。

# 34章

# CIOは変革の戦士となれ

有能なCIO（最高IT責任者）とそうでないCIOのちがいはなんだろうか。

その答えは、この二〇年間で大幅に変わった。二〇年前には、CIOの優劣は技術的な専門性によって決まったものだ。だが現在では、会社全体を動かして仕事のやり方を変えさせる力があるかどうかによって決まる。

ここで問題なのは、多くのCIOが、新しいテクノロジーの評価とその導入が主たる懸案事項だった時代に、マネジメントスキルを身につけたということである。いまの時代のCIOには、それとはまったく別のスキルが求められている。
二、三年前に「顧客関係管理などの分野で、ソフトウェア導入の失敗が後を絶たないのはなぜか」という内容の記事を読んだことがある。実際にはほぼすべてのシステムで、ソフトウェアはちゃんと動いており、使用者も正しい使い方をしていた。問題はその根底にある業務プロセスだった。それが変わらないために、新しいソフトウェアの能力の大部分が無駄になっていたのである。
経営陣が、そのソフトウェアには価値があるのかと尋ねたとき、現場からの答えはノーだった（実際には、価値があるかどうかと、うまく動くかどうかはまったくちがう）。こうして多くの会社で経営陣のあいだに、ソフトウェアプロジェクトは過大評価だったという印象が拡がった。しかし本当の問題は、それらの会社のCIOが、自分の職責を狭く定義しすぎていて、変革管理プロセスを自分の仕事として積極的に関わらなかったことにある。

その結果、現在多くの会社でIT予算は削られている。CIOにとっては、変革管理のための資源がさらに減ってしまうことになる。適切に導入されたITは、収益性や他の利益を大幅に増やす力をもっているのだから、これは莫大な機会費用といえる。

いま多くのCIOが、この状態をどうやって変えられるかと考えている。

## 企業のITライフサイクル

ここ二〇年ほどのあいだに、企業のIT機能は根本的に変化した。新しいテクノロジーは次々と現れているが、企業のIT機能の企業内での役割は、成長期をすぎて成熟期に入ってきている。それは以下の三つの重要な点に現れている。

**1**　ITアプリケーションは、既存のプロセスを自動化するという機能から新しいプロセスを創造するという機能に移行した。古いアプリケーションはおもに、財務や人事といった事務管理部門で使われていた。しかし現在のアプリケーションは、顧客管理などの最前線で、あるいはサプライチェーン管理のように、会社にとって不可欠の重要分野で使われている。

二〇年前、遠隔発注システムが出現して、企業は紙による注文をオンラインの注文に切り替えることができた。これによって効率が上がるいっぽうで、新しい業務プロセスが必要となった。しかし本質的に組織というものは段階的にしか変わらない。

最新のソフトウェアは、まったく新しい仕事のやり方を可能にした。たとえば優良な顧客を特定して、その顧客にだけ販売のしかたを変えることもできる。しかしそれをするには、それ以外の顧客に対する売り方を変えたり、ときには販売自体をやめたりする必要がある。中核となる事業の構成やその実行のしかたを、ユーザーが根本的に変えなければならない。また、事業計画、報酬制度、資源配分など重要な関連分野でも抜本的な変革を同時に進める必要がある。これらの社内の変革が伴わなければ、新しいソフトウェアの能力を存分に活用することができないからだ。

**2**

今日のＩＴ能力は、以前と比べて桁違いに大きくなっている。二〇年前、私が最初にある会社の収益性分析を行ったとき、データベースを構築してパソコンの上で走らせるのに、一カ月以上を要した。現在、大手の企業はデータウェアハウスをもっており、リアルタイムの情報精度で経営できるようになった。この変化はカルチャーショックといってもいい。今日のＩＴ能力は、企業がそれを使いこなす能力のはるか先を行っている。

**3**

ソフトウェアパッケージは、すさまじい勢いで増加している。どのパッケージも、ビジネスケースのための分析を行うには役立つだろう。それらのソフトウェアが潜在的に有用であるとしても、問題は、企業がそれを使いこなせないことである。実際に多くの会社では、導入したソフトウェアの能力の一〇％以下しか使われていない。こういう状況では、次々に生まれるソフトウェアを使った新しいプロジェクトに手を出すのではなく、まずソフトウェアの優先順位を決め、統合された変革プロセスを作る必要がある。慎重に変革のペースを定めて管理を行うのはＣＩＯの仕事である。

## テクノロジーのライフサイクル

工業製品の標準的なライフサイクルを調べてみると、その変遷がよくわかる。最初はテクノロジー自体を使うということだったのが、テクノロジーを利用してこれまでやっていたことがよりよくできるようになり、さらにはテクノロジーがまったく新しいことを可能にするようになった。今日の成熟した企業ＩＴの世界では、ＩＴによってどんなことが可能になったのかを完全に理解しているユーザーは少ない。そして、そういう新しい可能性の恩恵を存分に得るためには、マネジメントの方法をすっかり変えなければいけないのだが、それも理解されていない。

これからのＣＩＯの役割は、ＩＴ部門を管理することから、会社全体の変革管理を担うことに移っていかなければならない。ただ問題は、企業ＩＴの歴史的な経緯が、ＣＩＯがこの移行を果たす妨げになっているということである

一九九〇年の後半、各企業のＣＩＯが、それまで仕事の中心だった管理業務の自動化から、事業の手法を変えるような顧客周りのシステムに注目を移しはじめていたころ、コンピュータの二〇〇〇年問題が起こった。ＣＩＯは基幹システムが破綻しないように全力を挙げなくてはならず、それがＣＩＯの技術専門家としての役割を強化してしまうことになった。

その後まもなくインターネットバブルがはじけた。インターネットはテクノロジーの能力をはるかに越

えるような期待を抱かせ、企業に過大な可能性を約束していた。そのバブルがはじけたとき、多くの経営者はITの潜在性に疑いの目を向けるようになり、ブームは一気に後戻りしたのである。

CIOの多くは困難な立場に立たされた。ビジネス変革管理が不可欠になりつつあるときに、CIOはそれを行うための専門性をもっているにもかかわらず、会社はITへの信頼を失っていたのである。

## GEはその状況をどう乗り越えたか

GEのケースは示唆に富んでいる。しばらく不毛の混迷状態が続いたあと、GEは「強い権限と能力をもつCIO」という、CIOの新しいビジョンを打ち出した。

一九九七年まで、GEにおけるCIOの機能はおもに管理事務アプリケーションを中心としたもので、経営陣の目に戦略的可能性として映ってはいなかった。

インターネットバブルが膨らんでいたころ、GEの経営陣は企業文化の変革に力を入れはじめた。マネジャーたちをもっとITに親しませ、ビジネスに新たな可能性を見出すことが目標だった。経験のあるトップマネジャーをテクノロジーに明るい若い社員とペアにする「eメンタリング」と呼ばれるプログラムも作られた。

さらに、各事業部に「eビジネスグループ」を設け、ITによる新たな機会を開発させた。その目的は、会社全体に新しいITの需要を起こさせることと、それに応じてIT部門に変化をもたらすことだった。

問題はこれらの変更が、事業畑の「eビジネスグループ」リーダーたちと、従来のIT担当エグゼクティブのあいだに緊張を生んだことだった。会社はこの両者を統合することで、問題解決を図った。その結果、「ビジネスマインドをもったＣＩＯ」という新しいビジョンが実現したのである。

ある部門では、ｅビジネスリーダーが従来のＣＩＯにとって代わった。また別の部門ではビジネスマインドをもったＣＩＯがｅビジネスリーダーに代わってリーダーになった。新しいＣＩＯは、事業部門ＣＥＯの信頼できるパートナーとして、事業において能力が発揮できるかどうかが問われることになった。たとえばＮＢＣでシックスシグマを実行したリーダーは後に、ＧＥエアクラフト・エンジンズ社のＣＩＯとなったが、彼は高いプロセス改善スキルをもち、事業における強力なリーダーシップがあり、それにＩＴの経験もあった。

ＧＥでは彼のＣＩＯ就任によって、「管理部門を主体とした技術志向のＣＩＯ」の時代は終わりを告げたのである。

同様の変化が、他のトップ企業でも起こりつつある。ある大手の汎用品メーカーの経営者は、プロフィットセンターか主要な業務を率いた経験のある人以外はＣＩＯとして雇わないと言った。このような新しいタイプのＣＩＯは、能力の高いチーフ・テクニカル・オフィサーあるいはチーフ・アーキテクトをスタッフにくわえる必要があるだろう。しかし以前とちがって、技術面でのＣＩＯの役割は完全に補完的なものである。

## ビジネスマインドをもったＣＩＯのリーダーシップ

ＣＩＯはどうすれば、新時代の「ビジネスマインドをもったＩＴリーダー」になれるだろうか。ＣＩＯが主導すべき重要な分野は「プロジェクト選択」と「変革管理」である。

**プロジェクト選択**　何年か前、ある大企業のＣＩＯが私にこんなことを言った。「ＩＴプロジェクトの優先順位は、月例会議で決定される。もし事業責任者がその会議に出ることができず、自分のところのプロジェクトを主張できないと、それは単にカットされてしまう」というのである。だが、ＣＩＯが以前とはちがう役割を担うようになったため、いまではこういうことは起きなくなってきた。現在のＣＩＯは、ビジネスを変革させるＩＴプロジェクトの共同立案者であり、変革の共同マネジャーでもある。

ＣＩＯは、ビジネスの戦略目標と、それを満たすことのできる複数の手段に精通していなければならない。こういう知識をしっかり身につけたＣＩＯが業務責任者と協力することによって、新しいＩＴ能力を活かした力強いビジネスの手法を生み出すことができる。ＣＩＯは各レベルのマネジャーたちからの要請に応えるだけではなく、ときに率先して事業の見直しも行う。そのためにも、ＣＩＯが現行の日常業務だけでなく、ビジネス全体を深く理解していることが不可欠である。

しかし、単に新しい価値創出の機会を見つけるだけではじゅうぶんとは言えない。ビジネスマインドをもったＣＩＯには、事業部門の変革に対する姿勢を評価するという仕事もある。それは二つの部分からなり、一つは現行のプロセスがどのくらい定着しているかを見きわめること。もう一つは事業部門に、新しいＩＴの可能性をじゅうぶんに活かすために必要な変革を行う意欲と能力がどれくらいあるかを分析することである。

これらの評価は、ＩＴプロジェクトの成否を予測する重要な指標となる。またプロジェクトの成果がどのくらいの大きさでいつごろ現れるかも推測できる。ＣＩＯは、この指標によって、ＩＴ導入の難度、スピード、導入に伴って事業の変革をどのように管理するべきかなどを判断する。

さまざまなプロジェクトの潜在的な価値を知り、それらがもたらす現実の変化がどういうもので、どのくらいのペースで起きるかがわかれば、ＣＩＯはそれに基づいて、システムを展開させることと事業の変革管理が同時に行えるような戦略的ＩＴ計画を作ることができる。

ここで重要なことは、「すぐに成果の出る取り組み」と「長期的視野の取り組み」のバランスを取ることである。それによって事業担当者たちの変革に対するモチベーションを最後まで保つことができる。

戦略的ＩＴ計画は多くの点で、戦略的市場管理計画と似ている。すぐれた市場計画では、マーケティング責任者が現行の顧客層と潜在的な顧客層を詳細に調べる。さらに顧客を、潜在的な収益、パートナーになる意欲と能力、業務の適合性などによって評価し、それによって市場開発プログラムの各選択肢を評価する。すぐれた戦略的ＩＴ計画もそれと同じように、事業一つひとつについて評価する必要がある。

**変革管理**　ＣＩＯは、変革を推し進めるために事業部門と連携する場合、役員レベル、オペレーティングマネジメント、それにプロジェクトマネジメントの三つのレベルを巻き込む必要がある。

役員レベルに関しては、何人かのトップ企業のＣＩＯが、上級役員ＩＴ会議が有効だったと言った。これはＩＴのトップマネジャーと経営陣が集まる運営会議である。こういう会議をもつことによって、会社の戦略的取り組みが明確に理解され、成功に向けた具体的な計画ができてくる。

オペレーティングマネジメントには、部門長レベルのＩＴアドバイザーが不可欠だ。経験豊富なＩＴマネジャーが、アドバイザーとして各事業部門に協力する。付加価値機会や変革課題などについて、他事業の責任者と理解を共通にし、ＩＴ投資の成果を最大にするような展開プログラムを作るのが目的である。実際に多くのトップ企業では、ＩＴアドバイザーが事業部門における変革プロセスを主導している。

ビジネスの知識が豊かなＩＴのプロを見つけるのは容易ではないかもしれない。多くのトップ企業のあいだで、変革を進めるためには、こういったＩＴアドバイザーのリーダーシップが欠かせないと考えられるようになってきたからだ。

プロジェクトマネジメントに関して言えば、ビジネスを変えるソフトウェアを導入するプロセスは、従来の管理業務ソフトウェアの導入とはまったく異なるものでなくてはならない。従来のソフトウェア導入は、順を追って進む。まずソフトウェアが開発され、展開される。それから社員を訓練してそれが使えるようにする。

だが今日のソフトウェア導入プロセスでは、二つの動きが並行して起こらなければならない。「事業変革管理」と「ソフトウェア展開とそのトレーニング」である。そして実際には、事業変革管理のプロセスが、ソフトウェア展開より一足先に始まるべきだ。マネジャーは将来のプロセスの見通しを考え、新しいシステム開発が決断される前から、変化に向けて動き出さなければならない。

すぐれた変革管理プロセスでは、業務プロセスの変化に伴い、ＩＴの要求が高まる。そうなれば、ＩＴ部門は事業部門を巻き込んで変革管理の共同プログラムを始めることができ、その結果としてＩＴの展開もずっとスムーズにいく。抵抗も少ないので、新しいＩＴ能力が存分に活用できることになる。

## 変革をリードできる有能なＣＩＯが必要となる

ある優秀なＣＩＯは、自分の経験をこのように語った。「実際には、プロジェクト選択のプロセスが始まる前に、勝負はついている。そのプロジェクトがたとえ優先順位のトップにランクされていたとしても、ビジョンが狭かったり予算の制限があったりして広がりに欠けるものであれば、成功にはいたらないからだ。CIOとして働いた一〇年間で、とくに難しかったことは、管理職層から出される多くの小規模プロジェクトに、それぞれ合った対応をしなければならなかったことだった。なかには実行するべきプロジェクトもあるが、あくまで大きな利益を生む戦略的イニシアチブの隙間を埋めるプロジェクトとして扱うべきである。

大規模なIT集約型のイニシアチブを成功させるには、あらゆる面で抜本的な変化が必要になる。しかしそれらの大規模な変革をリードするだけの能力がある人は、残念ながら事業部門のトップにはほとんどいない。そこで有能なCIOが必要になるわけだ。有能なCIOであれば、経営トップと共にビジョンを形作り、任務のために必要なすべての資源（トレーニング、業務プロセスの再設計、必要ならば新しい雇用なども含む）を結集することができる」

今日のCIOは、二〇年前のCIOがもっていた夢や希望をはるかに超えた大きな機会を手にしている。積極的に事業に関わり、社内の各事業部門のトップたちと連携を深め、パラダイムシフトを実現して大きな収益性改善を果たすべきだ。いまCIOの能力は、かつてないほど大きく会社の将来を左右する。

## 章のポイント！

1　CIOの役割はこの一〇年で根本的に変わった。技術の専門家から「変革の戦士」へと発展したのである。

2　いまのCIOは、新しいテクノロジーがビジネスのやり方をどのように変えられるかを理解していなければならない。またテクノロジーが可能にする新しいビジネス手法を作り出すために、変革管理に熟達している必要がある。

3　会社が成功するためには、プロジェクトの選択が重要である。ビジネスケースの投資利益率がプラスで潜在性があるプロジェクトでも、すべてを取り入れることはできない。CIOは本当に重要ないくつかのプロジェクトを達成することに集中し、それらを初めから結果が出るまで管理しなければならない。

4　効果的な変革管理のためには、CIOは自分の組織を、変わりつつある業務プロセスに適合させなければならない。このプロセスに部門長レベルのビジネスアドバイザーは必須である。

**このあとは……☞**

この章では、CIOの重要な役割の大きな変化について述べた。残りの二章では、マネジャーとリーダーに必要な特性を伸ばす方法について述べる。

（本章はマッシモ・ルッソとの共著である）

# 35章

# 巧みなマネジメント

すぐれたマネジャーになるにはどうすればいいか。

修士課程を修了して卒業を控え、新しいマネジャーをめざしている若い人たちはとくに、これをぜひ知りたいだろう。また経験のあるマネジャーでも、マネジメントで一番大事なことを見失いたくない人にとって、これは大事な問いである。

卒業生たちは、これまで大学院の厳しいコースを修了することに必死になっていたので、それが終わってほっとして、新生活の期待に胸を膨らませているだろう。しかし、単に新しい生活に突入するのではなく、その前に修士号を得たことの意味をよく考えてみることが重要だ。

修士号というものには特別な意味がある。人生の分水界と言ってもいいほど重要な転機である。それまでとは人生が大きく変わる。そのことを理解することが、すぐれたマネジャーに成長する出発点である。

## 熟達の三つのレベル

修士号の意味を理解するためには、その歴史的な流れを知る必要がある。大学という制度はもともと、中世後期の「ギルド制度」に基づいて作られたものである。ギルド制度には熟達の過程に三つのレベルがあった。

最初のレベルは「見習い」である。技能を学びたい者は、腕のよい親方を見つけて、その家で住み込みの助手として何年か働く。主人の手伝いをした報酬として、技能の基本を教わる。さらに長い年月のあいだに、次第にその技能を自分で試すことを許されるようになる。

次のレベルは「ジャーニーマン」である。見習い期間を終えた若者はその技能を完全に習得しているので、自分の腕で仕事をしながら旅をすることを許される。経験を積むにしたがって技術は磨かれ、さらに熟練していく。

ジャーニーマンがきわめてすぐれた技術を獲得すると、三つめの最高レベルをめざす。それが「マイスター」である。マイスターになるためにはひじょうに質の高い作品を仕上げなければならない。ギルドの最高基準を満たす「マスターピース（傑作）」である。これを達成すると、職人は自分の家を構えて弟子を教育することを許される。

## マイスターになる

マスター（修士）課程を修了した学生にも、このマイスターたちと重要な共通点がある。多くの修士課程の学生たちは、この古いギルド制度と似通った段階を経て成長する。最初、学部の学生のうちは、各自の分野に的を絞り、基本的な実務知識を学ぶことを求められる。

学部を卒業した後は、ジャーニーマンのように次の段階の新人として、身につけた能力を適応しながらさらに学びつづける。

それぞれの分野で高度な経験と熟練を身につけると、彼らはマイスターとなるためのプログラムを受講する。古《いにしえ》のマイスターたちの試練と同様、学生をマスターとして認定できるレベルに育てるために、この課程のプログラムは彼らに厳しい修行を課す。

多くの学生が書く修士論文は、古いギルド制度のマスターピースに相当する。彼らがその学問分野を習得し、人智を前進させられるだけの、厳密で洞察に富んだ独自の思索を生み出せることを、世に示すものなのである。

古いギルド制度におけるマイスターの役割を考えることは、「マイスターとしてのマネジャー」を考えるうえで貴重な示唆を与えてくれる。

ギルド制度では、マイスターたる親方には、二つの重要な仕事があった。

まずマイスターには、さらにすぐれたマスターピース（傑作）を継続的に生産する機会が与えられており、またその責務もあった。これによって工芸作品の全体的なレベルが向上していく。こうして生まれた多くのマスターピースは、現在世界中の大きな美術館に展示されており、製作者の名前は永久に歴史に刻まれる。

次にマイスターには、家に見習いをおき、彼らに技術を教えてマイスターをめざす旅に送りだす資格と責務があった。マスターピースの作成と後進の指導、マイスターがこの重要な二つの仕事を果たしてきたからこそ、その工芸は繁栄し存続してきたのである。

美術館を歩いていると、マスターピースに心を奪われがちで、それらを生み出したギルド制度に基づくキャリア開発のプロセスのことはあまり考えない。新しいマイスターを育てるこういう体系的なプロセスがなかったなら、現在私たちが鑑賞しているような作品はほとんど生まれなかっただろう。

## マネジメントのマイスター

昔のマイスター同様、現代の熟練マネジャーたちにも、同じように大事な仕事が二つある。まず、戦略、イニシアチブ、プログラムなどを、きちんとした根拠に基づいて厳密に練り上げ、それによって収益性を最大に伸ばし、会社を将来に向けて推し進める仕事。次に、積極的に次代のマネジャーを教え育てる仕事である。それによって、若い人たちが目標を達成でき、だんだんと昇格してやがては自分の後を継いでくれる。

マイスターとしてのマネジャーには、その二つの仕事においてすぐれていることが求められる。両方が成功しないかぎり、会社が長く栄えることはできない。

現代では、マネジメントのマイスターになるには、さまざまな道がある。しかしどの道も、どこかの時点で、自分自身が学んで練習することから、人を教えその人たちの働きを通して仕事をするということに、力点を移さなければならない。自分のポジションが組織のなかで上がっていくにつれ、教えることはますます重要になる。このことは第4部のいくつかの章のなかでも強調してきたことだ。

コンサルティングもこれと同様で、もっとも効力を発揮するのは、その会社のマネジャーを指導して、創造性と自律を重んじながら彼らの力を活かすやり方である。コンサルティングの成否は、マネジャーたちが新しい分野において自力で成功できるだけの能力を、社内に作り出せたかどうかによって決まる。

最近、ある大手企業の管理職の人たちと夕食を共にしたことがある。会社のマネジメントプロセスについて話し合っていたとき、一人のマネジャーがこう言った。「実験的にやってみるのはいいけど、それが間違いだったというのは困る」しかし現実には、思慮深く創造性豊かなマネジャーが育つためには、結果から学ぶことが必要である。その途中でいくつかの間違いはつきものだ。小口顧客や小さい領域を対象にショーケース・プロジェクトを行うのがいいというのは、そういう理由である。

成功している会社の多くは、マネジャーの育成にとても力を入れている。トップは部下のマネジャーに指示を与えたうえで、彼らのコーチングに多くの時間と関心を注ぐ。仕事の結果をモニターし、業績を改善する方法を理解させる。このようなマイスターのマネジャーが管理する組織は、それ自身がつねに新しくなっていく。

このプロセスはすぐれた病院研修に似ている。マイスターの外科医がつねに研修医をそばにおいて教育するのである。マイスターの外科医はマイスターのマネジャーと同じように、新しい医療の方法を生み出すことと、次代の外科医を育てることの両方を、つねに考えている。

## マイスターの戦略

マイスターのマネジャーが部下の働きを通して開発した戦略、イニシアチブ、プログラムなどは、ほぼ間違いなくトップだけで策定されたものよりもすぐれている。それには二つの理由がある。まず、行動によって学ぶ機会を与えてマネジャーの能力開発を行っている会社には、すぐれたマネジャーの人材が惹きつけられて集まってくるということ。もう一つは、人を教えることが、学習のもっとも有効な方法だということ。部下のマネジャーを効果的にコーチングするには、上に立つマネジャーはビジネスをしっかりと完全に理解していなければならないからだ。

業界紙や年次報告書を読んでいると、美術館のなかを歩いて作品を眺めているような気がする。そこには、成功をおさめた戦略、イニシアチブ、プログラムなどがすべて展示されている。しかしそこには、それを生み出したマネジャーたちを育て上げた体系的プロセスのことまでは書かれていない。すぐれたマネジメントがもつ両方の側面を理解しているのが、マイスターたるマネジャーである。

## 成功への道

マイスターのマネジャーと彼らの薫陶を受けた部下のマネジャーたちは、新しいイニシアチブを開発して実行するエキスパートである。人の意見に耳を傾け、他の人たちを通して仕事を進めるという姿勢を身につけているからだ。トップのマネジャーたちがマイスターである会社は、部下のマネジャーたちもオープンで旺盛な知識欲をもつように教育されているので、変化を受け入れることをためらわない。彼らは新しいアイデアがあれば人に話して意見を聞く習慣がある。マネジメントというのはアイデアをやり取りしながら、アイデアの市場のなかで真の価値が勝ち残るプロセスであると教わっているからだ。

こういうアイデア開発の過程で、若いマネジャーたちは、早いうちから同僚とのあいだに緊密な関係を築いていく。若い優秀なマネジャーたちは気持ちよく連携して働けるようになり、やがて彼らが共に組織の中核として育っていく。マネジメントのマイスターがある程度いれば、会社は自動的に次々とマイスターを生み出す。つねに可能性いっぱいに収益性を上げ、新しい機会が生じてきたときはそれに適応して、継続的に変化していく会社となる。

## 章のポイント！

1　マネジメントのマイスターは二つの重要な仕事に熟達している。会社を発展させるような新しいアイデアやイニシアチブを生み出すことと、成長して彼らの後を継いでくれるすぐれた部下のマネジャーを育成することである。

2　多くの会社のイニシアチブは会社を発展させることにのみ注目していて、後進を育てる仕事は顧みられない。それが大きな損失を生じている。

3　すぐれたマネジャー育成のプロセスとは、明快でつねに改善できるようになっているプロセスである。部下のマネジャーのメンターをすることは、メンター自身の知識や能力を大きく伸ばすことにもなる。今日のトップ企業はこのプロセスにひじょうに重点を置いている。

4　「実行することによって学ぶ」ということが、すぐれた教育には欠かせない。ショーケース・プロジェクトは、コントロールされた低リスクの状況で、新しいアイデアやビジネスの新しい手法を試すよいチャンスである。

### このあとは……☞

この章ではどのようにマネジメントのマイスターになるかを述べた。最終章では、どのようにして有能なリーダーになるかについてお話ししたい。

36章

# リーダーシップの本質

有能なリーダーに不可欠の特質とは何だろう。それは、若い人に見出せるものだろうか。また訓練で伸ばせるものだろうか。

最近ある著名なビジネススクールの入学事務局とのミーティングがあったのだが、そのときの話題がこれらの疑問だった。この事務局の責任者はどういう学生を選考するべきかという基準を検討中で、いまの基準が本当に適切なのか、抜本的に見直したいと考えていた。

すぐれたリーダーシップをもつ人は簡単に見分けられるようにも思える。またたしかに、リーダーシップが欠けている場合は、よくわかるものである。だが、すぐれたリーダーシップは、どう定義すればいいのだろうか。これは、部下のマネジャーを選ぶにも、育てるにも、また自身のリーダーシップ能力を伸ばそうとする場合にも、きわめて重要な問いである。

リーダーシップを考えるとき、いつも思い浮かぶのは「リーダーというのは、自分が情熱をもつ分野で足跡を残す人たちである」という定義だ。

じつはこれは、先ほどのビジネススクールの入学事務局の責任者が行ったプレゼンテーションのなかで聞いた定義である。そして実際にこの責任者は、私を含む何人かをこのミーティングに招いて、学生の選抜基準について語らせるという企画において、実にすぐれたリーダーシップを発揮していた。このビジネススクールにはすでにすぐれた選抜プロセスがあったにもかかわらず、それでは満足せず、より良いプロセスにしたいと切望していた。この人は、自分が情熱をもつ分野で足跡を残していたと言えるだろう。

企業のなかにも、強迫的ともいえるほど執拗に改善努力を続けているところがある。ビジネスがどれほどうまくいっていても、さらによくしなければ気が済まないのである。それで思い出すのは、スミソニアン博物館のアメリカ発明史の展示で目にした「われわれがこれほど優れているのなら、さらによくならないはずがない」というタイトルだ。

だがいっぽうで、他の多くの企業は、これまで通りのやり方にのんびりとあぐらをかいている。ある会社の副社長が私にこんなことを言った。「うちの会社のやりかたは正しいと思いますよ。もっとよい方法があるなら見つかったでしょうし、それをしていたでしょうからね」

ここでの教訓は、他社より優位にあるときにも、アクセルを踏みつづけなければならないということだ。そうしてきたからこそ、いま優位にいられるのである。

## 二刀流のリーダーシップ

ある意味で、すぐれたリーダーというのは二刀流でなくてはならない。いっぽうでは、現行のビジネスパラダイム（うちのやり方）のなかで実務を手際よくこなすことを求められる。そして他方では、現行のパラダイムを検討してそれを根本的に改善する道を探り、大規模な変革管理を行って成功に導かなければならない。飛行中にプロペラを取りかえるようなものだから、同時に使える有能な二本の手と、しっかりしたコミットメントが必要だ。そういう能力こそが、すぐれたリーダーシップに欠かせない特質である。

ではこんなふうに考えてみよう。みなさんが将来別の仕事を探すときには、いまやっている仕事も履歴書に記載されるだろう。そこにはいくつか大きな業績を列記する必要がある。「これまで通りの仕事をきちんとこなした」と書くわけにはいかないだろう。

「これまで通りの仕事をきちんとこなす」というのは、会社をクビにならない最低限の仕事だ。「それにくわえてどんなすぐれた仕事をしたか」が重要なのである。それは、どれほどリーダーシップを発揮して現行のパラダイムを変えることに成功したかということだ。

これは余談だが、新しい仕事を始めるときに、将来、履歴書にどんな業績を列挙したいだろうかと考え、在職中に意識的にそれらを築いていくというのもいい方法だ。そうでないと、そういう大きな業績を残す機会は、単に偶然の産物にすぎないということになる。

すぐれたマネジャーでなくても、すぐれたリーダーになれるだろうか。経験からいうと、最高のリーダーはみな同時にすぐれたマネジャーである。そして最高のマネジャーは卓越したリーダーシップ能力をもっている。成功するためには自分の組織を改善しようとする情熱と、最後まで努力しつづける能力の両方を必要とする。

もちろん、ものごとを改革するのが好きな人間と、現状を管理するのが好きな人間をチームにするということも可能である。実際、もっともすぐれたチームには、限界を広げようとする人と、組織が破綻しないように気を配る人の両方がいるものだ。それが組み合わさることによって、前者は本来よりも少しスローダウンし、後者は好みの速度より少しスピードアップする。両者の歩み寄りが会社にとってよい結果をもたらす。ただし双方とも、両手づかいの能力はちゃんと備えていなければならない。そうでないと共通の理解と互いへの敬意をもてないからだ。効果的な行動を起こすために妥協しなければならないときに、その理解と敬意が必要なのである。

日々の実務管理は、どんなポジションにも求められる中心的な役割で、決してやさしい仕事ではない。利益目標を満たし、業務プロセスをつねに改善し、安定してよい結果を出さなければならない。成功するには適性も能力もチームワークも必要だ。そういう仕事からは大きな満足が得られるし、また得るべきだろう。しかし日々のマネジメントとパラダイムシフトを主導することは、まったく別の仕事である。

## パラダイムシフトを主導する

画期的な変革管理は、日常業務管理とは異なり、ビジネスのやり方の抜本的な改善をコンセプト化することから、それを実現することまでが含まれる。

日々の管理業務においても、何をすべきかを考えるための能力と専門知識は必要だが、パラダイムシフトを主導するためには、さらに次のような個人的な特性が求められる。

**情熱**　何よりもまず、いまの状況をよりよくしたいという強い熱意がなければならない。変革管理は骨の折れるプロセスであり、それをやり遂げさせるものは情熱である。そういうマネジャーは「腹のなかに燃える火をもつ」ように見える。

**大局を見る眼**　情熱を行動に移すためには、一歩退いて自分のしていることを冷静に見きわめることもできなくてはいけない。前述の入学事務局の責任者がいい例だ。日々の仕事に追われながらも、学生を選ぶ基準の適切さについて深く考えていた。

**創造性**　現行の業務プロセスの全体像を見きわめた後、それとは根本的にちがうもっと効果的なやり方を見つけるには創造性が必要とされる。もちろん生来創造性に恵まれているという人もいるが、他社のさまざまなビジネス手法を調べていくうちに、だれでも創造性がわいてくるものだ。ビジネススクールのケーススタディは、そういう視点を与えてくれるし、ビジネス誌や他の出版物も参考になる。

**ものごとをまとめる能力**　大規模な変革を主導するには、自由奔放な創造性だけでなく、日常的な実務能力も必要である。広大なビジョンを、きちんと体系化された実際的で詳細なプログラムに置き換えなければならない。それができなければ、人々はこれまでの確実なやり方を手放すだけの勇気がもてない。

**チームワーク**　ほとんどの大規模な変革には、他の人々を巻き込んで説得し、協力していくという行動が伴う。組織にとって一番の利益ということをつねに念頭におき、巻き込む人たちすべてにとってよい結果を出すという気持ちがなければならない。リーダーにこういう姿勢があり、計画が実際的ですぐれたものであれば、人はついてきてくれるものだ。

**不屈の精神**　情熱をもって始めたプロジェクトを最後までやり通すには、不屈の精神がいる。優秀で創造性があり情熱的なマネジャーが、素晴らしいアイデアを考えついたのにもかかわらず、実行する段階で多くの困難に出会ううちに興味を失ってしまったという例を、私はいくつも知っている。素晴らしい戦略を考えたにもかかわらず、スコアボードには結局一点も増えなかったというわけだ。

**心が広いこと**　大規模な変革には、必然的に大量の試行錯誤が伴う。変革というのは、海図のない航海に乗り出すようなものだ。すぐれたリーダーは、不確実さに対して寛容でなければならない。

**高潔さ**　最後にとても重要なことは、リーダーたるものは高潔でなければならないということだ。これは単に法律を遵守するといったことではない。正直だということも高潔さの重要な一部であるが、それだけではない。誠実な人間であること、つまり組織と同僚のためにものごとをよくしたいという確固とした信念があることだ。情熱も不屈の精神もチームワークもすべて、この信念から発する。高潔さがなければ、ただ自分を売り込んでいるだけとなって、他の人はついてこない。

## リーダーを育成することはできるか

リーダーシップ能力も他のいろいろな才能と同じように、人々に配分されている。生まれながらのリーダーという人もいるし、やることが決まっているほうが気楽だという人もいる。多くの人はその中間である。

生来のリーダーという人たちには重要な素質が備わっているが、クリエイティブな構想を具体的な行動プログラムに転換するという、実際的な面でトレーニングが必要なことが多い。変革にはどれくらいの期間が必要かということを理解して、根気強い努力を覚悟しなければならない。

しかし、多くの人は努力によってリーダーシップを身につけることができる。日常業務を立派にこなすことは何より大事だが、それだけでは不十分だと理解することがその出発点である。次は、変革のコンセプトを作り出して人々を先導していくという、長期にわたる苦しい道を行く覚悟があるかと、自分の心に尋ねてみることである。その苦労の代償として最後に得られるものは、自分がやらなかったら決して起きることのなかった変化を目の当たりにしたときに覚える深い満足だろう。

リーダーになると決意したら、それに必要な特質を身につけるように努力すればいい。それには、将来転職するときに自分は履歴書にどんな業績を列記したいだろうとよく考えてみることだ。そしてそれを達成するために時間と努力を惜しまないと決心する。ほかのすべての能力と同様に、リーダーシップも練習によって完成されるのである。

すぐれたリーダーになるためには、一定レベルの知性が必要だろう。しかし秀才である必要はない。ある程度の社交能力も必要だろう。しかし超一流の営業マンのようである必要はない。しかし努力を惜しまないことと徹底的に考えることへの強烈なこだわりだけは、リーダーに不可欠なものだ。

すぐれたリーダーになるために一番重要なことは、自分が本当に好きなことを見つけることである。情熱もコミットメントも高潔さもそこから生じる。経験からいえば、リーダーシップの根本にある一番大事な要素は、自分が本当にやりたいこと、好きなことに合致する仕事をその人が探り当てたかどうかである。

「リーダーとは、自分が情熱をもてる分野で足跡を残す人」というリーダーの定義をもう一度考えてみよう。どうしても「足跡を残す」というところに関心が向きがちである。しかしリーダーとしての本当の力は「自分が情熱をもてる分野」というところから生じるのである。

若い人のなかに、リーダーシップの潜在性を見出すにはどうしたらいいだろうか。それを見分けるカギは、その人が真の情熱を感じられる仕事を見出したかどうかである。自分の仕事の状況をよりよくしようという意欲や能力がないのに、ただ会社のためだからといって努力ができるだろうか。

本当に好きだと感じられることをしていたら、それをよりよくすることに情熱をもたないではいられないはずだ。

**章のポイント！**

1 リーダーとは「自分が情熱をもてる分野で足跡を残す人」。

2 「足跡を残す」というところに関心が向きがちである。しかし本当の力は「自分が情熱をもてる分野」というところからくる。

3 だれが有能なリーダーかどうやってわかるだろうか。まずは、その人が本当に楽しんで仕事をしているかどうかを見ればいい。

4 自分自身の仕事やキャリアについて考えてみよう。本当に好きで満足感をもって働いているだろうか。そうなら、リーダーシップの技術を伸ばすことを考えよう。そうでなければ、別の本当に好きな仕事に移る方法を真剣に考えよう。

# エピローグ　みなさんにとって次は……

私は毎年ＭＩＴのクラスで職業について話をするとき、学生に「一〇〇〇万ドルテスト」をやらせる。「君たちに一〇〇〇万ドルの遺産が入り、生涯働かなくていい状態になったとする。さあ、何をする……？　わかってるさ。ビーチに行って二カ月くらい遊んで暮らすというんだろう？　しかしやがて飽きてしまう。そして自分はいったい何がやりたいのかを考えはじめるだろう。自分の心の奥底をさまざまに探ってみて、ようやく本当に自分がやりたいことがわかる」

私は学生たちに（そしてみなさんにも）こういう時間をいまもつことを勧める。自分は本当に何がやりたいのかを考えてみることである。世界は多様性に満ちている。自分にもっともふさわしい仕事はどこかにあるし、なければ創り出すこともできる。一番大事なことは、自分が本当にしたいことは何かを理解し、クリエイティブに情熱的にそれを探すか創り出すかすることである。このプロセスこそがまさにリーダーシップだといえる。

本当にしたいことをして日々を過ごすことができれば、つまり本当の満足と喜びを与えてくれる仕事をしていれば、幸せにもなれるし有能にもなれる。そして結果的に経済的成功にもつながる。

自分の好きな分野で働いていれば、その仕事をよりよくしたいと思うものだ。仕事に対する私心のない情熱を目にすれば、同僚も協力してくれるだろう。自然と好ましい結果につながっていく。

これがリーダーシップの本質である。そして収益性管理をはじめ、ビジネスのすべての面で成功をもたらす究極の秘訣でもある。

本書をお読みいただき、感謝しています。読者のみなさんの成功をお祈りします。また、会社の収益性管理に取り組んだ経験やその成功について、お知らせいただければ幸いです。

マサチューセッツ州ケンブリッジにて
二〇一〇年一〇月

ジョナサン・L・S・バーンズ
jlbyrnes@mit.edu

# 謝辞

これまで力を貸してくれた多くの方々に心から感謝の言葉を申し上げたい。

まず一番に、コンサルティングや研究活動で一緒に仕事をしたマネジャーのみなさんにお礼を述べたいと思う。本書で述べてきた考え方は、それらの活動のなかで生み出されてきたものだからだ。また、何年かにわたって私が教えたMITの学生たちにもお礼を言いたい。彼らはクラスでこれらのコンセプトを分析して疑問をぶつけてくれ、また卒業後も仕事のなかで実践し、経験したことを報告してくれた。

それから、ゲリー・アランには特別に感謝の意を表したい。彼はハーバード・ビジネススクール博士課程の同級生で、多くのプロジェクトを一緒に行った友人である。本書の考え方はこれらのプロジェクトのなかで発展していった。彼は私のコラム原稿も本書の原稿もほとんど全部読んでくれて、適切なコメントをくれた。

「ワーキング・ナレッジ」編集長のショーン・シルバーソーンには大変お世話になった。私の考え方を世に示す機会を与えてくれたことを心から感謝している。

MITの、ヨッシー・シェフィ、クリス・カプリス、ジム・ライス、ハンク・マーカス、ドン・ローゼンフィールドは、私の長年の友人であり同僚だが、私がMITで講義と研究を行うにあたって、大いに助力してくれた。またハーバード・ビジネススクールの教授たち、ベン・シャピロ、ロイ・シャピロ、ジャン・ハモンドは、私にとってすぐれたメンターであり、長年の友人、同僚でもある。

ビル・コパチーノは、コラムや、本書の原稿を読んでコメントをくれた。また彼は、アクセンチュアのビジネス・コンサルティング・プラクティスのCEOをしていたときや、他の先進企業数社の経営トップだったときの豊富な経験を、たくさん聞かせてくれた。またGE副社長のダン・ファーマンはいくつかのコラムの内容について有益な意見をたくさん聞かせてくれた。ファイアストン、レブコ・ドラッグス、ブラック&デッカー、キイストーン・オートモーティブ各社の経営幹部を歴任したジョセフ・ボードは、本書の内容についてコメントをくれ、原稿もチェックしてくれた。親友のシジ・ウェアは出版のプロセスに関して指導してくれた。

そして妻のマーシャは、最初の原稿から最終的な校正まで、全過程を通して協力してくれた。

また、デル元副社長スチュアート・スミスにも感謝の意を表したい。彼はとくに7章の執筆にあたって助力してくれた。またハーバードの同級生でもあり、SXDアソシエイツ社長でもあるスティーブ・ドイルは、11章の内容に貢献してくれた。カーディナル・ヘルスのメディカル・セグメントの業務担当副社長マイク・ダフィーは、19章の内容にひじょうに重要な貢献をしてくれた。

ボストン・コンサルティング・グループ副社長マッシモ・ルッソは、34章の執筆を手伝ってくれた。彼の知的なパートナーシップと友情に心から感謝している。

私の著作権エージェントである、WMEエンタテインメントのエリック・ルプファーは全過程を通して、豊かな知識と経験によって私を導いてくれた。

本書の出版社ポートフォリオの編集者デーヴィッド・モルドワーは、本の完成まで根気よく多大な助力を与えてくれた。彼は本作りの本当のプロであり、彼と仕事ができたことは大きな喜びだった。

最後に、妻マーシャ、息子のスティーブとダン、息子の妻クリスティンに、心から感謝の気持ちを表したいと思う。彼らは私の人生の最大の喜びであり、彼らの愛情と支えなしにこの本を完成させることは不可能だった。

言うまでもないことだが、本書のすべての有用なコンセプトや考え方は、多くの人たちとともに生み出されたものである。ただし本書に含まれるあらゆる誤りの責任は私一人が負う。

［著訳者紹介］

**ジョナサン・L・S・バーンズ** (Jonathan L. S. Byrnes)
収益性マネジメントの権威として知られる。1980年ハーバード大学で経営学博士号（DBA）取得。コンサルティング会社ジョナサン・バーンズ社を経営するかたわら、約20年にわたりマサチューセッツ工科大学（MIT）の大学院とエグゼクティブ・プログラムで上級講師として教鞭をとる。100以上のケーススタディや論文を執筆、またハーバード・ビジネススクールのメールマガジン「ワーキング・ナレッジ」で収益性をテーマにしたコラムを4年にわたり毎月執筆した。ハーバード大学同窓会会長、ハーバード・ビジネススクール同窓会理事を歴任。

**高橋由紀子**（たかはし・ゆきこ）
慶應義塾大学文学部卒。米国カリフォルニア州に在住ののち、JETRO、オーストラリア大使館などで日本語教師に。その後、翻訳家となる。おもな訳書に『ブレイクスルー・カンパニー』『NASA好機をつかむ組織』『転ばぬ先の経済学』『幸福優位 7つの法則』などがある。

# 「赤字」の海と「利益」の小島

2011年10月24日　1版1刷

著　者　ジョナサン・L・S・バーンズ
訳　者　高橋　由紀子
発行者　斎　田　久　夫

発行所　日本経済新聞出版社
http://www.nikkeibook.com/
東京都千代田区大手町1-3-7　〒100-8066
電話 03-3270-0251（代）

印刷・製本／大日本印刷株式会社

Printed in Japan　ISBN978-4-532-31733-1